Constanze Kleis

Ballgefühle

Wie Fußball uns den Mann erklärt

Krüger Verlag

Originalausgabe
Erschienen im Krüger Verlag, einem Unternehmen
der S. Fischer Verlag GmbH, Frankfurt am Main 2006
Satz: pagina GmbH, Tübingen
Druck und Einband: Clausen & Bosse, Leck
Printed in Germany 2006
ISBN-13: 978-3-8105-1279-6
ISBN-10: 3-8105-1279-6

Inhalt

Für Ulli, der mir jedes Wochenende wieder zeigt, dass auch Fußball Liebe sein kann und ohne den dies Buch nicht wäre, was es ist. Aber auch für Karin und ihre herrlichen Ideen und für Susanne, die weltbeste Freundin und Unterstützerin. Für Patricia, obwohl sie FC Bayern-Fan ist. Und dann noch für die Frauen vom VfL Germania 1894, stellvertretend für all die anderen Frauen da draußen, die den Ball in Bewegung halten.

Vom Runden und vom Eckigen

Frauen lieben Männer. Männer lieben Fußball. Aber müssen Frauen deshalb auch Fußball lieben? Ausgerechnet jenen Sport, der uns »Waldi« Hartmann, öde Samstage mit der »Bundesligakonferenz« und die Sportschau beschert? Ganze Wochenenden, an denen wir ein und dasselbe Spiel so oft sehen müssen, bis es sich selbst der Dackel eingeprägt hätte? Dem wir Beleidigungen wie »Abseits? Davon verstehst du nichts!« verdanken? Und das bei den ohnehin nicht gerade üppig mit Gedächtnisleistung ausgestatteten Männern ganze Gehirnareale mit sinnlosen Informationen wie die Anzahl der Eckbälle von Hannover 96 seit der Vereinsgründung blockiert? Natürlich genau die Areale, die die Natur eigentlich für die Erinnerung an Geburts- und Hochzeitstage vorgesehen hatte! Nicht zu vergessen die vielen Stimmungsschwankungen, die ein Mann während einer einzigen Bundesligasaison durchläuft, gegen die eine Menopause der reinste Sonntagsspaziergang ist. Andererseits ist Fußball weit mehr als nur der ewige Konkurrent, der uns regelmäßig zu Randfiguren in der männlichen Wahrnehmung degradiert und uns ahnen lässt, dass die Antwort auf die Frage »Was hat Ballack, das ich nicht habe?« möglicherweise nicht sehr schmeichelhaft für uns ausfallen könnte ...

Fußball besitzt viel mehr Schauwerte, als sich die meisten Frauen träumen lassen – vor allem seit Minipli und Vierschanzen-Schnitt aus der Mode sind und Lothar Matthäus kaum noch Interviews gibt. Und nicht bloß, weil uns Fußballgroßereignisse wie die WM 2006 die weltweit schönsten Spieler praktisch bis vor die Haustür bringt – eine überwältigende Anzahl praller Waden, knackiger Pos, Sixpacks und die Gewissheit, dass es sie wirklich gibt: modisch versierte, täglich frisch geduschte Männer, die trotzdem echte Kerle sind.

Es findet sich im Fußball auch vieles, das der Mann sonst angestrengt vor uns verbirgt, Merkmale, an deren Existenz wir so oft zweifelten und von denen wir schon fürchteten, dass sie einfach nicht im männlichen Schaltplan vorgesehen sind. Neben Schönheit, Grazie und Millionenbeträgen im zweistelligen Bereich wären da auf der Habenseite noch zu nennen: Ausdauer, Verbindlichkeit, Mitgefühl, Modebewusstsein, Phantasie, Demut, Treue und erstaunlich viel Interesse für die kleinen Dinge des Alltags (wenn sie in *Sport Bild* stehen und sich z. B. mit Frühstück und Verdauung der Nationalelf im Trainingscamp befassen). Dann die Liebe in Ausdrucksformen, von denen wir gar nicht wussten, dass sie Männern überhaupt bekannt sind. Von totaler Selbstaufgabe – »Für Netzer würde ich auch heute noch rennen, bis ich tot umfiele!« (Berti Vogts) – über hemmungslose Leidenschaft – »Jetzt! – Ab-ge-ben! Du ARSCHLOCH! Deine Eltern sind GE-SCHWIS-TER!« – bis hin zu einer manchmal so fassungslosen Traurigkeit über eine Niederlage, gegen die »Romeo und Julia« beinahe wie ein Lustspiel wirkt, sind alle emotionalen Aggregatzustände vertreten. Und dann die Zärtlichkeiten, all das Herzen und Umschlingen, das Drücken und Busserln in solch liebevoller Innigkeit, dass es der FIFA schon 1981 zu viel wurde und sie die besonders intensiven Sympathiebekundungen zwischen Rummenigge und Breitner als »unmännlich, übertrieben gefühlsbetont und deshalb unangebracht« geißelte. Kurz, es ist – wie die Autorin Renée Zucker einmal meinte – »ein Wunder, was Fußball aus Männern machen kann«. Und das Einzige, was uns zu tun bleibt, ist der Versuch, dies Wunder auch auf die Liebe und den Beziehungsalltag zu übertragen. Eine Pionierarbeit, bei der dieses Buch behilflich sein will.

Es stimmt einfach nicht, wenn Uwe Seeler behauptet, das »Geheimnis des Fußballs« sei bloß der Ball. Es muss schon etwas Größeres dahinter stecken als ein Hohlkörper aus Polyurethan auf Polyäthylenschaumbasis, wenn ein einfaches Spiel das schafft, woran wir manchmal lebenslänglich so vergebens arbeiten: Das Beste im und natürlich auch am Mann hervorzubringen. Denn Männer sind anders. Doch kamen sie bislang nur auf dem Fußballplatz dazu. Das soll sich nun ändern, wenn wir anfangen, uns ausführlicher mit dem Spiel zu befassen. Da findet man nämlich einige Lösungen für die vielen Rätsel, die der Mann einem täglich aufgibt, und Antworten auf wichtige Fragen. Etwa die, weshalb Männer auf dem Platz auch dann noch bis zum Schlusspfiff weiter spielen können, wenn ihnen ein Mitspieler, respektive dessen Stollen, praktisch alle Zehen amputiert hat, sie aber daheim schon bei leicht erhöhter Temperatur ihr Testament machen wollen. Warum sie auf dem Spielfeld auf kurze, harsche Befehle gehorchen, es zu Hause aber erst ein einstündiges Rededuell braucht, um ihn zum Tischabräumen zu bewegen. Dann die Fußballphilosophien, die sich in ihrer wunderbaren Klarheit ohne weiteres prima auf den Beziehungsalltag übertragen lassen und von denen man viel lernen kann: Warum man auch in der Liebe den Gegner nicht unterschätzen darf und von Anfang an ein bisschen »Druck machen« sollte, oder wie eine sanfte Aufforderung (»entweder Sieg oder es klebt Blut am Pfosten!«) viel zu einem friedlichen Miteinander beitragen kann.

Nicht zu vergessen die Typologie der Spieler. Es ist durchaus hilfreich zu wissen, auf wen man sich einlässt. Schon weil zwischen einem Bayern München-Fan und einem St. Pauli-Anhänger Welten liegen können. Ebenso wie zwischen einem aktiven und einem passiven Fan. Natürlich wird hier auch die Behauptung widerlegt, dass Fußball für Frauen viel zu hoch sei, bloß weil die erste Frau im Aktuellen Sportstudio, Carmen Thomas, 1973 versehentlich »Schalke 05« gesagt hat. Würden wir die intellektuellen Fähigkeiten der so genannten Fußballexperten gleichfalls von ihren Versprechern ableiten (Armin Basche: »Kickenbacher Offers«), dann dürften Männer ohne Begleitung erwachsener Frauen nicht mal mehr Autoquartett spielen. Dazu kommen noch ungefähr 1341 Beweise dafür, dass sowohl unsere intellektuellen wie physischen Fähigkeiten vollkommen zu einem Fußballexpertentum ausreichen. Seltsamerweise wollen Männer das nicht verstehen, und auch das gilt es zu klären: Weshalb es wider jede Vernunft und gegen alle Fakten nämlich *immer* so ist, dass Frauen einfach keine Ahnung haben *dürfen.* So viel vorneweg: Es hat viel damit zu tun, dass Männer sich fürchten und viel romantischer sind, als wir glauben.

Mysteriös? Nicht, wenn man Fußball als Schlüssel zum Mann betrachtet, als Erklärung für vieles, was uns bislang unerklärlich war. Deshalb ist Fußball für Frauen fast unterhaltsamer als alle Folgen von »Sex and the City« zusammen, wenn sie das Spiel einmal mit anderen Augen betrachten: als Metapher für das Runde im Mann und das Eckige in der Liebe. Darum geht es nämlich: Um Fußball und das, was er uns über unsere Liebsten, über das Leben und natürlich auch über sich selbst erzählen kann. Oder wussten Sie schon, dass der *Kicker* in

Wahrheit die männliche Version eines Frisurensonderheftes ist? Das ist nur einer von vielen Gründen, weshalb Sie Fußball nach der Lektüre sicher mit ganz anderen Augen sehen – wie übrigens auch Ihren Liebsten!

* Und noch etwas: Abseits ist natürlich, wenn ein Spieler der angreifenden Mannschaft sich bei der Ballabgabe in der gegnerischen Hälfte näher an der Torlinie befindet als zwei gegnerische Spieler. Das ist doch nun wirklich nicht so schwer …

Kapitel 1
Wie man an sich vollkommen vernünftig ist und trotzdem zum Fußball kommt

»Mit mir nicht!«, sagen viele Frauen, wenn sie auch nur in Sichtweite eines Fanschals geraten. Weiträumig umgehen sie Fanshops ebenso wie Großbildleinwände oder Männer in Vereins-T-Shirts und wähnen sich so auf der sicheren Seite: also jenseits des beziehungsfeindlichen Wahnsinns, für den das Wort »Fußball« nur als grobe Verharmlosung bezeichnet werden kann. Ein Sport, zu dessen Qualitäten man gemeinhin zählt, dass er den Kopf »radikal und komplett« leert (Christoph Biermann), verspricht nicht gerade die Art von Vergnügen, von denen Frauen träumen. Schließlich braucht man nach einem Spiel in irgendeinem x-beliebigen Stadion dieser Republik auch nur in das Nahumfeld von Fanhorden zu kommen, um zu verstehen, dass dieser Sport ein echter Liebestöter ist. Und somit das Letzte – jedenfalls für die feinfühlige weibliche Seele, in der Rosen blühen, Schmetterlinge flattern und Keanu Reeves Liebesgedichte rezitiert. Da ist kein Platz für grölende Kerle, die sich nach einem Spiel – kaum haben sie das Stadion verlassen – wie in einem vorzivilisatorischen Ritual kollektiv die Hosenreißverschlüsse aufziehen, um im Spalier gegen Bäume oder Hausmauern zu pinkeln. Denken wir. Bis wir den Dingen – manchmal nicht ganz freiwillig – auf den Grund gehen und dabei Erstaunliches lernen. Zum Beispiel, dass Fußball mehr zum Beziehungsfrieden beiträgt als manche Paartherapie und Fans streng genommen Elche sind.

Lektion 1: Fußball ist, wo die Jungs sind

Meine Familie trägt keine Schuld. Dort hatte Fußball ungefähr den gleichen Stellenwert wie Eisstockschießen oder Genforschung. Allenfalls zu Fußballgroßereignissen schwappte sacht ein sehr dezentes »Oleoleole« in unser Wohnzimmer. Dazu wurde zwar Bier getrunken, aber natürlich aus Gläsern. Kein männlicher Anverwandter zwang mich je, ein Trikot anzuziehen oder Deutschlandfahnen zu schwenken. Noch wurde ich durch die in Fußballfan-Biographien so beliebte frühkindliche Vorbestimmung (»Ich kicke, seit ich stehen kann!« – Johannes Dräxler) dazu gebracht, zwanghaft gegen alles was rund ist zu treten. Erst eine Freundin nahm mich mit zum Fußball. Da war ich 14, hatte die strengsten Eltern in der Stadt und die langweiligsten Sonntagnachmittage des ganzen Universums. Dagegen schien das, was da auf dem Platz passierte, fast so prickelnd wie der *Bravo*-Fotoroman: 22 Jungs, die Hälfte davon aus der unmittelbaren Nachbarschaft, und fast keine weibliche Konkurrenz (außer ein paar Spielermüttern). Man hatte 90 Minuten, sich unverbindlich umzuschauen, und das zuverlässig jeden zweiten Sonntagnachmittag, also immer, wenn ein Heimspiel stattfand. Zu dieser Tageszeit fiel selbst meinem Vater (»Willst du gelten, mach dich selten!«) kein richtiger Grund ein, weshalb ich zu Hause bleiben sollte. Perfekt!

Lektion 2: Männer sprechen nicht. Außer über Fußball

So wurde ich zum Fan. Nicht vom Fußball, sondern von seinen Möglichkeiten. Selbst wenn ich dafür regelmäßig

Sportschau gucken, Radiokonferenz hören und neben den Lateinvokabeln auch noch Bundesligatabellen pauken musste. Letzteres mit mehr Erfolg. Er hieß Frank, und auch wenn wir uns sonst eigentlich nicht viel zu sagen hatten, wenigstens am Wochenende kam so etwas wie Leben in unsere ansonsten sehr schweigsame Beziehung. Da gab es Bundesligaergebnisse, Spielkommentare und also Gesprächsstoff. Damit konnte man sogar die zum Reden bringen, von denen man bislang annahm, dass sie stumm geboren wurden. Obwohl es immer etwas ernüchternd war festzustellen, wie Jungs zwar über Fußball, aber nie über die Dinge reden konnten, die mich interessierten. Trotzdem: Wir hätten so glücklich werden können! Der Fußball, Frank und ich. Aber Frank fiel nach drei Monaten auf, dass *ich* ihm zu schweigsam bin. Immerhin das sagte er mir deutlich. Seine Neue hatte übrigens keine Ahnung von Fußball. Er schien nichts zu vermissen.

Lektion 3: Wo Fußball ist, da ist Demütigung

Es bringt einem nicht wirklich einen Wettbewerbsvorteil, sich bei Jungen anzubiedern. Egal, ob man das mit Serviceleistungen tut, also seine Unterhosen bügelt und liebevoll Essen zubereitet oder mit Fachwissen wie dem, alle Vorrundengegner Deutschlands seit 1954 rückwärts aufzählen zu können. Da wir uns aber immer noch in den bewegten 70er Jahren befanden, also in einer Ära, in der praktisch stündlich irgendwo in Deutschland ein BH verbrannt oder eine Stillgruppe gegründet wurde, stellte man sich als Mädchen zwei wichtige Fragen: Wie komme ich an die Pille ohne die Einwilligung meiner Eltern? Und wieso sollen eigentlich immer nur die Jungs Fußball spielen?

Mit einer Geste, als hätten sie mir gerade eine neue Niere gespendet, wurde ich schließlich gemeinsam mit einem anderen weiblichen Sportass von den Jungs ins außerschulische Team aufgenommen. Die Mannschaftsaufstellung verlief gewöhnlich so: Erst wurden die besten Jungen verteilt. Dann die Lahmen, Dicken und Kurzatmigen. Am Schluss kamen wir: zwei Mädchen und Michael. Sozusagen die Fußball-Resterampe. Entwürdigend! Michael spielte nämlich wie ein Naturschwamm. Er hätte genauso gut im Rollstuhl sitzen oder 90 Minuten auf dem Kopf stehen können, das Ergebnis wäre dasselbe geblieben. Trotzdem blieb der Kurs »zwei Mädchen = ein Michael«, oder wie es ein Mitspieler formulierte: »Nehmt ihr die Mädchen, nehmen wir die Niete!« Ich vermute, das war nur gut gemeint. Wir sollten nicht übermütig werden und uns einbilden, nur annähernd so gut sein zu können wie ein Junge und später vielleicht Kanzlerin werden wollen. Gut, das hatten wir ziemlich schnell verstanden: Wozu sich also anstrengen?

Lektion 4: Ohne Fußball läuft nichts

Wie sonst nur eine Schwulenbar führt einem Fußball überdeutlich vor, dass Frauen für Männer verzichtbar sind. Sofern irgendwo ein Spiel läuft. Stellte sich also die Frage: Wozu noch Fußball? Gibt es da draußen nicht genug Männer, die ganz gut ohne leben und trotzdem Frauen lieben? Die Samstagnachmittage nicht vor dem Radio, sondern lieber mit uns verbringen? In Deutschland? Aber: Klammert man von vornherein alle Männer aus dem Beuteschema aus, die selbst Fußball spielen und/oder sich für Fußball interessieren, kann man sich genauso gut vornehmen, nur noch für Brad Pitt das Haus zu verlassen. Das Ergebnis bleibt das Gleiche: Das Leben wird furchtbar einsam enden. Man musste also vernünftig sein und einsehen: Ohne Fußball läuft wenig.

Und es lohnte sich schließlich! Manfred sah blendend

aus und machte mir Hoffnung, es könne eine friedliche Koexistenz zwischen mir und dem Ball geben. Wozu hat man Einfühlungsvermögen? Verständnis? Es waren die 80er, ich studierte Pädagogik. Da gehörte Toleranz ja sozusagen zur Arbeitsplatzbeschreibung. Ich hoffte, seine Fußballleidenschaft ebenso locker akzeptieren zu können wie seine Vorstellung von Zukunftsplanung: »Ich kann dir doch jetzt um zehn noch nicht sagen, was ich heute Abend mache!« Schnell war mir klar, dass ein »bisschen Fußball« genauso wenig existiert wie ein »bisschen schwanger« oder ein »bisschen Frieden«. Bei ein »bisschen tot« war ich mir nicht so sicher und hätte es manchmal gern an Manfred ausprobiert. Vor allem, wenn er mal wieder sagte: »Ob ich morgen Zeit habe? Wieso willst du das jetzt schon wissen?«

Lektion 5: Alle Fußballfans sind Elche

Es gibt Menschen, die können an keiner Konditorei vorbeigehen. Ein echter Fußballfan schafft das nicht mit Kneipen, in denen ein Spiel übertragen wird. Irgendwann, man hat beim Abendspaziergang gerade die sehr packende Geschichte von der Eileiterentzündung der Kollegin erzählt, dreht man sich um und stellt fest: Der Mann ist weg. Irgendwo an einem der Tresen im Stadtteil hängen geblieben. Hat man gerade keinen Bernhardiner zur Hand, stattet man so einen Enthusiasten am besten vorab mit einem LVS-Gerät (Lawinen-Verschütteten-Suchgerät) aus. Das sendet und empfängt Funksignale. Vor dem Verlassen des Hauses auf »Senden« stellen und direkt am Körper tragen. Das ist eine der Vorsorgemaßnahmen, die man treffen sollte, um den Alltag mit einem aktiven Fußballfan sozial verträglich zu gestalten.

Ein anderer Punkt ist die Zeitplanung: Ist er Aktiver, dann hat er Training. Mindestens einmal die Woche. Am

Wochenende spielt er. Sonntags immer. Bei Turnieren manchmal beide Tage. Um die Samstage ist es dabei im Prinzip nicht schade. Da sitzt einer wie Manfred sowieso im Stadion oder vor dem Radio. Danach telefoniert er mit seinem besten Freund, um den Spielverlauf in epischer Breite zu diskutieren. Später muss er natürlich Sportschau sehen. Und glaubt man, nun habe er endlich jede einzelne Minute jeder einzelnen Begegnung so gründlich auswendig gelernt, dass er sie noch in 30 Jahren szenisch nachstellen könnte, trifft er in der Kneipe ein paar Kumpels und muss noch einmal jeden einzelnen Spielzug, jede Schiedsrichterentscheidung, jedes Foul durchsprechen. Merke: Fans sind Elche. Die käuen etwa acht Stunden am Tag wieder. Bis die Nahrung alle vier Mägen durchlaufen hat, vergehen vier Tage. So lange benötigt ein Fan mindestens – inklusive der Sportberichterstattung am Montag in der Zeitung –, um die hochkomplexen Vorgänge eines Bundesligawochenendes als notdürftigst bearbeitet in seinem Hirn abzulegen. Diese Fakten sind dann allerdings jederzeit abrufbar. Im Unterschied zu wichtigen Daten wie Kennenlerntag, Geburtstag, Weihnachten und schließlich der Tag der Trennung. Die war bei Manfred und mir längst fällig. Noch nach fünf Jahren wusste er immer noch nicht, wie man eine gemeinsame Zukunft länger plant als bis zum Wochenende.

Lektion 6: Es gibt Schlimmeres!

Der Platz erinnerte an eine auf Steinigungen spezialisierte Hinrichtungsstätte. Es waren ungefähr 40 Grad spanische Hochsommertemperatur, und die einzige Möglichkeit, etwas Schatten zu bekommen, wäre gewesen, sich zum Staub unter die Holzbänke zu legen. Schon nach einer halben Stunde fühlte man sich wie ein mariniertes Schweinskotelett auf einem Holzkohlegrill und sah auch so aus. Natürlich gab es außer den Eintrittskarten für das Spiel zweier spanischer Vorortmannschaften nichts zu kaufen. Kein Getränk, kein Essen, kein Trost. Ullis Idee. Statt sich in kühlen Kirchen umzusehen, Shopping-Meilen abzugrasen oder sich auf dem Deck eines schnittigen Motorboots zu aalen, sah ich nun dabei zu, wie zwei Mannschaften nach Kräften versuchten, sich gegenseitig zu Frühinvaliden zu treten. Mit reichlich Erfolg. Schon in der ersten Halbzeit stellte der Schiedsrichter deshalb die Hälfte der Spieler vom Platz, dann noch beide Trainer und einen der aussah, als wäre er der Manager. Das muss am südländischen Temperament gelegen haben, das offenbar noch schneller seinen Garpunkt erreicht hatte als wir. »War doch toll!«, sagte Ulli. »Ja, ganz dufte«, sagte ich.

War ich krank? Nein, nur dankbar. Mittlerweise wusste ich längst, dass es viel Schlimmeres gibt als Fußball. Neben Pest, Cholera und der Kohlsuppendiät wären das beispielsweise Surfer. Die wollen immer nur an den windigsten Stränden Europas Urlaub machen, und man muss ständig essen, um nicht von Windstärke neun weggeweht zu werden. Auch von Fahrradfahrern ist abzuraten. Einzig Rudolf Scharping kann diese scheußlichen Outfits tragen, weil da ohnehin nicht mehr viel zu verderben ist. Überhaupt haftet den meisten Sportarten ein einziger großer Makel an: sie haben Mitmachcharakter. Früher oder später kommt der Satz: »Schatz, willst du es nicht auch mal versuchen?« Dann muss man sein Buch beiseite legen, sich die Gurkenmaske vom Gesicht spülen, das Telefongespräch mit der Freundin überstürzt beenden, seinen noch viel zu heißen Latte Macchiato austrinken und sich auf ein Surfbrett stellen oder auf ein Fahrrad setzen und ein Leben als Kosportler führen. Fußballer dagegen kommen weitgehend ohne weibliche Beteiligung aus.

Lektion 7: Fußball erweitert den Horizont. Irgendwie

Mit einem Fußballfan gewinnt man meistens. Beispielsweise erstaunliche Einblicke in die Kultur unserer Nachbarn, wie das, was so ein Torwart von Arsenal London unter seiner Sporthose trägt. Andere betrachten Big Ben oder den Buckingham-Palast. Wir waren durch die halbe Stadt gefahren, um jenen Ort zu besuchen, den Nick Hornby in seiner Fußballerbibel »Fever Pitch« zur Kultstätte für den denkenden Fan erhoben hatte. Von unserem Platz, direkt hinter dem Tor, konnte man *alles* sehen. »Super Blick! Keine Aschenbahn«, befand Ulli und war glücklich. Ich fand auch, dass die Sache den Preis wert war!

Dann 1996. Die EM ist in Großbritannien. Wir sind in Chicago. Irgendjemand von den ungefähr 50 Menschen, die Ulli auf dem Weg ins Hotel befragt, hat einen Tipp. Wir fahren nun zehn Tage lang jeden Morgen sehr früh (Zeitverschiebung!) durch die halbe Stadt zu einer düsteren Kneipe, frühstücken grob geschätzt 3500 Kalorien in Form von fetten Würstchen, Bratkartoffeln und Spiegeleiern, Ulli schaut sich die Spiele vom Vortag an. Ich verbessere mein Englisch in langem Gespräch mit einer anderen Fußballbraut aus Schweden. »Gehen wir Shoppen?«, fragt Ulli später. Und: »Wünsch dir was! Der Tag gehört dir!«

Lektion 8: Fußball wurde für Frauen gemacht

Es ist doch so: Ohne Ulli und den Fußball gäbe es dieses Buch nicht. Dank sei VfL Germania 1894 und den vielen Samstagen und Sonntagen, die Ulli auf dem Platz verbringt und mich also nicht mit liebevoll zubereiteten Mahlzeiten, langen romantischen Spaziergängen oder sonst wie ablenken kann. Dank seiner Leidenschaft habe ich sehr viel Zeit für all die Dinge, zu denen andere Frauen nicht kommen, weil ihre Männer ständig daheim sind und irgendwie bespielt und bekocht werden wollen oder einem die Vorteile einer Nabenschaltung erklären müssen. Noch längst ehe der erste Beziehungsexperte Paaren ein Eigenleben verordnete, um das Verfallsdatum der Liebe etwas zu verlängern, lebte im Fußball bereits diese großartige Idee, dass es nicht gut sein kann, wenn Männer und Frauen ständig beieinander hocken. Deshalb unterteilt uns Fußball die Welt hübsch übersichtlich in ein Damenprogramm und in einen Männerkosmos. Und das könnte eigentlich herrlich entspannend sein, würden Frauen den Sport nicht als den natürlichen Feind dessen betrachten, was sie sich unter Romantik vorstellen. Bloß weil er nicht in »Love Story« oder »Die Brücken am Fluss« vorkommt und weil Frauen darin eine ähnlich große Rolle spielen wie in »Bonanza«. Das ist gekränkte Eitelkeit. Denn schließlich leben nicht wenige Frauen in dem Wahn, dass alles, was einen Mann bewegt, irgendwie mit ihnen zu tun haben sollte. Dabei ist das Schöne am Fußball, dass er eben rein gar nichts mit Frauen zu tun hat. Also auch nichts mit anderen Frauen! Ein weiterer Grund, von Herzen dankbar zu sein. Wegen der freien Wochenenden, dem, was er für den Beziehungsfrieden leistet, und weil gerade die nettesten Männer ohne Fußball nicht wären, was sie sind. Sollte Ulli irgendwann einmal wieder vom Fußball nach Hause kommen, werde ich ihm das auch sagen.

**Sätze eines Fans,
die man sich nicht so zu Herzen
nehmen sollte:**

- Möchtest du noch etwas sagen, bevor die WM beginnt?
- Wenn du am Spieltag in den Kreißsaal musst, kann ich leider nicht mitkommen.
- Davon verstehst du nichts.
- Wolltest du nicht längst mal deine Eltern besuchen?
- Du könntest endlich mal ein Buch lesen. Nimm »Krieg und Frieden«.
- Kannst du nicht leiser aufräumen?
- Wer sind Sie und was tun Sie hier?
- Ich finde, du solltest mal wieder zum Friseur gehen.

Kapitel 2
Wie der Fußball, so der Mann

»Fußball ist wie eine Frikadelle, man weiß nie, was drin ist«, bemerkte Martin Driller von Ingolstadt 04 einmal ganz richtig. Ein Satz, den man mühelos auf Männer anwenden kann: Auch da weiß man bekanntlich nie ganz genau, was drin ist. Gut, manchmal möchte man es gar nicht so genau wissen. Aber das will man doch möglichst früh und nicht erst nach der silbernen Hochzeit entscheiden können! Zu sehen, wie Männer sich im und beim Fußball betragen, kann da sehr hilfreich sein. Hier offenbaren sie nämlich viel mehr von sich, als ihnen lieb sein kann. Zum Beispiel, was sie wirklich in Ekstase bringt oder weshalb sie zwar nicht an Frauen in Spitzenpositionen, aber gern an Wunder glauben. Dabei zeigt sich etwas ganz Erstaunliches: Männer und Frauen sind gar nicht so verschieden. Im Gegenteil. Eigentlich wollen beide Geschlechter dasselbe, sie suchen es nur in unterschiedlichen Bereichen. Männer beim Fußball – und wir in der Liebe.

Wie Männer lieben

Es ist unglaublich, was Fußball aus Männern machen kann. Ähnliches kennen wir nur aus »Dr. Jekyll und Mr. Hyde«, dem »American Werewolf«, aus Kafkas »Verwandlung« oder von Oliver Kahn. So grundsätzlich sind die Verwandlungen, die ein Mann beim Spiel erfährt, dass man fast schon von multiplen Persönlichkeiten sprechen kann. Kassiert beispielsweise der eigene Verein ein Tor, können selbst die coolsten Kerle von einer Minute zur anderen zu sizilianischen Witwen mutieren, die die Niederlage mit einer Empathie betrauern, als wäre ein naher Verwandter verstorben. So wird geheult, geflucht, getobt und geschimpft. Und zwar sogar von Kerlen, denen man ansonsten kaum mehr Gefühlsausdruck zugetraut hätte als einer Ananas. Natürlich muss es nicht immer so enden, wie ein englischer Minister die britische Fanszene kommentierte: »Fußballfans sind Tiere. Verwildert. Gottlos. Brutal!« Aber etwas gruselig ist es schon, wenn an sich handzahme Jungs plötzlich wirken, als hätten sie vor, gegen Schalke in den dritten Weltkrieg zu ziehen.

Vielleicht liegt es an dem, was der Zoologe und Verhaltensforscher Desmond Morris als die Keimzelle allen Fantums ausgemacht haben will. Demnach erlaubt das Fansein dem Mann, seine tiefliegendsten Instinkte auszuleben. Es spricht direkt jene Bereiche an, in denen Pinkeln im Stehen, Ohrenbohren, Spucken, Auf-die-Straße-Schneuzen, Blondinenwitze, Prügeln, Ohrfeigen und Rülpsen zu Hause sind. Das Fansein ist sozusagen der männliche Rückfahrtschein in vorzivilisatorische Zeiten. Es eröffnet dem Mann eine Welt, in der er sich mühelos zurechtfindet. Weil alle anderen ja auch so ticken wie er und dasselbe wünschen: ungehemmt und frei von Benimmvorschriften und weiblichen Befindlichkeiten seine Gefühle auszuleben. Niemand sagt: »Nimm ein Taschentuch!« oder »Noch einmal und du schläfst in der Garage!« Etwas, das heute – ausgenommen vielleicht auf deutschen Autobahnen und wenn man sich allein im Kfz befindet – nur noch selten möglich ist.

Fußball ist übersichtlich. Jedenfalls im Vergleich zu den Minenfeldern, die Frauen im Zusammenleben aufbauen. Allein der Besuch des heimischen Badezimmers kann 1000-mal komplizierter sein als ein Nachmittag im Stadion. Im Stadion trifft der Mann auf seinesgleichen, im Bad dagegen auf lauter Unbekannte: Handtücher verschiedener Familienmitglieder, für unterschiedliche Körperteile und dazu noch für diverse Anlässe – Sauna, Schwimmbad, Balkon, Urlaub –, die alle richtig identifiziert und fachgerecht benutzt sein wollen. Und wehe, er nimmt das für ihr Gesicht für seine Achseln! Und wir sprechen hier nur vom Bad und nicht von all den anderen Millionen Tücken des Beziehungslebens.

Wie viel einfacher ist dagegen ein Fandasein, das Leben im Stamm der Fußballbegeisterten, deren Rituale nicht aus »Dornenvögel« oder »Sex and the City« stammen, sondern sozusagen direkt aus den Erdhöhlen der Urhorde. Tatsächlich kann man viele Parallelen entdecken, die bestätigen, was Desmond Morris meinte: Beispielsweise die Fangesänge, die irgendwo zwischen Kriegsgebrüll und Kirchenchoral liegen und für Männer sozusagen den Soundtrack zum Gemeinschaftsgefühl abgeben. Von »Zieht den Bayern die Lederhosen aus« oder – in Richtung Köln – »Ihr seid nur ein Karnevalsverein« (gesungen zur Melodie von »Yellow Submarine«) über »Ihr seid Borussen, asoziale Borussen, ihr schlaft unter Brücken und in der Bahnhofsmission« (zu »It's a heartache«) bis hin zu »Steht auf, wenn ihr Schalker seid« (zum Pet-Shop-Boys-Hit »Go West«), tönt es da vielstimmig aus Männerkehlen, die im Alltag sonst kaum mehr Text von sich geben, als auf eine Briefmarke passt.

»Fußball – eine Möglichkeit, sich brüllend über die Grenzen des Daseins hinwegzusetzen«, definierte Albert K. Cohen den höheren Zweck eines von vielen Ritualen, die beim Fußball schon fast religiöse Züge annehmen. Das

Powwow des modernen Mannes reicht nämlich bis hin zum fast schon kindlichen Wunderglauben. Bloß dass erwachsene Kerle den Weihnachtsmann durch die Überzeugung ersetzen, dass ihre Mannschaft es schon schaffen wird. Vom letzten Platz der Bundesliga bis ganz an die Spitze. Behauptet also jemand ernsthaft: »Eintracht Frankfurt wird Meister!«, ist das praktisch das fußballerische Äquivalent zur Jungfrauenerscheinung oder der weiblichen Hoffnung, dass es ihn doch gibt, den Märchenprinzen.

Geboren aus der festen Überzeugung, die schon Jupp Heynckes verkündete wie weiland Moses die Zehn Gebote: »Gerade im Fußball passieren in schöner Regelmäßigkeit Wunder«, werden erstaunlicherweise genau jene, die nicht mal einen grünen Tee trinken wollen, weil sie das für »Esoterikquatsch« halten, als Fans abergläubischer als die alten Ägypter. Sie glauben fest daran, dass man durch bestimmte Handlungen das unergründliche Schicksal doch noch irgendwie bestechen und zum Fan der eigenen Mannschaft machen kann. Dafür tragen sie dann eine ganze Weltmeisterschaft lang standhaft dieselbe Unterhose, weil sie genau die trugen, als es Deutschland ins Viertelfinale schaffte. Überhaupt muss an Spieltagen genau das getan, getragen, gegessen werden, was bei Erfolgen getan, getragen, gegessen wurde. Und wehe, wenn die Pizza mit Salami, statt wie am entscheidenden Tag mit Artischocken geliefert wird – dann läuft der Pizzabäcker leider Gefahr, als Schuldiger für eine etwaige Niederlage in einem sehr blutigen Ritual auf dem Altar des Fußballgottes geopfert zu werden. Das sollte man wissen, bevor man seinen Mann damit überrascht, dass man seine alten Fanklamotten zur Altkleidersammlung gegeben hat. Zur Sicherheit verbrennt man noch einen Wimpel der gegnerischen Mannschaft und steckt ein paar Nadeln in eine Puppe, die deren Torwart verdammt ähnlich sieht.

Wie alle Männer denkt eben auch der Fan, dass er lenkt. Als zwölfter Mann der Mannschaft sozusagen und sogar vor dem Fernseher. Warum auch nicht? Wenn schon der Flügelschlag eines Schmetterlings einen Taifun auslösen kann, warum soll dann nicht auch das Geschrei im Wohnzimmer spielentscheidend sein? Deshalb sagen Fußballfans stets: »Wir haben gewonnen!«, weil sie irgendwie ja auch mitgespielt haben. In Gedanken, mit Gefühlen und mit super Tipps. Fans können Aufstiege ermöglichen, Abstiege bremsen, Berge versetzen. Davon sind sie überzeugt. Aber nicht nur der Fan hängt der Überzeugung an, irgendwie mit einer höheren kosmischen Fußballmacht verbunden zu sein und mit entsprechenden Huldigungen dort für gute Stimmung sorgen zu können. Auch der Spieler glaubt daran, dass man die Götter gnädig stimmt, wenn man wie etwa Toni Polster immer als Drittletzter auf den Platz geht. »Andere kommen immer als Letzter oder betreten den Platz immer zuerst mit dem rechten Fuß oder küssen den Pfosten oder kicken den Ball immer erst einmal ins leere Tor«, so Christian Eichler in seinem »Lexikon der Fußballmythen«.

Beim Fußball kann der Mann noch etwas bewegen. Mit minimalem Aufwand lassen sich maximale Ergebnisse erzielen. Auch das unterscheidet den Sport wohltuend von Frauen. Die lassen sich leider nicht so leicht lenken. Auch nicht durch die Unterhose, die er anhatte, als er seine Frau kennen lernte. Wenn sie nicht will, dass er sein Laufband im Wohnzimmer aufstellt, dann bleibt das auch so.

»Der Fußball ist einer der am weitesten verbreitete religiöse Aberglaube unserer Zeit. Er ist heute das wirkliche Opium des Volkes«, schreibt Umberto Eco und vergisst, dass Fußball vor allem eine Religion ist, mit der der Fan sich selbst und dem Mannsein huldigt. Indem er den Fußball zu etwas Heiligem erklärt, erhöht er auch sich und verleiht seiner Existenz etwas Glanz. Umso mehr, als es dem männlichen Leben ansonsten an Magie mangelt. Jetzt könnten wir Frauen natürlich sagen: »Überhaupt kein Problem! Wir stellen einfach zu Hause noch ein paar Kerzen auf den Tisch, ich koche uns was Schönes und lege eine hübsche Kuschelrock-CD auf. Danach zeige ich dir die neuen Erotiktricks aus *Cosmopolitan*. Ich fand den Vorschlag mit dem Vorhaut-Samba ganz interessant!« Aber das ist leider nicht die Magie, die Männer meinen. Und nicht nur, wenn sie Fußballfans sind. Ihre Vorstellung von Romantik speist sich aus vollkommen anderen Quellen wie dem *Kicker*, umfasst Busreisen zu Auswärtsspielen und eine besondere Form der Männernostalgie, nämlich Geschichten wie: »Weißt du noch, als sich Michi in seinem Fanschal verhedderte und voll in Andys Kotze fiel?« Und sie ist geprägt von BIRG – basking in reflected glory, der Möglichkeit, sich im Ruhm anderer sonnen zu können. Also in Lukas Podolski oder Kevin Kuranyi.

So fremd sind sich Männer und Frauen gar nicht in ihrem Bedürfnis nach ekstatischer Hingabe, der Sehnsucht nach leidenschaftlicher Verehrung und romantischer Verzuckerung der Realität. Nur dass sie eben in völlig unterschiedlichen Bereichen danach suchen. Die Männer in den Stadien der Republik, bei der Radiokonferenz, vor der Sportschau und abends in der Kneipe. Die Frauen bei »Die Brücken am Fluss« oder »Amelie«, bei der Lektüre von »Die weiße Massai« und bei Kai Pflaumes »Nur die Liebe zählt«. Allein. Weil der Mann ja andere Interessen hat. Natürlich fragt man sich: Weshalb muss ich monatelang diskutieren, damit er mal zwei Tage mit mir an die Ostsee fährt? Aber wenn es um die Auswärtsspiele seines Vereins geht, dann ist ihm kein Weg zu weit? Wieso weiß er alles über Johan Micoud, fragt uns aber jeden Dienstag, wohin wir gehen, obwohl wir seit fünf Jahren an diesem Tag beim Yoga sind? Warum kennt er alle 54 Trainerstationen von

Rudi Gutendorf, hat aber manchmal Mühe, sich an die Vornamen unserer besten Freundinnen zu erinnern?

»Kein Drama der Welt kann so übersichtlich sein wie ein Fußballspiel.« Hellsichtig beschreibt Literaturpapst Marcel Reich-Ranicki, was Fußball für Männer so attraktiv macht: seine Geradlinigkeit, die Transparenz, die Kalkulierbarkeit der Risiken. Alles anders als in der Liebe und ihren Konfusionen. So erklärt sich auch die Begeisterung für das, was den Fußball so sicher begleitet wie der Lotsenfisch den Hai: der Drang, alles und jedes Detail vermessen und sortieren zu wollen. Nur Männer können sich dafür interessieren, dass »La Ola«, die Welle, die bisweilen durch die Stadien rauscht, dies mit durchschnittlich 12 Metern die Sekunde tut und dabei pro Sekunde etwa 20 Sitze zurücklegt, welche chemische Zusammensetzung eine typische Stadionwurst hat und welche Busfabrikate die Spieler in die Arenen bringen. Dann die Listenmania: über die Zahl der Elfmeter, der Freistöße, Ecken, gelben und roten Karten, Listen über die Kreuzbandrisse in der Bundesliga, darüber, welche Mannschaft am häufigsten Tore im zweistelligen Bereich für sich verbuchen konnte und wie oft Franz Beckenbauer morgens Müsli gefrühstückt hat. Das ganze Fanleben ist eine einzige Hitparade und ein Beleg dafür, dass der Schlachtruf »Fakten, Fakten, Fakten!« nur für Männer erdacht wurde. Frauen jedenfalls ist es piepegal, wie viel Models es gibt, deren Nachname nicht mit einem Vokal endet oder ob die Zahl ihrer Lippenstifte aneinandergereiht ausreichen würde, um bis zum Mond zu kommen. Wozu soll das gut sein? Will jemand statt mit einer Rakete demnächst mit Lippenstiften dorthin reisen? Braucht der Mann im Mond Kosmetiktipps?

Nur Männer können sich für völlig zweckfreie Informationen wie die Namen der Torhüter interessieren, die die meisten Elfmeter in der Bundesliga hielten, oder für die Schuhgrößen aller chilenischen Nationalspieler. Die Liste ist perfekt für den Jäger und Sammler. Sie steht für die männliche Sehnsucht, alles beherrschen und bestimmen zu können. Etwa auch das, was auf so eine Liste kommt. Ohne ihn gäbe es ja diese ganze schöne Ordnung nicht, wüsste keiner, wie viel Profifußballvereine es in Buenos Aires gibt (37!). Dann stellt man sich vor, wie Männer abends mit ihren Kumpels in der Kneipe wie die Kandidaten bei Günther Jauch sitzen und sich wichtige Fragen stellen: »Wie heißen die Torschützenkönige Österreichs?« Oder: »Welches Sternzeichen hat Schalke?« – und sich wie die kleinen Buben freuen, wenn sie es wissen und der andere nicht. Es ist letztlich eine Spielart des Penislängenvergleichs, und darin liegt wohl der Grund, weshalb Frauen gegen das Listenerstellen (außer es handelt sich um den Einkauf) weitgehend immun zu sein scheinen. Obwohl die Bundesligatabelle natürlich so etwas wie die Mutter aller Listen ist, beschränkt sich die Listenmania nämlich nicht allein auf den Fußball. Das drängende männliche Bedürfnis, die Welt in Zahlen und Fakten zu vermessen, zeigt sich in so gut wie allen Lebensbereichen. Bei der Auflistung des Werkzeugkasteninhalts bis hin zur Frage, welche zehn Platten man mit auf eine einsame Insel nehmen würde. Mit Frauen geht das nicht. Die würden sagen: »Ach, ich kann mich einfach nicht entscheiden. Wisst ihr was? Ich nehme alle und bezahle einfach für das Übergepäck! Und noch etwas: Wo kommt auf so einer Insel eigentlich der Strom her?«

Das macht es uns so schwer. Weil wir unsere Wünsche nicht auf Listen führen, die Titel tragen wie »Die zehn besten Geburtstagsgeschenke (nach Preis absteigend)« oder »Die fünf Dinge, die du im Haushalt für mich erledigen solltest, wenn du nicht riskieren willst, dass ich deine DVD-Sammlung reorganisiere!«. Wir sagen stattdessen: »Schatz, ich wünsche mir was Schönes!«

oder »Dir fällt bestimmt was ein!«, und sind enttäuscht, wenn ihm oder Tchibo wirklich etwas einfällt, nur leider nicht das, was wir wollten. All die Gefühlsstürme, die Männer mit uns erleben, werden gewöhnlich eben nicht in Schubladen von solch wunderbarer Klarheit gesteckt, wie sie der Meister aller Listen, der britische Autor Nick Hornby, regelmäßig liefert.

Statt die Gefühlsunordnung zu sortieren, stellen Frauen ständig einmal erworbene Gewissheiten um, ganz so, wie sie andauernd die Möbel verrücken oder ihre Haarfarbe ändern. Nein, das Schöne an den Listen erschließt sich den Frauen nicht, das kann man nur gemeinsam mit anderen Männern genießen. Ebenso wie das Gefühl, dies Wissen mit an sich völlig fremden Menschen teilen zu können, tiefe Bindungen zu verspüren, ohne dass einem jemand sagt: »Wie siehst du denn aus? Liebst du mich noch? Nimm die Serviette! Gibt's hier keinen Rotwein? Können wir uns woanders hinsetzen? Hier zieht's!« Das alles leistet Fußball. Er ist für den Mann Hoffnung, Selbstbestätigung, Rückkehr in die Jugend, Frieden, Aufruhr, Emotion und die Illusion einer vollkommenen, weil uneigennützigen Liebe, die nichts verlangt, aber viel gibt. Der Fußball will den Fan genauso wie er ist. Nicht, wie er nach ein paar Verbesserungsarbeiten (»Blau steht dir so gut!«) sein *könnte.* Er bestärkt den Mann in seiner Überzeugung, dass ohne ihn nichts läuft, und er verlangt nichts von ihm, was der nicht will oder kann. Etwas, das die meisten Frauen leider nicht in ihrem Leistungskatalog führen. Was aber nicht bedeutet, dass – könnte man auch Sex mit Fußball haben und würde er einem die Hosen bügeln – Frauen aus der Mode kämen!

Nur beides macht ein Männerleben rund und trägt nebenbei auch einiges zu unserem Wohlbefinden bei. Dank Fußball wissen wir, was Männer wünschen, hoffen, brauchen, und müssen trotzdem nicht alles erfüllen. Weil es ja andere Fans gibt. Mit denen kann er dann seine langen Gespräche über ein und denselben Eckball führen, kann seine Faktenverliebtheit teilen und die Überzeugung, dass es ohne ihn nicht geht. Jedenfalls im Stadion. Außerdem: Es hätte schlimmer kommen können! Er könnte jeden Tag zu Hause sein und sich mit uns unterhalten wollen: »Habe ich dir schon erzählt, wie ich dem Müller heute den Parkplatz vor der Nase weggeschnappt habe?«

Warum Fußball besser ist als Frauen

Fußball erwartet keine Blumensträuße oder süße kleine Zettelchen.

Für ein Spiel braucht man sich nicht besonders anzuziehen.

Fußball weiß, dass man ihn liebt, man muss es ihm nicht ständig sagen.

Beim Fußball zählen Taten viel mehr als 1000 Worte.

Fußball heult nicht, wenn man sagt: »Dann heul doch!«

Fußball will nicht, dass man erzählt, wie es im Büro war.

Egal wie beschissen man aussieht, man kriegt immer einen Platz, wenn man bezahlt.

Fußball erinnert einen nicht daran, dass man früher aufmerksamer war.

Beim Fußball kann man alles vergessen.

Der Fußball verlässt einen nicht.

Fußball macht einem keine Vorwürfe, wenn man nicht angerufen hat.

Beim Fußball stellt niemand einfach die Tore um und sagt, das sei Feng Shui.

Fußball will nicht wissen, was man denkt.

Fußball hat keine Migräne.

Fußball kennt kein PMS.

Fußball hat keine Mutter und keine besten Freundinnen.

Fußball muss man nicht täglich sagen, dass er nicht zu dick ist und auch keine Falten hat.

Man kann dabei Chips essen und Bier trinken.

Wenn man hässliche Sachen sagt, muss man sich nicht erst entschuldigen, bevor man wieder teilnehmen darf.

Wenn einem die Mannschaft nicht mehr gefällt, braucht man keine Alimente zu zahlen.

Jeder Fan ist anders – Männer am Rande des Spielfeldes

Wie ein Mann ein Spiel verfolgt, sagt oft mehr über ihn, als selbst seine Mutter weiß. Es wäre also ein Fehler zu glauben, man kennt alle, bloß weil man mal zwei angefasst hat. Nein, man muss schon genauer hinschauen – auf all die Nuancen des Fantums, auf das Verhalten des

Mannes auf dem Platz, vor dem Fernseher sowie auf die Fußballnationen und deren kulturelle Unterschiede. Kurz: Auf das herrliche Geschenk, das uns der Fußball mit seinen Möglichkeiten der Männerfrüherkennung macht. Es ist ja beispielsweise nicht nur interessant zu erleben, wie sich ein an sich sanfter Mann auf dem Platz in etwas verwandelt, das wirkt, als würde es größere Mengen rohes Fleisch frühstücken. Es wäre auch nützlich zu wissen, ob das irgendwie das Verschwinden der Katze erklärt.

»Hölle ist nur ein anderes Wort für Winterpause!«, so warb kürzlich ein großer Fernsehsender um Verständnis für die beiden hauptsächlichen Gemütszustände, die ein Fan kennt: Saison und spielfreie Zeit. Letztere ist ganz einfach an den blanken Stellen zu erkennen, die er ungeduldig ins heimische Parkett scharrt. Aber dabei handelt es sich noch um eine Lightversion des Fantums. Theoretisch kann es nämlich ein wirklich engagierter Fan auf mehr Termine bringen als ein Spitzenmanager. Wobei natürlich jeder einzelne wesentlich wichtiger ist, als es etwa eine läppische Fusionsverhandlung zwischen VW und Daimler-Chrysler jemals sein könnte. Das nur, falls Sie die Vorstellung hegten, Ihr Geburtstag, die Silberhochzeit der Schwiegereltern oder die Einschulung der Kinder könne auch nur mit einem Kreisligaspiel seines Vereins konkurrieren! Damit die Scheidungsquote allerdings nicht vollends auf 100 Prozent steigt und die Deutschen ganz aussterben, gibt es wenigstens an den Weihnachtsfeiertagen, an Neujahr oder an Ostern keine Spiele. Jedenfalls nicht in Deutschland. In England allerdings haben auch Spiele am zweiten Weihnachtsfeiertag Tradition. Das schränkt die Zeit der gemeinsamen Vergnügungen noch etwas mehr ein. Kurz:

Fußball kann den gemeinsamen Alltag schon zeitlich ziemlich belasten. Denn neben der Bundesliga gibt es noch: Champions League, UEFA-Pokal, Europameisterschaft, Weltmeisterschaft, Fuji-Cup. Dazu kommen die Spiele der 2. Bundesliga, der Regionalligen, der Landesligen, der Bezirksoberligen, der Bezirksligen, der Kreisligen A, B und C. Neben dem normalen Meisterschaftsbetrieb all dieser Ligen werden zudem noch die jeweiligen Pokalrunden gespielt und am Ende einer Saison – je nach Liga – noch die entsprechenden Relegationsrunden um Auf- und Abstieg. Um nur das Wesentliche zu nennen. Das lässt sich natürlich mühelos bis ins Unendliche – also zur Frage: Wann schläft so ein Fan eigentlich? – erweitern. Nimmt man noch das Ausland – also beispielsweise den Africa-Cup, den Oceania-Nations-Cup oder den Asien-Cup, die Copa Libertadores – dazu, bleibt es einem rätselhaft, wie ein Fan überhaupt noch einer geregelten Arbeit nachgehen kann. Von einer Beziehung ganz zu schweigen. Das Gute daran: Dass man als Frau in dieser Zeit vieles erledigen kann, bei dem er nur stören würde: ausgehen, einkaufen, mit dem netten Kollegen ein Restaurant besuchen und die Zimmer in herrlichem Rosa streichen.

Allerdings ist Fan nicht gleich Fan. Im Prinzip verehren natürlich alle das Spiel, jedoch aus unterschiedlichen Perspektiven: vom Stehplatz der Fankurve, von der VIP-Loge oder vom Sofa aus. Dann spielt natürlich noch eine Rolle, welchem Verein der Fan anhängt und ob es sich um einen aktiven oder einen passiven Fan handelt, ob er also vielleicht sogar selbst spielt, sämtliche Spiele besucht, also im Jahr mehr herumreist als Joschka Fischer während seiner Amtszeit als Außenminister und die Kinder schon denken, der Storch hätte sie gebracht.

Wie unterschiedlich die Intensität sein kann, mit der so ein Fan seine Leidenschaft zelebriert, fand kürzlich eine US-amerikanische Studie heraus, deren Ergebnisse in dem Wissenschaftsmagazin *New Scientist* veröffentlicht wurden. Demnach lassen sich beim Fantum grob drei Grade eines »Anhimmelungssyndroms« unterscheiden. Beim ersten Grad zeigen die Fans gesellschaftliches Interesse am Objekt ihrer Verehrung. Das ist ungefähr die Ebene, auf der Polyacryl-Fanschals angeschafft werden und man einem Mann jedes Jahr aufs Neue ein Fußballbuch statt noch einer Krawatte schenken kann. Beim nächsten entwickeln sich emotionale Beziehungen, man spürt eine »tiefe Verbundenheit«, beinahe eine Seelenverwandtschaft. Der Fan beschafft sich Biographien von Effenberg, Beckenbauer oder Kahn und findet sehr viel Kluges darin, das ihm auch für sein Leben als Rollladenverkäufer, Rasenmähervertreter oder Studienrat nützlich sein kann. Bei der letzten Verehrungsstufe lebt der Fan praktisch nur im und für den Verein und bedauert, dass man die Verbindung nicht vor dem Standesamt legalisieren darf. Der Verein oder sein Lieblingsspieler sind seine Religion. So wie die Maradona-Kirche in Argentinien, die weltweit rund 20000 Mitglieder zählen soll und in deren Zeitrechnung wir uns 2006 im Jahre 45 nach Maradonas Geburt befinden.

So viel zur groben Unterscheidung. Kommen wir zu den Feinheiten. Zwar fand Mae West, dass es nur zwei Arten von Männern gibt, »einheimische und fremde«. Aber was den Fußball anbelangt, zeichnet sich doch eine etwas größere Artenvielfalt ab.

Der Zuschauer

1. Die Couch-Potatoe

Mehr als 4000 Stunden Fußball sendet das Fernsehen im Jahr, und er hat sie fast alle gesehen. Mit entsprechenden Folgen. Nur wenn man sehr dicht herantritt, kann man ihn noch von seinem Umfeld, einer zähen Masse aus

Chipsresten, Bierdosen, Pizzadeckeln und Zigarettenasche unterscheiden. Arbeiten? Dazu hat er keine Zeit. Er muss das Weltgeschehen im Spiegel des Fußballs betrachten und dem Folge leisten, was Otto Rehhagel einmal sagte: Dass ein Spiel nicht 90 Minuten dauert, sondern 24 Stunden. Jedenfalls, wenn man den Fußball ernst nimmt. Und das tut er. Ernster als alles andere in seinem Leben. Außer vielleicht die Internationale Funkausstellung, weil dort die neuen Großbildschirme vorgestellt werden.

Dass solch ein fanatisch-passiver Fan überhaupt eine Frau hat, ist eher unwahrscheinlich. Zumal Frauen sich nicht gern ständig von Nachbarn fragen lassen, was da eigentlich so komisch riecht in ihrer Wohnung. Mit einer Frau brauchte er außerdem gleich zwei Fernseher, es entstünden also Kosten für etwas, das man weder essen noch trinken kann. Andererseits wäre es natürlich praktisch, die trotz intensiver Rationalisierungsmaßnahmen im Haushalt anfallenden Arbeiten an jemanden delegieren zu können, der nichts kostet, nichts verlangt und trotzdem kühles Bier serviert. Wie er das schafft, darüber grübelt er in den Halbzeiten nach. Bislang jedoch ohne Ergebnis.

2. Der De-Luxe-Fan

Er gehört zum mittleren Management des Hauptsponsors, also quasi zur deutschen Wirtschaftselite – und darf deshalb mit seinem Audi A8 praktisch bis in die Loge fahren. Dort sitzt er dann mit anderen Stützen der örtlichen Gesellschaft, schlürft Prosecco, plündert das Büfett und blickt entspannt hinab auf all die anderen Fans, die es nicht so weit gebracht haben wie er mit seiner eigenen Hände Arbeit und einem Onkel in der Firmenspitze. Neben ihm seine aktuelle Lebensgefährtin, ein aufstrebendes Model, das er nur mit der Aussicht auf eine ausgedehnte Shopping-Tour mit ins Stadion brachte und die jetzt aussieht, als hätte man ihr den Etat für das Nagelstudio und die Strähnchen beim Promifriseur gestrichen.

Beide nutzen die zweimal 45 Minuten ausgiebig zur Kontaktpflege mit anderen wichtigen Menschen: Er mit den Managern des Vereins, die ihm ja vielleicht doch WM-Karten besorgen könnten, zumal er es geradezu empörend findet, dass er sich wie Kreti und Pleti darum *bewerben* muss. Sie hat einen kleinen Flirt mit einem Mann, der zwar ein bisschen alt ist, aber immerhin mit Chauffeur angereist kam und etwas von einer Ferienresidenz in St. Moritz erzählt. Wer weiß, vielleicht sitzt sie ja demnächst nicht mehr hier in der öden Loge der Frankfurter Commerzbank-Arena, sondern in Mailand oder Madrid? Es könnte also doch noch irgendwie ein schöner Tag werden, wenn man sich mal den Fußball und den De-Luxe-Fan wegdenkt. Auch ihr Begleiter scheint bester Laune zu sein: Gerade hat er hinter der Bar eine studentische Aushilfskraft entdeckt, die prima zu seinem Theaterabonnement passen würde, das er sich kürzlich aus Imagegründen zugelegt hat, als er hörte, dass sein Chef regelmäßig ins Schauspiel geht.

Kurz: Der De-Luxe-Fan hat durchaus ein paar Vorteile – wie regelmäßiges Einkommen, wichtige Bekannte und eine gewisse Großzügigkeit. Allerdings ist er kaum anhänglicher als die Blaumeise und stellt Ansprüche an Jahrgang und Figur seiner Begleitung, die es einem unter Umständen erschwert, neben der Schönheitspflege noch einem Beruf nachzugehen. Man könnte ihn im ersten Rausch der Sinne natürlich vom Fleck weg heiraten und würde vermutlich eine 1a-Hochzeit bekommen. Aber da sollte man sich vorher erst einmal nach dem aktuellen Stand des Scheidungs- und Unterhaltsrechts erkundigen.

3. Die treue Seele

Er gehört zu den »Die-Hard-Fans« und hat mit seinem Verein alle Höhen und Tiefen durchgestanden: zwei Abstiege, drei Bestechungsskandale und ein paar Spielerkäufe, die selbst seine Frau besser gemanagt hätte, obwohl die die Jungs vermutlich nach ihren Frisuren aussuchen würde. Aber was wäre er für ein Fan, wenn er nicht auch in schlechten Zeiten zu seinem Verein stehen und sich phantasievolle Ausreden für ihn ausdenken würde, so wie Boris Becker für seine Seitensprünge? Die Größe der Zuneigung bemisst sich für ihn fast wie im Märchen auch an den Widerständen, die es zu überwinden gilt. Und was das anbelangt, da hat sein Verein tatsächlich einiges zu bieten.

Natürlich beschränkt sich seine Begeisterung nicht nur auf die Heimspiele. Er ist auch bei jedem Auswärtsspiel dabei und besucht gelegentlich sogar die Trainings. Ein Aufwand, der bisweilen reich belohnt wird. Dann nämlich, wenn sein Verein trotz aller Anstrengungen, die er unternimmt, um erfolglos zu bleiben, tatsächlich einmal wieder in der ersten Bundesliga ankommt. Dann fühlt er sich wie der Prinz im Märchen, der gleich gesehen hat, dass hinter der unscheinbaren Fassade Großes steckt, der stets den Schwan im hässlichen Entlein erkennen konnte.

Als Partner ist so ein Mann eigentlich ein Hauptgewinn: Zuverlässig, treu und unbeirrbar in seinen Gefühlen und nicht so leicht aus der Bahn zu werfen. Leider ist er nicht allzu oft daheim, und so mangelt es bald an Gelegenheiten, all diese emotionalen Reichtümer auch zu genießen. Zu seinem Vereinsleben kommen außerdem noch oft andere Verpflichtungen, denen er sich, gutherzig wie er ist, kaum entziehen kann: Hilfe beim Hausbau des besten Freundes, Gartenarbeit bei seiner Mutter, Überstunden für den kranken Kollegen. Es muss schon mal ein Machtwort gesprochen und der Terminkalender der treuen Seele gründlich nach Überflüssigem durchforstet werden, um ihn genießen zu können. Wenn man zudem akzeptiert, dass man mit ihm und dem Verein praktisch eine Ehe zu dritt führt, dann kann so ein Leben mit der treuen Seele eine wunderbare Sache sein.

4. Der Schönwetter-Fan

Wankelmütige wie ihn nennt man »Fair-Weather-Fans«, weil sie es sich im Gegensatz zu den »Die-Hard-Fans« leicht machen. Sie gehen nämlich nur zu schönem Fußball und bei gutem Wetter ins Stadion und sie favorisieren immer nur die siegreichen Mannschaften. Ihnen fehlt also schon mal die Leidensfähigkeit des echten Fans, der mit seiner Mannschaft auch bis in die Regionalliga untergeht und trotzdem noch der Überzeugung anhängt, Fan der besten Mannschaft der Welt zu sein, die nur Pech hatte und deshalb wieder mal mordsmäßig eins auf die Kappe gekriegt hat.

Solche, die nur die Rosinen herauspicken, Schönwetterfans und Opportunisten, genießen überall kaum mehr Respekt als die FDP. Doch sie sind nicht nur unsympathisch, sondern auch etwas beängstigend. Was, wenn der Wechselfan dies Verhalten auch auf seine Beziehungen überträgt und seine Liebste nur so lange verehrt, wie sie in Kleidergröße 36 und farblich zu seinem Golfracket passt? Es sollte einem zu denken geben, wenn einer nicht mehr Loyalität besitzt als eine Zimmerpalme.

5. Der Intellektuelle

Viele Frauen halten es zwar immer noch für unwahrscheinlich, vergleichbar dem offiziellen Geburtsdatum von Iris Berben, aber es finden sich im und um den Fußball durchaus eine Menge denkender Männer. Solche wie Albert Camus, der Torwart der Uni-Mannschaft von Algier war. Oder Karol Wojtyla. Er spielte als Torhüter beim FC

Wadowice. Werner Herzog, Rainer Werner Fassbinder, Klaus Theweleit und Joschka Fischer waren aktive Kicker. Ebenso wie Michael Naumann und Jürgen Flimm, beide einstmals in der Jugendmannschaft von Preußen Dellbrück. Franz Kafka war erklärter Anhänger von Hakoah Wien und Friedrich Dürrenmatt gab zu: »Ich kann nach einer Niederlage der Grasshoppers aus Zürich eine Woche lang nicht schreiben.«

Obwohl der Intellektuelle der kritiklosen Ehrfurcht, der bedingungslosen Begeisterung, die manche dem Fußball entgegenbringen, mit Misstrauen begegnet, findet er es gleichzeitig faszinierend, wie weniger Verbildete sich ohne Grund und im wahrsten Sinne kopflos hingeben können. Eine Fähigkeit, die ihm nicht nur beim Sport fehlt. Auch im Beziehungsalltag zeigt sich da bei ihm ein gewisser Mangel an Spontaneität und der Bereitschaft, sich »einfach so« einer Sache wie Sex, Heiraten, Kinderkriegen zu überlassen, ohne vorher monate-, wenn nicht gar jahrelang nach dem tieferem Sinn zu grübeln. Seinen Kopf kann der Intellektuelle eben nicht so einfach ausschalten. Und lieber würde er sich anzünden, als mit einer Tröte ins Stadion zu ziehen oder »unsere Jungs« zu sagen, nur weil er sich mit der Nationalmannschaft die Staatsbürgerschaft teilt. Seine Klugheit verbietet es ihm, nur aus dem Grund zu den Deutschen zu halten, weil sie Deutsche sind. Stattdessen sagt er Sätze wie: »Die Besten sollten gewinnen!« Oder: »Der deutsche Fußball wird überschätzt.« Die Mitnahme eines Intellektuellen zu der Übertragung eines Länderspiels in Gesellschaft von weniger reflektierenden Fans, beispielsweise in eine Pilsstube im Frankfurter Bahnhofsviertel, könnte sich deshalb etwas heikel gestalten. Ist man nämlich erst einmal unangenehm aufgefallen, weil man als Einziger im ganzen Laden der deutschen Nationalmannschaft die »La Ola« verweigerte, nützt es wenig, auf die wichtigen Beiträge zu verweisen, mit denen kluge Kerle wie Sönke Wortmann oder Nick Hornby den Fußball bereichert haben. Dennoch kann man am Intellektuellen viel Freude und mit ihm viel Spaß haben. Mehr jedenfalls als an einem Mann, für den das Hochklappen der Toilettenbrille schon eine Denksportaufgabe darstellt.

6. Der Besserwisser

»Wenn ich etwas zu sagen hätte ...« Leider fragt ihn keiner. Jedenfalls nicht diejenigen, die seine Ratschläge so dringend nötig haben wie der Masochist die Haue. Er weiß nämlich alles besser. Ginge es nach ihm, wäre der ganze Verein längst reorganisiert, die Pfeifen vom Vorstand säßen geteert und gefedert auf der Straße, der Trainer hätte die Lizenz zum Töten, und dann würde man noch die Gehälter auf dem Niveau eines Sparkassenangestellten einfrieren. Das würde diese faulen, überbezahlten Jungmanager, die sich Spieler nennen, aber Hallo!, auf Trab bringen, denn es gäbe nur noch dann zu essen, wenn die Leistung stimmt!

Leider produziert der Besserwisser nicht nur außerhalb, also am Stammtisch, im Stadion oder bei der Arbeit am laufenden Band nichts Geringeres als Patentlösungen, sondern auch daheim vor dem Fernseher, beim Abendbrot und beim Sonntagsspaziergang und bei Themen, von denen er noch weniger Ahnung hat als vom Weltenlenken: Haushalt, Kochen, Diäten, Kinder. Das ist besonders lästig, zumal der Besserwisser in der Regel im eigenen Leben nicht gerade Glanzleistungen vorzuweisen hat und also selbst ein Fall für den Besserwisser wäre.

Der Besserwisser verhält sich im Allgemeinen umgekehrt proportional zum wirklichen Know-how. Franz Beckenbauer ist ein gutes Beispiel. Der versteht zwar wirklich eine Menge vom Fußball, spricht aber lieber über Dinge, von denen er so viel Ahnung hat wie eine Kuh vom Spitzenklöppeln: Politik, Philosophie und Kindererziehung. Leider kann man nicht jeden Besserwisser so wie Franz Beckenbauer einmal um die Welt schicken und das Ganze als Botschaftertätigkeit für die Weltmeisterschaft tarnen. Deshalb: Entweder man schafft sich ein Zweitwohnzimmer an oder gibt dem Besserwisser ein paar langfristige Aufgaben: Karrieremachen, Toaster reparieren, Betten beziehen. Das wird ihn Demut lehren.

7. Der Choleriker

Da steht er nun am Spielfeldrand, der ansonsten grundsanfte Mann, im Privatleben eher ein Seerosengießer, Schattenparker, Brötchen-über-der-Spüle-Aufschneider, und führt sich auf, als könnte er auf der Stelle eine ganze Kleinstadt meucheln, bloß weil der Schiedsrichter eine Blutgrätsche der heimischen Mannschaft ganz richtig als Foul erkannt hat. Ersatzweise beschimpft er den Gegner oder wahlweise auch die Flaschen der eigenen Mannschaft mit Worten, die eigentlich unter das Pornographiegesetz fallen. Er schreit, pöbelt, gestikuliert und tut alles, um einen in Angst und Schrecken zu versetzen.

Als unbeteiligte Beobachterin fühlt man sich da oft getäuscht, weil man seinem Liebsten kaum solch Repertoire an unflätigsten Schimpfworten und so ein Aggressionspotenzial zugetraut hat. Glaubte man bislang, es mit einem Romeo zu tun zu haben, so muss man akzeptieren, dass er auch etwas von einem Rottweiler hat, der gerade entdeckte, wie gut Blut schmeckt und nun aber leider nicht von der Leine darf. Was, wenn er beim nächsten Konflikt um das ungespülte Geschirr auch so aus der Rolle fällt? Wenn er plötzlich, nur weil man ihn freundlich an den Einkauf erinnert, sich die Kleider vom Leib reißt, ihm ein Fell und Reißzähne wachsen? Keine Angst! Die Metamorphose vom Friedensengel zum Kriegstreiber beschränkt sich in der Regel auf Fußballspiele. Im Stadion oder vor dem Fernseher. Für den Choleriker ist die Verwandlung ein reinigendes Bad oder ein Seelenpeeling. Einziger Trübungsfaktor: Für größere Gesellschaften ist der Choleriker nur bedingt tauglich. Sensible Gemüter könnten harmlos ins Gespräch eingestreute Worte wie »Wichser« persönlich nehmen, und das würde den Freundeskreis doch sehr minimieren.

8. Sonderfall: Der Fußballignorant

Es gibt natürlich auch Männer, die sich nicht für Fußball interessieren. An sich eine praktische Sache. Besonders während Europa- und Weltmeisterschaften und speziell, wenn Dinge zu erledigen sind, für die man nun mal Männer braucht: Umzüge, Spinnen töten und Getränkekisten schleppen. Im Prinzip ist deshalb nichts gegen Fußballignoranten zu sagen, und sie müssen ja nicht zwangsläufig alle schwul sein. Einziger Trübungsfaktor: Dass man gerade in Zeiten, in denen die Menschen etwas enger zusammenrücken, um gemeinsam die wichtigsten Spiele der Weltmeisterschaft oder Europameisterschaft zu schauen, etwas vereinsamt.

Typische Fußballsnacks …

- 1 Flasche Bier (0,3 l) – 140 Kalorien
- 1 Tüte Chips (150 g) – 800 Kalorien
- 1 Frikadellenbrötchen – 440 Kalorien
- 1 Dose Erdnüsse (100 g) – 580 Kalorien
- 1 Portion Pommes, Bratwurst, Soße – 890 Kalorien
- 1 Pizza (500 g) – 1500 Kalorien

... und wie man die Kalorien wieder loswird:

- Eine Stunde mit dem Kopf gegen die Wand schlagen – 150 Kalorien
- Sellerie essen (verbraucht mehr Kalorien, als der Sellerie enthält)
- Versuch, mit der Zunge den eigenen Ellbogen zu lecken – 210 Kalorien
- Eine Stunde Sex – 360 Kalorien (aktiv), 164 (passiv)
- Eine Stunde Bügeln – 148 Kalorien
- Eine Stunde Liegen – 56 Kalorien

Die Vereine

Manche Frauen glauben noch, es wäre bei einem ersten Date wichtig, den Mann nach seinen Zukunftsplänen, seinem Einkommen und eventuellen Kinderwünschen zu befragen. Dabei könnten Gespräche über die Beziehungstauglichkeit eines Kandidaten viel subtiler und vor allem für ihn viel erfreulicher sein: Wenn man sich einfach nach dem Verein seines Herzens erkundigt.

FC Bayern München

Der wohl streitbarste Verein der Bundesliga, gerade weil er der erfolgreichste der letzten Jahrzehnte ist und weil er für alles das steht, was man im Rest der Republik mit Oberflächlichkeit, Arroganz und Münchner Schickeria identifiziert. Deshalb lassen sich seine Fans im Prinzip in zwei scheinbar grundverschiedene Kategorien unterteilen: Jene, die immer am liebsten auf der Seite der Sieger sind und sozusagen stets den Weg des geringsten Widerstands gehen, die Aufsteiger, die Neureichen, die Opportunisten. Und jene, die gerade deshalb zu den Bayern halten, weil es so schwer ist und man in manchen Regionen Deutschlands schon froh sein muss, keine geknallt zu bekommen, noch bevor man das Wort »Bayern« ganz ausgesprochen hat. Erstere kann man getrost in den Wind schießen. Bei Letzteren sollte man gnädig sein und ihm vorsichtig andere, beziehungstauglichere Formen der Selbstbestrafung vorschlagen. Hausarbeit beispielsweise.

SV Werder Bremen

Ein grundsympathischer Verein. Während andere schon darüber nachdenken, ob sie demnächst die Urinale in den VIP-Logen ihrer Stadien vergolden sollen, verliert der Bremer nicht die Bodenhaftung und gewinnt dabei sogar. Nicht nur an Anerkennung, auch an Nähe. Entgegen den Temperaturen im hohen Norden lodert die Flamme der Leidenschaft beim Werder-Fan nämlich besonders wärmend. Vielleicht, weil hier die Spieler angeblich auch charakterlich passend zum Team ausgesucht werden? Beim Fan jedenfalls lässt sich eine gewisse Coolness und Souveränität feststellen, weil er selbst bei Hänseleien wie »Fischkopp« nicht die Nerven verliert. Das liegt daran, dass der Verein kaum Skandale kennt, dafür aber viele Helden. Wer Namen wie Wynton Rufer, Marco Bode, Mario Basler oder den des Vereinsvaters Dr. Böhmert auswendig kann, den wird der Werder-Fan lebenslang lieben. Natürlich in grüner Bettwäsche.

FC Schalke 04

Noch immer umweht ein Hauch erdig-ehrlichen Malocher-Kohlestaubs den Verein, obwohl er natürlich längst wie alle anderen auch eher ein Konzern denn ein Sportclub ist und mittlerweile über eine der modernsten Arenen Europas verfügt. Dennoch: Der Verein gilt als Seele des Ruhrpotts und darf sich der besonderen Verbundenheit seiner Fans sicher sein. Die kommen sogar zum Training zahlreicher als andere zu den Spielen ihres Vereins. Und das, obwohl es ihnen Schalke nicht immer ganz leicht machte und man einige Ab- und Aufstiege, mehrere Skandale großmütig verzeihen musste. Eine Bereitschaft, die auch in der Liebe nicht zu verachten ist, ebenso wie die Treue und die Anhänglichkeit, die den Schalke-Fan auszeichnet.

Vorsicht: Niemals mit dem Borussia Dortmund-Fan verwechseln. Die beiden verbindet eine herzliche Feindschaft. Will man beim Schalke-Fan Punkte machen, erzählt man ihm am besten folgenden Witz: »Was ist der Unterschied zwischen Dortmund und Karstadt? Beide sind pleite, aber Karstadt hat die bessere Sportabteilung!«

1. FC Köln

An sich sind FC Köln-Fans nur wärmstens zu empfehlen: Sie sind sozusagen regionalbedingt gesellige Frohnaturen, wissen, was Leiden ist, sind gegen jegliche Stimmungsschwankungen vollimprägniert und so tolerant wie ein ganzer Evangelischer Kirchentag. Das alles verdanken sie einem Verein, der in den letzten Jahren mehr Auf- und Abstiege hinnehmen musste als die SPD und 80 Prozent seiner Energie darauf verwendet, seinen Anhängern ein ähnlich prickelndes Gefühl zu verschaffen wie der Tyrann Dionys von Syrakus seinem Höfling Damokles, als er über dessen Haupt ein Schwert an einem Rosshaar befestigen ließ. Aber:

»FC-Fans kriesche nit«, FC-Fans heulen nicht, wie bereits im Jahr 1980 die Bläck Fööss sangen. Außerdem war ja nicht alles schlecht – oder wie es der FC-Fan in seinem grenzenlosen Optimismus formuliert: »Et hätt noch immer joot jejange!« So hatte der FC mit Superstar Lukas Podolski den erfolgreichsten Torschützen in der DFB-Elf im Jahr 2005 herangezogen und mit diesem Ausnahmespieler im gleichen Jahr wieder mal einen Aufstieg geschafft. Wenn das kein Grund ist, ein paar Kölsch zu kippen!

Borussia Mönchengladbach

Jahrelang ein Geheimtipp, Synonym für den schönen Fußball und die feinere – ja sozusagen geistreiche – Art zu spielen. Gladbach-Fans waren deshalb auch über die ganze Republik verteilt und überdurchschnittlich häufig an den Universitäten zu finden. Bekannte sich einer zu Gladbach, konnte man sicher sein, einen eher gebildeten und denkenden Menschen vor sich zu haben. Das typische Gladbach-Klientel sah im Niedergang des Vereins – 1999 stieg er in die zweite Bundesliga ab – denn auch nicht einfach eine Formschwäche, sondern gleich eine ganze Parabel auf das Scheitern des Guten, des Idealismus im Fußball und den Sieg des Kapitals in Gestalt des Bösen, also Bayern München. Ein Hauch von Sozialromantik ist dem Verein erhalten geblieben – und das gilt auch für seine Fans, die es schaffen, gleichzeitig Nostalgiker und Utopisten zu sein, deren Bereitschaft zum Träumen und zum Schwärmen außerdem auch in der Liebe wahre Wunder bewirken kann.

Hertha BSC

Ein Verein für Lokalpatrioten, der zur Stadt gehört wie der Alex oder die Berliner Weiße und über ähnlich viel

Glamour verfügt. Entgegen der Selbstbezichtigung, *der* Hauptstadtverein zu sein, befindet sich Hertha eher im Stande eines Provinzvereins und damit in einem kuriosen Kontrast zum Metropolenumfeld. Das hindert die Fans allerdings nicht daran, sich mindestens auf dem gleichen Niveau wie andere Hauptstadtklubs zu fühlen, etwas AS Rom oder Arsenal London. Eine Haltung, die man ihnen leicht als Arroganz oder Metropolenallüre auslegen kann und die im Rest der Republik eher als sozial unverträglich empfunden wird. Allerdings darf sich Hertha einer gewissen Multikultiorientierung rühmen. Immerhin hat der Verein den ersten deutsch-türkischen Fanklub gegründet. Für Weltoffenheit ist also gesorgt. Ob so ein Hertha-Fan allerdings im Haushalt taugt? Schließlich steht zu befürchten, dass er glaubt mit dem Hinweis »Ich bin ein Berliner!« von allen lästigen Pflichten befreit zu sein.

Borussia Dortmund

Fußballpuristen kreiden dem Verein an, dem gemeinen Fan etwa so nahe zu sein wie Edmund Stoiber einem vernünftigen Gedanken. Zu viel Geld, zu hohe Gehälter und seit dem Börsengang des Vereins im Jahr 2000 auch zu nah an der Hochfinanz, inklusive der in diesen Kreisen in den letzten Jahren üblichen Unfähigkeit, die sich unter anderem auch in Megaschulden ausdrückt. Dennoch: Die Fans scheinen strapazierfähig zu sein. Mit bis zu 80 000 Zuschauern pro Spiel im Westfalenstadion und mehr als 650 Fanklubs in aller Welt stellt der Verein noch echte Bundesligarekorde auf. Zu den natürlichen Feinden des BVB-Fans zählt in erster Linie der Schalker, der den BVB nur den »Verein in der Nähe von Lüdenscheid« nennt. Beide haben jedoch wenigstens zwei Dinge gemeinsam: Eine herzliche Abneigung gegen Bayern München und die Begeisterungsfähigkeit. Männer, die diesem Verein anhängen, haben also in der Regel viele Freunde, wenig Zeit und besitzen das Potenzial für die ganz großen Gefühle. Eine Mischung, die durchaus attraktiv sein kann, wenn es einem gelingt, seine Aufmerksamkeit vom Verein auf sich zu lenken. Dazu braucht es allerdings schon starke Reize. Lassen Sie also lieber den Stadionsprecher verkünden, dass Ihr Liebster den Abwasch erledigen soll.

Eintracht Frankfurt

Nicht umsonst gilt der Verein als »Diva«, als zickig, launisch und »komplizierteste Mannschaft der Bundesliga«. Aufstiege, Abstiege – es ist, als würde man in einer ewigen Menopause leben, so unberechenbar zeigt sich die Eintracht, gerade dann, wenn man sich gerade entspannt zurückgelehnt hatte, um ihren vermeintlich sicheren Erfolg zu genießen. Fans dieses Clubs sind also emotionale Achterbahnfahrten ebenso gewohnt wie Kummer und entsprechend leidensfähig, was im Umgang mit anspruchsvollen Frauen ja nie schaden kann. Als die Zenbuddhisten des Fußballs sind sie außerdem optimal auf die Unwägbarkeiten und Gefühlsschwankungen des Beziehungslebens vorbereitet und selbst dann nicht aus der Ruhe zu bringen, wenn man gerade zum zehnten Mal seine Pläne bezüglich des gemeinsamen Ferienziels geändert hat. Das Einzige, was den Eintracht-Fan aus seiner fast schon überirdischen Gelassenheit bringen könnte: Wenn seine Mannschaft gegen den Intimfeind – gegen die Offenbacher Kickers – verlieren würde. Was dann passiert? Wir wollen lieber nicht darüber nachdenken!

SC Freiburg

Liegt es daran, dass Freiburg Uni-Stadt ist? Ein Epizentrum von linkem Gedankengut, Esoterik und Öko? Immerhin läuft die gesamte Energieversorgung des Stadions über Solarstrom. Jedenfalls hängt dem Verein der Ruf an, Heimstadt für Freigeister und Kiffer zu sein. Ein sympathischer Haufen voller grundguter Menschen, die sich alle wunderbar vertragen und Freundschaft weit über den schnöden Mammon stellen. Entsprechend tief sind die Beziehungen der Freiburg-Fans zu ihrem Verein, auch wenn der sie mit seinem erneuten Abstieg oder einer 0:7-Niederlage gegen Bayern im Pokal-Viertelfinale auf eine harte Probe stellt. Trotzdem landete der Verein erst kürzlich bei einer Umfrage auf Platz zwei der beliebtesten Bundesligaklubs (nach dem FSV Mainz 05). Ein Freiburg-Fan kann also kein ganz schlechter Mensch sein und vermutlich bringt er viele neue Impulse in den gemeinsamen Haushalt: Mülltrennung, Körnermühlen, Biowurst und den Nachweis, dass auch Männer weinen.

FC St. Pauli

Das Beste am Verein sollen die Fans sein, und tatsächlich erweisen sich die St. Pauli-Anhänger als besonders bodenständig, anhänglich, großmütig und trinkfest. Das müssen sie auch sein, angesichts der St. Pauli-Abstiegsorgien und der chronischen Finanzmisere. Aber gerade der freie Fall beschert dem Verein offenbar eine besonders große Solidarität. In der Hamburger Szene gehört es beinahe schon zum guten Ton, Herz und Lokalpatriotismus zu beweisen, indem man sich zum Kiez und zu den Kleinen bekennt, die Spiele besucht und sie damit zum »Event« adelt. Über mangelnde Unterstützung braucht sich der Verein jedenfalls ebenso wenig zu beklagen wie über prominente Schützenhelfer wie Bela B., Peter Lohmeyer, Richard Golz oder Volker Finke. Der St. Pauli-Fan kann deshalb sowohl eine schillernde Kiezgröße mit Alkoholproblemen wie ein aufstrebender Literat sein. Langweilig wird es in keinem Fall mit ihm, und falls doch, dann findet man bei den Spielen bestimmt eine neue beste Freundin. Denn der Frauenanteil bei den Besuchern hier ist besonders hoch.

FC Kaiserslautern

Fantum in Reinkultur, sozusagen die Keimzelle des Hordenwesens. Wer jemals ein Spiel auf dem Betzenberg verfolgt hat, weiß: Nicht mal Sharon Stone nackt auf dem Rasen und unter einem Vergrößerungsglas könnte solch eine Ekstase hervorrufen wie ein Spiel des FCK. Die Stimmung mit orgiastisch zu beschreiben wäre noch stark untertrieben. Ähnliches kennt man sonst nur von Erweckungsgottesdiensten. Die Anhänger der roten Teufel, wie die Mannschaft im Volksmund genannt wird, sind dabei allzeit bereit, an Wunder zu glauben und schon bei Spurenelementen von Erfolg vom Meistertitel zu träumen. So viel positives Denken könnte sich im Beziehungsleben auch wohltuend bemerkbar machen. Schließlich ist es viel erfreulicher mit einem Mann zusammenzuleben, der in uns stets das Gelbe vom Ei und das Blaue vom Himmel sieht – also die Cellulite geflissentlich ignoriert und sich dafür über unsere wunderbaren Augen, unsere Klugheit und den herrlichen Humor freut. Ein Plus, an dem wir uns ein Beispiel nehmen sollten, indem wir auch an ihm vor allem die guten Seiten sehen. Etwa, dass er uns viel Zeit lässt, unseren Hobbies nachzugehen, weil so eine Tätigkeit als FCK-Fan leider ziemlich zeitintensiv ist.

Was gar nicht geht

Wie bei Sternzeichen gibt es welche, die wunderbar zusammen passen, und solche, bei denen gar nichts geht. Bevor

Sie Witze über den falschen Verein machen oder sich zu früh zu einem Erzrivalen seines Lieblings bekennen, hier eine Liste der wirklich unvereinbaren Gegensätze:

FC Bayern München – gegen alle
Hertha BSC – Hansa Rostock
Borussia Dortmund – Schalke 04
Werder Bremen – Hamburger SV
St. Pauli – Hamburger SV
Kaiserslautern – Mainz
FC Köln – Mönchengladbach
Hansa Rostock – Hamburger SV/Werder Bremen
VfB Stuttgart – Karlsruhe
Kickers Offenbach – Eintracht Frankfurt

Die Nationen

Bei fußballerischen Großereignissen gibt es endlich einmal die Gelegenheit, direkte Vergleiche zwischen den Männern aus den verschiedenen Ländern und Kulturen zu ziehen, ohne gleich eine Weltreise buchen zu müssen. So erklärt sich die weibliche Anteilnahme an Europa- und Weltmeisterschaften, die – so eine Emnid-Umfrage – deutlich über der am Alltagsfußball liegt. Da stellt sich natürlich die Frage, ob es der Franzose beispielsweise lohnt, wichtige Begriffe wie »mon petit canard au sucre« (»meine kleine Zuckerente«) zu lernen, und für wen man die Putzfrau besser einmal extra bestellt. Auch bei der Wahl des nächsten Urlaubsziels kann ein Nationenvergleich viel Nutzen bringen. Von anderen Entscheidungen – etwa welche Fremdsprache man noch pauken sollte und ob es klug ist, einen Italiener zu heiraten – ganz zu schweigen. Kurz: Man kann endlich daheim überprüfen, ob stimmt, was Marlene Dietrich behauptete: dass Latinos sinnliche Enthusiasten sind, sie einen in Brasilien mit Blumen bewerfen und in Argentinien mit sich selbst. Hier eine nicht repräsentative Auswahl der wichtigsten Fußballnationen, untersucht auf ihre Beziehungstauglichkeit:

Der Italiener

Ihm eilt der Ruf voraus, ein lebenslustiges, kinderliebendes und vor allem stilsicheres Kerlchen zu sein. Während deutsche Männer erst noch mühsam den Unterschied zwischen Wolle und Baumwolle, Smoking und Jogginganzug lernen müssen und mit 30 noch nicht wissen, dass man blaue Socken nicht zu schwarzen Hosen trägt, lautet der erste Satz, den der Italiener spricht: »Dolce & Gabbana – und zwar pronto!« Dass er sich mit ein paar großen Designern die Staatsangehörigkeit teilt und mit einer Mutter gesegnet ist, die ihm täglich etwa 20-mal sagt, welch Wunder der Schöpfung er ist, bleibt natürlich nicht folgenlos. Eine gewisse Eitelkeit muss man schon ertragen können und auch, dass der Italiener meistens nicht viel größer ist als eine Eistüte. Dafür ist der italienische Mann farblich stets perfekt auf uns und unsere Handtasche abgestimmt und man kann ganze Abende lang sehr anregende Gespräche über die neue Sommerkollektion, Antifaltencremes und Politik führen. Letzteres allerdings nur, wenn Ihre Wohnung einigermaßen schallgedämmt ist. Der Italiener ist bekanntlich leidenschaftlich und kann bisweilen etwas lauter werden.

Aber auch bei den leisen Tönen hat er die Nase vorn. Dann flüstert er »cipollina« und »patatina« (Zwiebelchen und Kartöffelchen), weil er findet, dass unsere Haut so zart ist wie die einer kleinen Zwiebel oder Kartoffel. Wer sich revanchieren will, sagt »topolino« oder »tigrotto« (Mäuschen und Tigerjunges) und wird erleben, dass der Italiener nicht umsonst große Liebhaber wie Romeo oder Casanova zu seinen Vorfahren zählt. Ein Stammbaum, der verpflichtet, etwa dazu, den Flirt als Kunstform und die Eroberung als Ehrensache zu betrachten und diese Tätigkeiten sportlich anzugehen. So ergab beispielsweise eine Umfrage, dass italienische Männer gern ein Buch mit an den Strand nehmen, um mit Frauen ins Gespräch zu kommen. Dafür verzeihen wir ihnen sogar Berlusconi und dass sie ihre Eroberungen vor allem dazu benutzen, ihrem Ego zu schmeicheln. Fast könnte man sich überlegen, die Verbindung zu einem Italiener zu legalisieren, weil er zu allem anderen berühmt dafür ist, viele Kinder haben zu wollen, und zwar noch vor seinem 60. Geburtstag.

Sollte Ihnen also während der Weltmeisterschaft oder der Europameisterschaft so ein italienischer Fußballfan begegnen – stecken Sie ihn schnell in Ihre Handtasche! Sie können ja später noch entscheiden, ob Sie ihn behalten oder gegen zwei Deutsche tauschen wollen.

Der Engländer

Der englische Fußball soll der weltweit langweiligste sein. Eine Schmähung, die der Brite den eigenen Landsleuten verdankt. Eine Gruppe englischer Astrophysiker will herausgefunden haben, dass die Wahrscheinlichkeit für torreiche Begegnungen mit Unterhaltungswert etwa 30-mal geringer sei als in anderen Ländern. Das erklärt, weshalb die britischen Fußballfans überall auf der Welt als Schläger und Alkoholiker für Schlagzeilen sorgen, weil einer sich ja für die Unterhaltung opfern muss. Auch wenn man sich damit nicht für die Top-Ten-Liste der anziehendsten männlichen Merkmale qualifiziert. Außer, man ist gern dabei, wenn die Promillegrenze mal wieder einen historischen Höchststand erreicht und weiß die Leistung als olympisch anzuerkennen.

Dass britische Fußballfans wegen ihrer Brutalität und ihrer schlechten Manieren berühmt sind, ist vielleicht abschreckend, aber sollte auf keinen Fall dazu führen, sich von der ganzen Nation mit Grauen abzuwenden. Immerhin besitzen nicht nur Alkoholiker, sondern auch Womanizer wie Jude Law und Hugh Grant einen britischen Pass und stehen für einen ganz besonderen Typus: männlich, trinkfest, humorvoll, unternehmungslustig, kreativ und bisweilen sehr gefühlig. Fast ein Drittel aller britischen Männer heult nämlich nach den Ergebnissen einer Umfrage mindestens einmal im Monat, so wie David Beckham, der am ersten Schultag seines Sohnes Brooklyn vor Rührung ein paar Tränen verdrückte. Die Galionsfigur der Metrosexuellen steht auch für eine weitere hervorragende Eigenschaft der Engländer: zumindest im kosmetischen Bereich nicht mehr die ganze Arbeit allein den Frauen zu überlassen.

Wie stark der Wille der Briten zur Veränderung ist, zeigt sich an den Spitzenwerten. So wird in kaum einem anderen Land häufiger eine Penisverlängerung durchgeführt als auf der Insel – lassen Sie sich also nicht von beeindruckenden Ausbeulungen in der Größenordnung von zehn Hasenpfoten irritieren – das kann auch ein Verband sein. Weitere Pluspunkte: Dass Briten in Sachen Kochkunst bekanntlich nicht sehr anspruchsvoll sind, Margaret Thatcher als weiblich empfanden und dass Prinz Charles für Camilla immerhin eine Lady Di stehen ließ. Das macht Hoffnung, mit vergleichsweise geringem Aufwand viel Dankbarkeit zu ernten. Kein Wunder, wenn der kultivierte Brite wie Guy Ritchie immer häufiger bei prominenten Frauen aus dem Ausland wie Madonna als Trophäe gilt und deshalb sicher bald genauso schnell ausverkauft sein wird wie ein Konzert von Robbie Williams (der übrigens auch mal Fußball spielte: als Mittelfeldspieler beim FC Port Vale).

Der Spanier

Außer mit Fußball, dem Servieren von Paella und Sangria in Lokalen, die »La Paloma« oder »Las Tapas« heißen, beschäftigt sich der Spanier gern damit, sich »Piropos«, also mehr oder weniger komplizierte Schmeicheleien auszudenken und das Ergebnis bevorzugt hinter Blondinen her zu schreien. Für mit Spaniern verheiratete Frauen mag das etwas ärgerlich sein, aber ansonsten ist ein »Mi Amor!«, ein »He, guapa, ven aqui!« oder ein »Como me puedes dejar tanto tiempo solo? Tienes que venir mas a menudo, mi vida. Haces brillar el sol!« eine feine Sache, die man allerdings nicht zu persönlich nehmen sollte. Genauso wie seine für unsere kühlen Verhältnisse etwas verstörende Gewohnheit, einem sehr viel näher zu kommen als der Zahnarzt – wenn auch nicht ganz so nah wie der Gynäkologe, jedenfalls nicht bei der ersten Begegnung. Das sei den kulturellen Unterschieden geschuldet und kann durch ein entschiedenes »Wenn Ihnen mein Platz so gut gefällt, warum tauschen wir dann nicht?« gestoppt werden, bevor einem der Spanier quasi auf dem Schoß sitzt. Da der spanische Mann im Schnitt bis zu seinem 30. Lebensjahr daheim bei Mama bleibt (übrigens zehn Jahre länger als der europäische Durchschnitt), kann man ihn auch mit Worten wie »Küche« oder »Geschirrspülmaschine« leicht auf Abstand bringen.

Falls das nötig sein sollte. Es gibt nämlich einiges, das für den Spanier spricht: Die lange Tradition der charmanten Verführung, die bei Don Juan begann und mit Antonio Banderas noch lange nicht zu Ende ist. Die fundierten Weinkenntnisse, immerhin kommen einige der besten

Tropfen aus seinem Land. Dann die modische Lässigkeit und der Sinn für Atmosphäre, die den Spanier bei einer entsprechenden Umfrage auf Platz eins der größten europäischen Romantiker katapultierte (wohingegen es deutsche Männer nur auf Platz acht schafften) und nicht zu vergessen: das Weiblichkeitsideal. Die Frau, die der Spanier anbetet, darf nämlich ruhig Kleidergröße 42 tragen, muss also kein Stangensellerie sein und kann beim Essen beherzt zugreifen. Das sollte mehr als genug Ausgleich dafür bieten, dass der stolze Spanier im Durchschnitt lediglich 1,73 Meter misst und die Sache mit der Pünktlichkeit nicht ganz so ernst nimmt wie wir beispielsweise. Man kann sich die Wartezeit ja mit einem guten Buch verkürzen oder damit, nach anderen Spaniern Ausschau zu halten.

Der Schweizer

Gut, er sagt vielleicht noch weniger als die 12 000 Worte, die ein Mann täglich im Durchschnitt von sich gibt. Aber die spricht er so langsam, dass es einem gar nicht auffällt und man praktisch mitschreiben könnte. Das ist hilfreich, wenn man beispielsweise die Adresse des Schweizers aufnehmen will. Das lohnt sich in jedem Fall, weil der Schweizer immer irgendwo wohnt, wo man sich normalerweise nicht mal einen Kaffee leisten könnte. Außerdem hat er garantiert ein Konto in der Schweiz, kann wunderbar Skifahren und Käsefondue zubereiten und besitzt eine Menge Ernsthaftigkeit und Verantwortungsbewusstsein – alles Dinge, die man hierzulande bloß vom Hörensagen kennt. Genauso wie das Kondom, das vermutlich eigens für den Schweizer erfunden wurde, weil er es wie sonst kaum einer seiner ausländischen Geschlechtsgenossen freiwillig und eifrig benutzt. Was ist dagegen schon der seltsame Dialekt?

Spätestens nach zehn gemeinsamen Jahren denkt man

nicht mehr jedes Mal, wenn der Schweizer mit einem spricht, automatisch an den Geißenpeter aus »Heidi« oder glaubt, mit einem Teletubbie zu kommunizieren, weil im Schwyzerdütsch stets ein niedliches »i« an allen möglichen Worten hängt: Ruebli (Möhren), Verhüterli (Kondome), Weggli (Milchbrötchen). Telefonsex oder Dirty Talking sind unter diesen Umständen natürlich eher nicht zu empfehlen. Es sei denn, man möchte mal wieder herzlich lachen. Aber das würde den Schweizer ebenso unnötig verschrecken wie seine Libido. Der Schweizer mag nämlich nichts, was laut, schrill oder derb ist. Eher zeichnet er sich durch Zurückhaltung, Understatement, Ordnungsliebe und Höflichkeit aus. Das klingt nicht gerade nach einer leidenschaftlichen Nacht und einem aufregenden Leben voller rauschhafter Exzesse. Aber die legendäre Langsamkeit und Gründlichkeit der Schweizer hat auch Vorteile. Etwa beim Vorspiel. Das dauert mit einem Schweizer laut der Global Sex Survey des Kondomherstellers Durex rekordverdächtige 21 Minuten und damit fast doppelt so lang wie beispielsweise das mit einem Thailänder.

Auch im Haushalt dürfte es keine Klagen über den Schweizer geben. Im Gegenteil. Er zählt zu Europas emanzipiertesten Männern, hält viel von Gleichberechtigung, geteilter Hausarbeit und ist sehr reinlich. Es empfiehlt sich also, wenigstens so lange mit ihm zusammen zu sein, bis die Wohnung wieder glänzt, alle Fenster geputzt, die Konserven alphabetisch sortiert und die hartnäckigen Rotweinflecken aus dem Sofa entfernt sind. Wenn Sie ihm vorher keine bösen Witze erzählen (»Schweizer sind so langsam, dass sie beim Wandern sogar von Gletschern überholt werden.«), können Sie deshalb nur als Gewinnerin aus dieser Liaison hervorgehen.

Der Holländer

Seit Jahrzehnten begleitet eine herzliche Abneigung das Verhältnis der Holländer und der Deutschen. Angefeuert durch Klischees, wie dem, dass der Holländer praktisch im Wohnwagen lebt und ihm deshalb das Handschuhfach die Minibar ersetzt, was ihm auch preislich entgegenkommt. Dem Holländer eilt nämlich auch noch der Ruf voraus, legendär geizig zu sein. »Go Dutch« heißt für Leute aus dem englischen Sprachraum: Wenn in Gesellschaft jeder Einzelne seine Rechnung bezahlt, was nicht gerade ein vielversprechendes Licht auf gemeinsame Restaurantbesuche wirft und den Holländer als Begleiter kaum attraktiver erscheinen lässt als der für seine »pekuniäre Paranoia« bekannte Dieter Bohlen. Für all die Häme, so das Gerücht, revanchiert sich der Holländer bei den Deutschen mit dem Export von Linda de Mol, Lou van Burg, André Rieu und Tomaten, die so wässrig sind, dass sie im Ausland schon die Frage aufwerfen, warum in Holland Wasser in Gemüse und nicht in Flaschen abgefüllt wird.

Vermutlich liegt es am Nationalsozialismus und daran, dass Deutschland Holland einfach so überfallen hat. Ein nahezu perfekter Grund, nachtragend zu sein, der allerdings oft auch von jenen weidlich ausgekostet wird, die den Ersten mit dem Zweiten Weltkrieg verwechseln und Goebbels für eine Tulpensorte halten. Möglich auch, dass dem Holländer noch 1974 auf dem Gemüt liegt, als die Holländer klare WM-Favoriten waren, ihnen der Sieg aber von Deutschland weggeschnappt wurde (wegen Hölzenbeins Fallsucht, sagen die Holländer – wegen Überlegenheit, sagen die Deutschen). 2002 kamen die Holländer dann erst gar nicht zur WM. Sie scheiterten schon in der Qualifikation an den Iren und brauchten mal wieder für den Spott nicht zu sorgen. Der lautete unter anderem: »Der durchschnittliche Deutsche hat im Jahr 2002 139-mal Sex gehabt. Der durchschnittliche Holländer

158-mal. Ist ja auch klar: Die Holländer brauchten 2002 ja keinen Fußball zu sehen.«

Fairerweise muss man sagen, dass diese Gemeinheit durch einen kleinen Minderwertigkeitskomplex begründet sein kann, weil der Holländer beim Sex die besseren Leistungen erbringt: Laut einer Studie hat er nämlich auch in Jahren ohne EM oder WM weitaus häufiger Sex als die Männer hierzulande, genug, um im europäischen Vergleich hinter Frankreich auf Platz zwei zu landen. Und dann sieht er auch noch besser aus, ist mit 1,81 Metern Körperlänge so ziemlich der Größte (Deutschland: 1,76 Meter). Damit löst sich das Problem – wohin mit einem Holländer anlässlich fußballerischer Großereignisse in einem Land, in dem der holländische Fußballfan ähnlich beliebt ist wie Gerhard Mayer-Vorfelder? Am besten man bleibt mit ihm im Bett. Vier Wochen lang. Spätestens dann muss er wieder heim, den Wassergehalt seiner Tomaten prüfen.

Der Österreicher

So viel vorneweg: Nicht alle Österreicher tragen Trachtenjanker und Filzhüte, wohnen im Weißen Rössl und sitzen ständig beim Heurigen herum. Und auch Hansi Hinterseer oder Udo Jürgens sind nicht repräsentativ. Ebenso wenig wie Jörg Haider, obwohl der sich so fühlt. Nein, der Österreicher kann ein feinsinniger, kreativer Mensch sein, der in seiner Freizeit Schnitzel so butterzart klopft, dass man sie beinahe einatmen kann, in Kaffeehäusern über kluge Sätze nachgrübelt, gern philosophiert und wie Strauss, Bruckner, Haydn oder Mahler die herrlichste Musik komponiert. Er hat außerdem einen sympathischen Hang zu Süßspeisen und weiß mit Topfengolatschen (Quarktaschen mit Aprikosen gefüllt), Palatschinken (Pfannkuchen mit Füllungen wie Schoko oder Marmelade), Kaiserschmarrn oder Germknödeln eine Frau auch außerhalb des Bettes glücklich zu machen – jedenfalls so lange, bis sie das nächste Mal auf der Waage steht!

Leider haftet ihm aber auch eine gewisse Düsternis an und nicht umsonst wird Wien auch die Hauptstadt des Weltschmerzes genannt. Bevor man sich irgendwann mit zehn Kilo Übergewicht Hand in Hand mit einem Mann auf einer Autobahnbrücke oder dem Dach eines Hochhauses wiederfindet, bereit zu springen, weil der Österreicher gerade mal wieder keinen Sinn im Leben findet, sollte man Folgendes bedenken: Für ihn läuft es nämlich gar nicht so schlecht, wie er sich oft fühlt. Noch immer verdient er um einiges mehr als die Österreicherin, und die Quote der Männer, die bei ihren Kindern zu Hause bleiben, liegt im mikroskopischen Bereich, praktisch auf Augenhöhe mit Amöben. Außerdem, so das Ergebnis einer Studie von Arte über die Flirtmethoden der Europäer, kann er plötzlich sehr wortkarg werden, wenn es um seine privaten Verhältnisse geht: »Der Mantel des Schweigens ist in Wien ein beliebtes Kleidungsstück.« Also ist durchaus Vorsicht geboten, wenn so ein Wiener Schwindler von einem einsamen Singleleben erzählt!

Sollten Sie also auf eine Mogelpackung hereingefallen sein, die sich außerdem noch weigert, wichtige Beiträge wie Abräumen des Frühstückstisches oder die Beschaffung frischer Backwaren zu leisten, gibt es nur eines: Ihm ein paar fiese Österreich-Witze zu erzählen. Beispiel: »Was ist eine Blondine zwischen zwei Österreichern? Nicht die Dümmste!« Oder fragen Sie ihn einfach mal, wie die österreichische Nationalmannschaft beim EM-Qualifikationsspiel 1992 gegen die Färöer-Inseln abgeschnitten hat – dann hat er wirklich mal einen guten Grund zur Melancholie.

Der Franzose

Ach, da denkt man doch gleich: O là là! An Lebensart, Eleganz, Charme, Kultur und dass die Franzosen das Flirten ja praktisch erfunden haben. Das Wort stammt nämlich nicht etwa aus dem Englischen, sondern ist abgeleitet von dem traditionellen französischen Ausdruck »conter fleurette«, was so viel heißt wie »einer Frau schmeicheln«. Genau das tut der Franzose nach Kräften und andauernd. Auf Französisch natürlich, weil allein schon die Sprache wie ein Kompliment klingt und weil der Franzose aus Prinzip keine andere Sprache spricht. Englisch? Das findet er ähnlich degoutant wie einen Champagner mit Cola zu mischen. Und Deutsch? Darüber braucht man nicht mal nachzudenken. Eine Haltung, die die Kontaktaufnahme etwas erschweren könnte, wenn man die einschlägigen schulischen Bildungsangebote ausgeschlagen hat.

Ansonsten kann man sich darauf verlassen, dass der Franzose zwar gern spricht – aber auch als ein Meister des Nonverbalen, des Tändelns, Zärtelns und des Sex gilt. Mit durchschnittlich 167-mal im Jahr darf er sich mit Fug und Recht rühmen, der Bonobo unter den Europäern zu sein. Natürlich sagt die Quantität noch nichts über die Qualität. Aber immerhin wissen wir so, dass der Franzose nicht nur für seinen heißgeliebten Fußball, sondern genauso hart für das Image des sinnlichen Genussmenschen trainiert. Im Bett und zu Tisch, wo er gern stundenlang sitzt und sich Unmengen teurer Delikatessen einverleibt. Dann singt er noch gern Chansons und schläft lange (im Schnitt acht Stunden und 24 Minuten), was ungemein sympathisch wirkt, aber die Frage aufwirft: Wann arbeitet der eigentlich und schneidert all die wunderbare Haute Couture, backt Baguette und plant den nächsten Streik? Und: Wer bezahlt das ganze schöne Savoir-vivre? Zum Beispiel die 32 Euro, die sich der Franzose monatlich allein sein Parfüm kosten lässt? Von den Preisen für einen guten Rotwein, für Champagner oder Austern und Croissants ganz zu schweigen. Sind das alles EU-Subventionen? Hat der vielleicht sogar Personal fürs Geldverdienen? Erledigt er das wie alles so elegant nebenbei, dass es uns gar nicht auffällt? Oder macht das – wie übrigens das meiste im Haushalt und bei der Kindererziehung – auch seine Frau?

Aber kann uns das nicht egal sein? Ebenso wie seine Anhänglichkeit zu Maman und dem Rest der Verwandtschaft, die er ständig besuchen muss. Wie die meisten Männer genießt man den Franzosen am besten sowieso ungeehelicht, also in jenem herrlichen Zustand des Werbens, der vollkommenen Aufmerksamkeit und totaler Hingabe. Eine Weltmeisterschaft oder Europameisterschaft wird er das wohl aushalten.

Der Tscheche

Im Unterschied beispielsweise zum Polen, der als der Italiener Osteuropas gilt, ist dem Tschechen eine gewisse Schwermütigkeit angeboren. Nehmen wir nur Kafka, der einen seiner Helden in einen Käfer verwandelte, statt beispielsweise in fünf Kisten Champagner, in einen Armani-Anzug oder in eine Strandvilla. Andererseits hat der Tscheche in Gestalt des braven Soldaten Schwejk weltweit einige Berühmtheit für seine als Naivität getarnte Schlitzohrigkeit erlangt. Ebenso wie für seine wunderbaren Kinderfilme, die ihm den Ruf einbrachten, feinfühlig, sensibel und phantasievoll zu sein. Dann stammen natürlich auch einige der besten Fußballer aus dem Land. Solche wie Antonin Panenka, dessen Elfmeter der ČSSR 1976 den Europameistertitel bescherte (ein derart geschossener Elfmeter wird noch heute gelegentlich als Panenka-Heber bezeichnet), oder der Wunderstürmer Josef Bican, der in seiner Laufbahn mehr als 5000 Tore erzielte und so viel

Hattricks, dass man irgendwann aufhörte, sie zu zählen. Und wo wir uns gerade so schön erinnern: Natürlich darf auch Pan Tau nicht fehlen, wenn man vom Tschechen spricht. Der stumme Kinderheld hat besonders uns Mädchen ja bestens auf Kerle vorbereitet, die den Mund nicht aufkriegen und statt auf das zu reagieren, was wir sagen, so entrückt-milde lächeln, als würden sie sich gerade Pamela Andersson nackt auf dem Kühler ihres Autos vorstellen.

So hat der Tscheche, der übrigens oft hübsche Namen wie Pavel, Petr, Jan, Marek oder Jiři trägt, vieles, was einen echten Mann ausmacht: Einerseits unterhält er innige Beziehungen zu seinem inneren Kind, kann aber auch mehr Bier trinken als alle anderen Europäer, mordsmäßig viele Knödel essen, dabei noch die Weltlage klären und »Biene Maja« singen. Dass er so oft »Ahoj!« sagt, hat dann allerdings nichts damit zu tun, dass der Tscheche schnell betrunken wird und sich ein Meer einbildet. Er meint damit einfach nur »Hallo!«. Im Großen und Ganzen ist der Tscheche deshalb nur zu empfehlen. Ausgenommen vielleicht an Ostermontagen. Dann verhaut er Frauen nämlich mit einer Rute den Hintern. Das sei ein alter Brauch, sagt er, und nichts Sexuelles. Da haben wir sogar schon von George W. Bush intelligentere Entschuldigungen gehört!

Der Mexikaner

An sich ist der Mexikaner sehr praktisch. Er ist klein, lässt sich also sogar in einer Fahrradtasche leicht verstauen. Dann hat er wenigstens in der Küche ein paar ganz scharfe Sachen drauf. Deshalb sollte man schon mal vorsorglich ausreichende Mineralwasser-Vorräte anlegen. Die könnten auch bei den großen Tequila-Mengen nützlich sein, die man mit ihm trinkt, während Mariachi-Musik läuft. Dazu lädt man natürlich die Nachbarin ein, weil man sich über den eigenen Lärm schlecht beschweren kann und der Mexikaner gern mit vielen Gästen feiert. Zum Beispiel die Siege seiner Mannschaft. Aber nicht nur als Stimmungskanonen, auch als Fußballspieler sind die mexikanischen Männer Weltklasse. Immerhin sagt ihnen sogar Oliver Bierhoff nach, dass sie »agil, laufbereit und kampfstark« sind. Man kann also schöne Spaziergänge mit ihnen machen oder ihn mal eben in den Supermarkt schicken. Leider würde er sofort einen riesigen Krach anfangen, weil es natürlich total unter seiner Würde ist, zu tun, was eine Frau ihm sagt. Nicht mal vor einem herannahenden Lastwagen würde er sich warnen lassen und schon aus Prinzip die Straße überqueren. Nur um das zu retten, was er für seine Mannesehre hält.

Kurz: Beim Mexikaner zeigt sich eine gewisse Renitenz in Sachen Gleichberechtigung. Ständig muss der Mexikaner einem beweisen, was er drauf hat, und je weniger das ist, umso häufiger gibt es Krach. Weibliche Selbständigkeit hält er für ähnlich begehrenswert wie einen Zungenkuss mit einem Biber und findet, dass der Herrgott die Frauen allein zu seiner Bequemlichkeit erschaffen hat. So wie seine Mutter, die er für die perfekte Ehefrau hält und mit allen anderen vergleicht, die schon deshalb schlechter abschneiden, weil es nur *eine* Mutter geben kann. Da merkt man gleich, dass die Wiege des Machismo in Mexiko stand und Frauen hier eher unter »Servicekräften« oder – auch das gibt es häufiger – sogar nur unter »Nutzvieh« laufen. Das gilt allerdings vor allem für die nähere Bekanntschaft. Aus der Distanz kann der Mexikaner ein echter Kavalier und Gentleman sein. Deshalb ist er vor allem zur Ansicht auf dem Fußballplatz und zum Partymachen zu empfehlen. Und kann uns vielleicht endlich mal plausibel erklären, weshalb man eine Zitronenscheibe in ein ohnehin schon ziemlich flaues Bier steckt.

Der Brasilianer

Der Brasilianer sieht bekanntlich prächtig aus. Das kommt vom vielen Sport, und der ist Kult in seinem Heimatland. Fußball steht hier natürlich an erster Stelle. Aber auch dem Surfen ist der Brasilianer sehr zugetan. Sieht gut aus, so ein Brasilianer auf dem Brett, inmitten von Wellen.

So schön das ist, für uns könnte es stressig werden, weil man neben so einem durchtrainierten Beau leicht mal aussieht wie ein Eisbein neben Orlando Blum. Zur Vermeidung solch unerquicklicher Vergleiche könnte man beim Sex das Licht ausmachen, oder das Ganze gleich in die dunklen Wintermonate nach Finnland verlegen. Aber was hätte man dann noch vom schönen Brasilianer? Leider fehlt bislang in Frauenmagazinen die entsprechende Vorbereitung auf solcherlei Probleme – also etwa die »Brasilien-Diät – Zehn Kilo in nur zwei Wochen – So kommen Sie in Weltmeisterschafts-Passform«. Und so ist man mal wieder auf Eigeninitiative angewiesen.

Was sein Bedürfnis nach Geselligkeit anbelangt, so ist der Brasilianer eigentlich eine Giraffe. Die fühlt sich auch in Gruppen von bis zu 30 Tieren am wohlsten. Das entspricht ungefähr den Minimalanforderungen, die ein Brasilianer an seinen »engsten Familienkreis« stellt, alles, was darunter liegt, erfüllt für ihn bereits den Tatbestand der Isolationsfolter. Bedeutet: Er kann nicht allein sein. Niemals. Wie Marcelo dos Santos, den alle Marcelinho nennen und der bei Hertha BSC spielt, ein Künstler am Ball. Ein Abhängiger im Privatleben. Da versammelt er ständig so viele Leute um sich herum, dass man meinen könnte, es handele sich um eine Aktionärsversammlung und nicht bloß um ein privates Treffen von Freunden. Manche hat der Brasilianer eigens aus seiner Heimatstadt Campina Grande einfliegen lassen. 30 000 Euro pro Monat, so der *Spiegel*, soll ihn sein Bedürfnis nach Gemeinschaft kosten. Das kann dann schon ziemlich störend sein. Nicht bloß wegen dem Geld. Liebesgeplänkel sollten doch Privatsache bleiben und nicht so gut besucht sein wie eine Pressekonferenz beim 1. FC. Aber man muss den Brasilianer auch loben: Es wird in Brasilien allgemein als unhöflich betrachtet, persönliche Fragen zum Beispiel nach dem Alter zu stellen. Wir hätten zwar sowieso nichts gesagt – aber so ist es natürlich viel netter.

Der Schwede

Groß, blond und mit einer Reihe perlweißer Zähne – der Schwede sieht meist aus, als würde er in seiner Freizeit entweder als Unterwäschemodel für Calvin Klein über den Laufsteg schreiten oder sich den Zahnstein entfernen lassen. Anders als seine deutschen Geschlechtsgenossen nimmt er bisweilen sogar Erziehungsurlaub und hält Frauen, die Karriere machen, nicht für Mutanten, sondern findet das ganz normal. Da bekommt der Begriff »Schwedenhappen« doch gleich eine ganz andere Bedeutung. Weltläufig ist der Schwede außerdem, spricht also wenigstens Englisch, was sehr höflich ist gegenüber anderen Nationen. Und er kennt lustige Worte wie etwa »Idrottsföreningen Kamraterna«, die klingen, als hätte sie sich Astrid Lindgren für Pippi Langstrumpf ausgedacht. Aber so heißt der schwedische Erfolgsklub aus Göteborg, trotz einiger Tiefschläge sozusagen die Bayern München des Nordens. Der Verein führt immerhin die ewige Tabelle der Allsvenskan, der höchsten schwedischen Fußballliga an. Insgesamt wurde er 17-mal schwedischer Meister und gewann zweimal den UEFA-Pokal (1982 und 1987). Kenntnisse, mit denen man sich den Schweden gleich gefügig machen kann. Ausgenommen, er ist Fan einer der beiden anderen Göteborger Mannschaften. Dann tut es eine Flasche Alkohol auch. Denn bekanntlich muss der Schwede in seinem Heimatland ganze Monatsgehälter für einen winzigen Rausch hinlegen, greift also entsprechend dankbar zu, wenn er trinken und trotzdem sparen kann. Der betrunkene Schwede kann dann bisweilen etwas unangenehm werden, was für eine kontrollierte Vergabe von Caipirinhas und Wodka-Sour spricht. Dass er Spitzenreiter in Sachen Langlebigkeit ist, kann allerdings nicht daran liegen, dass er in Alkohol eingelegt und also klassisch konserviert wäre. Das kann sich der Schwede gar nicht leisten. Vermutlich ist es der Fisch, den er regelmäßig zu sich nimmt und der dafür sorgt, dass man von diesem Mann am längsten etwas hat. Immerhin wird er im Schnitt 77,7 Jahre alt, das ist absolute Spitze in Europa. Vielleicht liegt die schwedische Lebensausdauer auch daran, dass man diese Zeit mindestens braucht, um eine IKEA-Küche fachgerecht aufzubauen?

Kapitel 3
Die Frauen und der Ball

Frauen und Ball – das geht nicht zusammen. Glauben Männer. Sie behaupten, dass Frauen im Fußball genauso viel zu suchen haben wie Amerikaner im Iran. Frauen wären rein biologisch schon nicht in der Lage, etwas Sinnvolleres zu einer Liveübertragung beizutragen als »süße Socken!« und Schnittchen in den Farben der Nationalelf. Kurz: Was das Verhältnis von Männern zu Frauen im Fußball anbelangt, halten es 99 Prozent mit Johannes Rau, der zum Vorschlag, Fußballstadien nach Frauen zu benennen, sagte: »Wie soll das denn dann heißen? Ernst-Kuzorra-seine-Frau-ihr-Stadion?« Das ist nicht frech. Das ist Notwehr. Denn natürlich fordert es entgegen anderslautender Gerüchte den weiblichen Intellekt (im Gegensatz zu dem mancher Schiedsrichter) kaum mehr, als ein Gurkenglas zu öffnen, um ein Abseits als solches zu erkennen. Es scheint vielmehr so zu sein, dass Männer einfach nicht wollen, dass Frauen etwas vom Fußball verstehen, und sich nichts sehnlicher wünschen, als dass wir sagen: »Gebt doch jedem einen Ball«, statt ein Vorrundenspiel so flüssig zu kommentieren wie Reinhold Beckmann. Wieso das so ist und weshalb Männer auf weibliche Fans, Moderatorinnen, Spielerfrauen und die besten Fußballerinnen der Welt so heftig reagieren wie der Allergiker auf die Polle – ein Erklärungsversuch.

Warum Frauen im Fußball nichts zu suchen haben

Frauen verstehen nichts vom Fußball. Sagen Männer. Und dann sagen sie noch: »Schalke 05.« Das sagen sie *immer*, wenn sie schlüssig nachweisen wollen, dass es Frauen sowohl an Sachverstand als auch an geistiger Kapazität fehlt, etwas so Komplexes wie Fußball in ihr kleines Köpfchen zu bekommen. »Schalke 05« ist sozusagen der Paravent, den Männer zwischen Fußball und den Frauen aufstellen. Die Metapher dafür, dass das Ganze Männersache ist und man – wie die Urheberin des Lapsus – mit lebenslänglichem Belächeln bestraft wird, wenn man versucht, sich auf ihrem Terrain häuslich einrichten zu wollen. Wie Carmen Thomas, die 1973 als erste Frau überhaupt im deutschen Fernsehen eine Sportsendung, Das aktuelle Sportstudio im ZDF, moderierte und »FC Schalke 05 gegen – jetzt hab' ich es vergessen – Standard Lüttich« sagte. Zwei Wochen später forderte die *Bild am Sonntag* dann ihre Entlassung und titelte: »Carmen Thomas im ZDF-Studio gescheitert.« Da spielt es keine Rolle, dass das bloß ein Versprecher war und sie selbstredend wusste, dass es »Schalke 04« heißen muss. »Und natürlich wusste auch jeder, selbst die ärgsten Feinde, dass ich es wusste«, erzählte sie kürzlich bei einem Interview mit *Schalke Unser* der Fanzeitung der Schalker Fan-Initiative e.V. Es ändert auch nichts, dass Carmen Thomas mitnichten deshalb gehen musste – wie es gern kolportiert wird –, und dass sie noch anderthalb Jahre lang weiter das Sportstudio moderiert hat. Erwähnt werden zudem nicht ihre bislang 14 Bücher, ihr Status als Kommunikationsexpertin oder dass sie 13 Jahre lang an Universitäten lehrte und seit 2001 geschäftsführende Direktorin der 1. Moderationsakademie für Medien und Wirtschaft in Engelskirchen bei Köln ist. Es geht ihr wie Monika Lewinsky – beide könn ten ein Mittel gegen Krebs erfunden haben – man würde sie trotzdem nicht aus der Schublade lassen, in die sie mal gesperrt wurden.

Noch heute, so Carmen Thomas im Interview mit *Schalke Unser*, werde sie wöchentlich daran erinnert. »Als ich mir ein Visum bei der Botschaft von Tansania in Bonn besorgen wollte. Bei dem tiefschwarzen Pförtner dachte ich so bei mir, ob ich ihn überhaupt auf Deutsch ansprechen kann. Doch noch bevor ich den Mund aufmachen konnte, lächelte er mich mit einer Perlenkenkette von ca. 54 Zähnen strahlend an und sagte: ›Ooooh, Schalke 05.‹ Das war schon unerwartet komisch.«

Was ist dagegen schon Arnim Basche mit seinen »Kickenbacher Offers« oder Ewald Lienen mit seinem »1. FC Stuttgart«? Nur weitere Beispiele dafür, dass Männer höchstens winzig, winzig kleine Fehler machen. Jedenfalls im Vergleich mit »Schalke 05«. Sagen Männer. Und deshalb ist es egal, ob man ihnen das gesamte Regelwerk der FIFA auswendig aufsagt, ein Spiel besser kommentiert als Harry Valérien, mehr gerade Sätze bilden kann als Waldemar Hartmann (wegen seiner eigenwilligen Art, sich auf eine Moderation vorzubereiten »Weißbier-Waldi« genannt) oder ob man anders als Rolf Töpperwien eine Begegnung mit Strohrum unfallfrei übersteht und damit geistig locker die Minimalanforderungen an einen Moderator erfüllen würde. Von optischen Kriterien wollen wir hier gar nicht erst reden.

Selbst wenn der DFB in Frauenhand wäre – würde das nichts am ersten Fußballfan-Gebot ändern: Dass Frauen keine Ahnung haben. Niemals! Und unter gar keinen Umständen und höchstens, wenn die Hölle zufriert. Schon weil Fußball für Männer weit mehr ist, als Frauen sich vorstellen können und Männer zugeben würden, nämlich ein Synonym für Männerfreundschaft. »Elf Freunde sollt ihr sein!«, lautete schließlich der berühmte Appell und

Was Männer während eines Spiels auf keinen Fall hören wollen:

- Schatz, wir müssen reden.
- Der Mädelsabend findet diesmal bei uns statt.
- Wie lange dauert das denn noch? (Unmittelbar nach Beginn der zweiten Halbzeit gesagt.)
- Fällt dir nichts an mir auf?
- Warum liebst du mich eigentlich genau?
- Gleich fängt Desperate Housewives an.
- Nicht schlecht für einen Mann.
- Also, wie dieser Kahn seine Frau behandelt hat!
- Warum gibt es eigentlich keine Schwulen in der Bundesliga?
- Wie wäre es mit einem Prosecco für dich und deine Freunde?
- Soll ich euch Servietten bringen?
- Natürlich weiß ich, was ein Abseits ist.
- Was ist noch mal ein Abseits?
- Ich habe euch einen leichten Sommersalat gemacht!
- Ich kann dir alles erklären.
- Was denkst du gerade?
- Findest du mich zu dick?

nicht: »Elf Freunde und Gaby, Susi, Marion, Sabine, Carola, Marianne.« (Der berühmte Satz stammt übrigens nicht von Sepp Herberger, sondern aus dem Buch »Theorie, Technik, Taktik« von Richard Girulatis – das nur, falls man ein paar Jungs mit solcher Kennerschaft mal gründlich den Abend verderben will!)

Die Männerbündelei fängt bereits in den muffigen Umkleidekabinen von Vorort-Fußballvereinen an, also dort, wohin gewöhnlich keine Frau ihren Fuß setzt, um nicht an den giftigen Dämpfen von feuchten Handtüchern, Schweißfüßen und Irish Moos zu ersticken. Da sagt einer zum anderen: »Na, du lahme Ente! Ist heute ein besonderer Tag oder spielst du immer so scheiße?« Antwortet der andere: »Elender Chancentod!« Schon sind die innigsten Freundschaften begründet. Solche, die halten wie Sekundenkleber. Oft ein Leben lang und das in typisch männlicher Wortkargheit mit keiner weiteren Begründung als der, die Michel de Montaigne über die Einzigartigkeit seiner Freundschaft gab: » … weil er es war, weil ich es war.«

Natürlich erscheint es den vernünftigeren Frauen etwas aufwändig, dass Männer eine Freundschaftstarnorganisation wie den Fußball brauchen, um sich näher zu kommen. Aber so geht das schließlich schon seit den zwölf Aposteln. Und es hat Vorteile. Man kann sich mit einem »Heute ist Training« oder »Ich muss die Trikots zählen« viel leichter vorm Elternabend drücken als mit »Ich treffe mich gleich mit Jörg zum Reden!«. Sie brauchen sich nicht zu sagen: »Ich mag deine Frisur«, und sich so dem Verdacht auszusetzen, gefühlig oder gar schwul zu sein. Sie sagen stattdessen: »Toller Pass!«, oder »Na, du alter Sack!«. Entsprechend zeigt die Evolution der Männerfreundschaften wie einen Unbedenklichkeitsnachweis einen gewissen Überhang an Vereinsmitgliedschaften. Dazu liefert der Sport Männern einen perfekten »common ground«, also eine verbale Spielwiese, auf der sie sich weltweit in Business-Clubs, auf Flughäfen, in Besprechungen oder auf Empfängen treffen und sofort ein Thema und damit einen Draht haben. Ganz unkompliziert und somit das Gegenteil dessen, was Frauen gemeinhin veranstalten, um sich kennen zu lernen.

Fußball gibt diesen besonderen Stallgeruch, an dem sie sich überall als echte Kerle erkennen. Sogar wenn sie wie Exkicker Joschka Fischer immer mal wieder Übergewicht haben und einen Anzug tragen und gar nicht wie jemand aussehen, der auch nur die Hälfte des Platzes im Laufschritt durchmessen könnte, ohne dabei einem Herzinfarkt zu erliegen. »Wenn man Fischer wirklich aus seinen düsteren Grübeleien befreien will, muss man mit ihm über Fußball reden«, schreibt etwa der *Stern* in einem Fischer-Porträt zur Wirkung des Sports aufs männliche Gemüt. Auf diese Weise werden Netzwerke geknüpft, von denen Frauen nur träumen können. Das ist praktisch – Frauen würden sagen: »Kalkül.« Und da zeigt sich mal wieder, dass sie nichts wissen vom Männerglück. Denn Fußball ist genau das Gegenteil: reinstes Gefühl, tiefste Zuneigung, größte Freude an der Gesellschaft des anderen.

Wie sehr es Männer lieben müssen, unter ihresgleichen zu sein, erkennt man deshalb nicht bloß an den Zahlen der weiblichen Vorstände in den Konzernen. Man erkennt es an dem Aufwand, den sie betreiben, um den Fußball so frauenfrei zu halten wie das Entmüdungsbecken vom VfB Stuttgart: Deshalb ist das Catering in den Stadien oft so mies und die Fankleidung so abschreckend hässlich, sind die Sitze so unbequem, das Ambiente so trostlos und die Fans so unflätig – alles Abschreckungsmaßnahmen, nur um neben dem Rasierer, der Fernbedienung und dem Auto nicht auch noch den Fußball mit den Frauen teilen zu müssen. Deshalb das ständige Geschwafel darüber, dass früher alles besser war. Die Stadien urwüchsiger, die WCs schmutziger und nicht so clean wie daheim, wo man genötigt wird, im Sitzen zu pinkeln. Früher war alles männlicher, der Fußball umweht von Straßenstaub und Testosteron. Heute verweiblicht der Sport, müssen Männer fürchten, den häuslichen Anforderungen nicht mal mehr samstags entfliehen zu können, weil ihre Frau neben ihnen sitzt, sie an den tropfenden Wasserhahn erinnert und daran, dass die letzte Männerbastion nun auch noch gefallen ist. Nein, sie sind nicht glücklich darüber, wenn man sie mit Fachwissen und zwei Karten für das WM-Halbfinale überrascht. Sie würden es bevorzugen, dass man sagt: »Die haben aber ulkige Dinger an ihren Schuhen! Ist das, damit der Rasen genug Luft bekommt?« Oder noch besser: Dass man gar nichts sagt und für die Dauer der Weltmeisterschaft einfach ein Schweigegelübde ablegt.

Das gilt ebenso für jene, von denen man eigentlich anderes erwartet hätte, weil sie sonst gar nicht so sind und schon mal ganz allein einen Hausputz bewältigt haben. An sich aufgeklärte Jungs, die niemals Unhaltbares wie »Frauen können kein Auto fahren« behaupten oder »Herdanziehungskraft« antworten, wenn man sie fragt, weshalb es für Frauen so schwer ist, aus der Küche herauszukommen. Selbst diese gutartigen Kerle werden nervös, wenn sich ihre Kumpels zum WM-Gucken angesagt haben. Plötzlich statten sie einen mit Benimmregeln aus, gegen die der Koran noch als Emanzipationslektüre durchgeht: »Sag bloß nicht, dass du ›Fever Pitch‹ gelesen hast und jetzt weißt, wie wichtig Fußball für Männerseelen ist. Und wo wir schon dabei sind: Auf gar keinen Fall Spielberichte! Und bitte keine Analyse des deutschen Fußballs. Am besten, du servierst uns etwas Knabbergebäck. In aller Stille, und vergiss nicht, rechtzeitig genug Bier in den Kühlschrank zu stellen. Das genügt völlig.« Sie würden einem sogar versprechen, das Einkaufen und den Abwasch für die nächsten drei Jahre zu übernehmen, nur damit nicht ruchbar wird, dass sie mit einer Frau zusammenleben, die sich dort auskennt, wo nur er sich auskennen will. Und die nicht sagt: »Logisch weiß ich, was ein Abseits ist. Wisst ihr denn, dass es dem menschlichen und gar dem männlichen Hirn gar nicht möglich ist, eine so komplizierte Situation in der Kürze der Zeit richtig einzuschätzen? Und dass ein Arzt deshalb schon gefordert hat, die Regel abzuschaffen, weil sich wissenschaftlich nachweisen ließ, dass kein Mensch in jedem Fall zuverlässig beurteilen kann, ob ein Tor gegeben werden muss oder nicht?« Da müsste er sich trennen. Zwingend. Und nicht etwa von seinen Freunden.

Man muss das verstehen. Bislang waren Fußball und Fußballübertragungen wie Gesellschaftstanz. Da sagte die Frau ja auch nicht: »Jetzt führe ich!« Da ging es streng nach Konventionen, und der Mann genoss zweimal 45 Minuten lang die seltene Gelegenheit, ganz Mann zu sein – oder jedenfalls so, wie er sich das ganz Mannsein vorstellt. In diesen Momenten konnte er bislang zurückkehren in die guten alten Zeiten, in denen die Frauen klaglos die Versorgung übernahmen und ansonsten versuchten, sich so unauffällig zu verhalten wie Raufasertapete. Alles war übersichtlicher, exklusiver als es heute ist, und der Ballsport ähnlich verweiblicht wie ein Männerkloster. Heute fühlen sich Männer dagegen wie auf einer Eisscholle in der Karibik: Sie können zusehen, wie sie minütlich an Land verlieren. Mit jeder Dauerkartenbesitzerin, mit den Fanclubgründerinnen, Reporterinnen und Moderatorinnen und mit den 50 Prozent der Frauen, die mittlerweile mit vor dem Fernseher sitzen, wenn wichtige Spiele übertragen werden.

Wie groß die weibliche Anteilnahme ist, hat das Meinungsforschungsinstitut Emnid mittels einer Umfrage herausgefunden. Demnach ist das Interesse an Fußballländerspielen bei Frauen fast genauso hoch wie bei Männern (51 Prozent der befragten Frauen, 52 Prozent der befragten

Männer). Bei den Bundesligaspielen sieht es – noch – anders aus. Da schaut sich die Hälfte der Männer die Spiele an, aber nur 18 Prozent der Frauen. Bei Vereinen wie Borussia Dortmund oder dem FC St. Pauli geht man dagegen immerhin schon von 25 bis 30 Prozent weiblicher Fans aus. Mainz 05 soll es sogar auf bis zu 40 Prozent bringen. Die organisieren sich immer öfter in rein weiblichen Fanclubs, wie im »1. Offiziellen Eintracht Frankfurt Frauenfanclub EFC Frieda« (www.efc-frieda.de.vu).

Dazu sitzen Frauen nicht mehr nur im Stadion, sondern immer häufiger in Schlüsselpositionen. Es gibt mehrere weibliche Pressesprecher bei Bundesligavereinen und mit Sandra König auch eine Frau, die am Lenker sitzt: im Mannschaftsbus des FC Bayern München. Selbst in einem Entmüdungsbecken wurde schon eine Frau gesichtet. Das war 2002 beim FC Basel. Gerade hatten die Schweizer die Meisterschaft gewonnen, da warf sich eine »schrille Blondine«, so der *Spiegel*, »im maßgeschneiderten Einteiler« in Vereinsfarben in den Pool: Gisela Oeri. Sie ist die mächtigste Frau im europäischen Fußball. Eine Pionierin und die Vorhut für das, was noch auf den Fußball zukommt: 83 Prozent der »FCB Marketing AG« gehören ihr. Sie ist Sponsorin, Vizepräsidentin, besitzt die Transferrechte der Spieler, trifft alle Entscheidungen. Die gelernte Physiotherapeutin, ehemalige Frauen-Fußballerin (Stuttgart), verheiratet mit einem der Erben des Schweizer Pharmariesen F. Hoffmann-La Roche hat dem Verein seit ihrem Amtsantritt einige beachtliche Erfolge beschert.

Das Stadion ist regelmäßig voll und der Verein holt endlich wieder Titel, wie den, den sie mit einem Sprung ins Becken feierte, weil es ja auch ihr Erfolg war. Ihr ist es auch zu verdanken, dass 35 Prozent aller Zuschauer im St.-Jakob-Park weiblich sind. »Ich kannte von Anfang an die Regeln, das ist mehr als bei vielen anderen, die behaupten, was von Fußball zu verstehen«, erklärt sie ihren

Erfolg. Und da kann man – so als Mann – schon ein bisschen Angst bekommen. Weil das ja erst der Anfang ist und es irgendwann vielleicht stimmt, was Yvonne Bengfort, die 2002 als Jüngste ihrer Zunft in die Liste der Schiedsrichterinnen für die Frauenbundesliga aufgenommen wurde, sagt: »Der deutsche Fußball sollte sich darauf einstellen, dass er irgendwann von Frauen geleitet wird.« Klingt in Fußballfanohren wie: »Ab morgen müssen wir Tüllröcke tragen.« Und wenn man weiß, dass manche Männer schon Kastrationsängste plagen, wenn sie im Büro mal ihren Kaffee selbst kochen müssen (»Was kommt als Nächstes? Eine Frau als Papst?«), der kann erahnen, welche Panik diese Aussicht bei manch eingefleischtem Fan auslöst. Dem genügt es völlig, wenn bislang nur etwa zwei Prozent aller Schiedsrichter weiblich sind, um sich zu fühlen, als hätte man ihnen gesagt: »Das Kind ist nicht von dir!« und entsprechend zickig zu reagieren. Etwa indem sie gestandene Expertinnen als Irrtümer der Natur und als groteske und gefährliche Mutanten betrachten, die sich, wären sie ehrlich, doch sowieso nur für Beckhams Knackarsch interessieren.

Vielleicht findet die Machtübernahme der Frauen im Fußball deshalb in aller Stille statt. Wir wollen sie ja nicht verstören, die Armen, und schuld daran sein, wenn sie sich heulend an ihre Schienbeinschützer klammern und wimmern: »Mein, meins, meins.« Deshalb lassen wir sie ruhig »Schalke 05!« sagen. Das ist der Trennungsschmerz, sonst nichts. Sie ahnen ohnehin schon längst, dass ihre Bastion ähnlich frauenfrei ist wie ein Sommerschlussverkauf. Aber sie würden sich natürlich freuen, wenn wir weiterhin so tun, als wäre der qualifizierteste Beitrag, den wir zur WM leisten, die Schnittchen und das Versprechen, nicht dazwischenzureden, wenn sich erwachsene Männer unterhalten. Nur so können sie sich nach Kräften einbilden, wenigstens in einem Bereich unangefochtene Experten zu sein und dass ihnen von allen Männerbastionen wenigstens der Fußball noch geblieben ist. Helfen wir ihnen dabei, können sie richtig dankbar sein.

Auch Männer brauchen Illusionen. Das zeigt sich nirgendwo so deutlich wie beim Fußball. Und da Frauen ja bekanntlich auch nicht ganz frei sind von dem Wunsch, sich Dinge einzubilden, die es nicht oder nicht mehr gibt (Kavaliere, Diäten, bei denen man fünf Kilo in drei Tagen abnimmt, Cremes, die einen auf einen Schlag um zehn Jahre jünger machen, und starke Schultern zum Anlehnen), sollten wir das Ganze als eine Art Pakt betrachten. Wir bestätigen ihnen, dass die Welt in Ordnung ist, die Frau keine Ahnung hat und ihr einziger Beitrag in dämlichen Fragen besteht: »Wieso gibt es eigentlich keine grünen Karten?« (Selbst wenn wir sogar wissen, wer der dritte Torwart der deutschen Mannschaft bei der WM 1954 war: Heinz Kubsch, FK Pirmasens.) Damit versichern wir ihnen, dass wir natürlich nicht die Absicht haben, sie zu entmachten. Beim besten Willen nicht und wenn sie uns noch 100-mal die Viererkette erklären. Als Gegenleistung halten sie uns weiterhin die Tür auf, bezahlen im Restaurant die Rechnung und fragen, wie wir es schaffen, immer so toll auszusehen. So einfach ist das. Man nennt es »Liebe«. Jedenfalls, solange sich beide an die Regeln halten. Der Mann also nicht anfängt, bequem zu werden und die Dienstleistungen im Höflichkeitsbereich einzustellen. Andernfalls müssten wir ihm leider sagen, was wir wirklich vom Fußball verstehen. Am besten, wenn seine Freunde da sind.

Wir sind längst drin – Frauenfußball, die bessere Hälfte des Balles

Natürlich könnte man »Schalke 05« locker mit »deutscher Frauenfußball« kontern. Da hätte man gleich sechs Europameister-, einen Weltmeistertitel und eine der erfolgreichsten Frauenfußballmannschaften der Welt auf der argumentativen Habenseite. So viel Erfolg hat zudem Konsequenzen: Frauenfußball erfreut sich international der höchsten Zuwachsraten. So ist Fußball in den USA bei Frauen so beliebt, dass er beinahe als reine Frauensportart gilt. Und allein in Deutschland sind 860 000 der 6,27 Millionen Mitglieder im Deutschen Fußballbund weiblich. Tendenz steigend. Während 1990 rund 58 000 Mädchen zwischen sieben und 14 Jahren Fußball spielten, waren es zehn Jahre später schon 210 000. »Die Zukunft des Sports liegt bei den Frauen«, ist sich der Osnabrücker Sportwissenschaftler Prof. Dr. Christian Wopp deshalb sicher. »Es ist lange Zeit eine Fehleinschätzung gewesen, dass Frauen und Fußball nicht zusammenpassen.«

Leider wird »weiblich« von vielen Herren immer noch als »unfähig«, als eine Art hormoneller Behinderung auf dem Weg zum »richtigen« Fußball gewertet. »Das Spiel der Frauennationalmannschaft hat mich an die IKEA-Werbung erinnert: Üben sie noch, oder spielen sie schon?«, ätzte etwa Stefan Raab. Andere sind der Meinung, dass es auf Ästhetik oder technische Finessen nun wirklich nicht ankommt. Jedenfalls dann nicht, wenn Frauen diese Fähigkeiten außerhalb von Schlafzimmer und Küche anwenden wollen. Und würde man für jedes »Trikot-Tausch, Trikot-Tausch!«, das während Frauenfußballspielen im Fernsehen fällt, auch nur einen Euro bekommen – das Problem mit dem Welthunger wäre längst locker zu lösen und man könnte sich trotzdem noch eine Villa in der Karibik leisten. Mit Personal.

So sind Männer wie UEFA-Präsident Lennart Johansson (75) nach wie vor keine Seltenheit, die glauben, Frauensport wäre erst dann sehenswert, wenn 22 Playboybunnies auf dem Platz um ein Häschenpuschel kämpfen und die Kleiderfrage ähnlich wie beim Beachvolleyball streng vom männlichen Lendendenken geregelt wäre: Bikinihöschen mit maximal vier Zentimeter breitem Steg an der Seite und bauchfreiem Oberteil. »Es gibt Unternehmen, die ein bezauberndes, ballspielendes Mädchen gut vermarkten können«, sagte der Präsident der Europäischen Fußballunion am Rande der Fraueneuropameisterschaft in England. »Sicher wäre es manchmal schön, wenn man sehen könnte, dass es Frauen sind.«

Und was sollte dann folgen? Vielleicht das Stadion vorher noch unter Wasser gesetzt werden, um als kleines Warming-up für den männlichen Zuschauer Schlamm-Catchen und Wet-T-Shirt-Contests zu veranstalten? Dafür würden wir dann auch gerne die Jungs im Tanga auflaufen sehen! Aber davon sind wir so weit entfernt wie vom gleichen Lohn für gleiche Arbeit. Wie sonst ist es zu erklären, dass die Funktionäre – während sie so herrlich konstruktive Vorschläge zur Erotisierung des Frauenfußballs machten, gleichzeitig den Nationalspielern Kameruns die körperbetonten, ärmellosen Puma-Trikots verboten?

Vorurteile, Hochmut, Arroganz – so geht das schon die ganze lange Geschichte des Frauenfußballs. Seit dem 12. Jahrhundert, als französische Bauersfrauen am Volkssport »la soule«, dem Vorläufer des heutigen Fußballs, teilgenommen haben und seit 1894 sowieso, als Nettie Honeyball in London die erste Frauenfußballmannschaft gründete: die »British Ladies«. 10 000 Zuschauer sahen im Jahr darauf das erste Match, England-Süd gegen England-Nord. Ergebnis: 1:7. Schon damals gab es Theater um die richtige Kleidung, galten Fußballerinnen als »Suffragetten«.

Das Schöne an einer Weltmeisterschaft aus weiblicher Sicht:

- In der Zeit kommen Männer nicht auf die Idee, irgendetwas zu reparieren!
- Eine Latte misst ganze 7,32 Meter.
- Man kann die herrlichsten Kompensationsgeschäfte machen: Wenn ich dir sage, wo ich die Fernbedienung versteckt habe, fliegst du mit mir nach New York.
- Man lebt mal wieder wie ein Single.
- Außer Sofa und Fernseher kann man in aller Ruhe sämtliche Möbel umstellen und das Schlafzimmer rosa streichen.
- Man kann nackt durch die Wohnung laufen, obwohl mindestens fünf Männer anwesend sind.
- Seine Mutter wird aller Voraussicht nach nicht auftauchen.
- Man kann die Altkleidersammlung auflösen, die er »Freizeitklamotten« nennt.
- Man kann fünf Stunden am Stück telefonieren, ohne dass er wegen der Kosten einen Herzinfarkt simuliert.

Bis zum Ersten Weltkrieg gab es starke Vorbehalte, war Frauenfußball allenfalls eine Exotenshow – doch wegen des Männermangels wurde das Interesse an der zweitbesten Lösung so stark, dass die Frauenfußballspiele bisweilen bis zu 50 000 Zuschauer in die Stadien lockten. Es brach unter den britischen Frauen ein regelrechtes Fußballfieber aus. Jedes Dorf hatte seine eigene Mannschaft, in den Städten waren es oft gleich mehrere Teams. 1921 wurde dann sogar das erste offizielle Länderspiel zwischen einer britischen und einer französischen Mannschaft veranstaltet. Das kurze Hoch war aber dann jäh zu Ende, als der englische Fußballverband noch im selben Jahr den Frauen einen Platzverweis erteilte, ihnen untersagte, in offiziellen Ligastadien zu spielen. Es schicke sich nicht für Frauen, lautete die Begründung, und man wolle sie deshalb nicht noch ermutigen. Dennoch existierte die Mannschaft »The Dick Kerr Ladies« noch weitere 48 Jahre, schoss über 3500 Tore und trat bei Turnieren in den USA als inoffizielle englische Nationalmannschaft auf.

In Deutschland gab es eher zaghafte Versuche, immer wieder boykottiert von pseudowissenschaftlicher Altherrensorge, die Frauen könnten ihrer vermeintlichen Bestimmung abtrünnig werden. Gewarnt wurde vor drohender Vermännlichung, Mediziner lieferten flaue Gründe, weshalb all das Grätschen, Spreizen, Springen, Kicken, Rennen gar nicht gut für die weibliche Anatomie sei. »Der Kampf gebührt dem Mann, der Natur des Weibes ist der wesensfremd«, wurde behauptet und die zarten Versuche auf diesem Terrain – 1930 hatte sich endlich auch ein deutsches Frauenfußballteam gegründet – von den Nationalsozialisten sofort unterbunden.

Nach dem Krieg hielt sich die Begeisterung für Frauen im Fußball in sehr engen Grenzen. Zur Abschreckung zitierte man gern eine Studie des holländischen Psychologen, Biologen und Anthropologen Frederik Jacobus Johannes Buytendijk aus dem Jahre 1953: »Das Fußballspiel als Spielform ist also wesentlich eine Demonstration der Männlichkeit, so wie wir diese auf Grund unserer traditionellen Auffassungen verstehen. Es ist noch nicht gelungen, Frauen Fußball spielen zu lassen, wohl aber Korbball, Hockey, Tennis und so fort. Das Treten ist wohl spezifisch männlich; ob darum getreten werden weiblich ist, lassen wir dahingestellt. Jedenfalls ist das Nicht-Treten weiblich!« Und wer wollte schon unweiblich sein, zumal man – so andere »Experten« – bei Zuwiderhandlung um seine biologische Bestimmung und die Funktionstüchtigkeit seiner Eierstöcke fürchten musste? Deshalb geschah es eigentlich nur aus dem hehren Wunsch heraus, die fußballbegeisterte Frau vor sich selbst zu schützen, dass 1955 aus »gesundheitlichen Bedenken« ein neues Frauenfußballverbot ausgesprochen wurde. Informell wurde zwar weiter gespielt – aber eine erste offizielle Anerkennung gab es erst 1962, als in England die »Women's FA« gegründet wurde (die von der männlichen Konkurrenzorganisation allerdings erst mehr als zehn Jahre später anerkannt wurde – ganz schön beachtlich, dieses Beharrungsvermögen, und allein daran lässt sich hochrechnen, wie bedrohlich Frauen im Fußball für die Männer sein müssen).

Die erste – allerdings inoffizielle – Frauen-WM brachte dann zunächst vor allem zusammen, was Männer schätzen: Weiber und Schnaps. Denn organisiert wurde sie 1970 von dem Getränkehersteller »Martini & Rossi«. Immerhin erlaubte der DFB dann noch im gleichen Jahr den Frauenfußball, wenn auch mit Einschränkungen. So waren etwa Stollenschuhe verboten (vermutlich aus der irrigen Angst, ein Geschlecht, das mit Tranchiermessern, Waschmaschinen, Staubsaugern und Kleinkindern umgeht, wäre damit überfordert), die Bälle waren leichter, das Spiel selbst dauerte nur 70 Minuten, und wegen ihrer »schwächeren Natur« mussten Frauen eine halbjährige Winterpause einhalten. So wurden sie schon im Vorfeld als nicht ernst zu nehmende Gegner unterschätzt.

Es dauerte lange, bis diese Einschränkungen schließlich sukzessive abgeschafft waren. 1990/91 führte man eine eigene Frauen-Bundesliga ein, im gleichen Jahr fand die erste Frauenfußballweltmeisterschaft in China statt (bei der die USA überlegen siegten). Doch erst seit 1993 dauert ein Spiel der Frauen auch 90 Minuten. Seitdem ist der Frauenfußball auf Erfolgskurs. Allerdings oft unter Ausschluss der Öffentlichkeit. Bei manchem Bundesligaspiel stehen nicht mal 300 Zuschauer am Rand. Und natürlich stimmt für Frauen im wesentlichen noch, was Maren Meinert einmal sagte, bevor sie nach Amerika zu den Boston Breakers ging (heute ist sie Trainerin der deutschen U 19-Frauennationalmannschaft): »In Deutschland kriegt man als Frau fürs Kicken nicht mehr Geld als fürs Zeitungsaustragen.«

Doch die sportliche Leichtlohngruppe wird immer mehr zum publikumswirksamen Schwergewicht. Frauen wie Nationalspielerin Steffi Jones oder »Weltfußballerin« Birgit Prinz sind mittlerweile so berühmt wie Rudi Völler, echte Idole für Mädchen wie Nelly, die achtjährige Tochter einer Freundin, die ihr Steffi-Jones-Autogramm hütet wie andere ihre Barbie. Ein Publizitätsgewinn, der sich – so paradox das klingt – auch der Penetranz verdankt, mit der die Höchstleistungen der Spielerinnen ignoriert oder für zweitrangig gehalten werden. Das gerade erregt Aufmerksamkeit und wird selbst von Frauen, die sich nicht für den Sport interessieren, bemerkt. Es ist, als wollten die Männer einen rosa Elefanten ignorieren, der ihnen praktisch schon auf den Füßen steht. Und so könnte die Frauennationalmannschaft die Erste sein, die auf dem Mars spielt – sie würden sagen: »Hm, ganz nett, aber irgendwie fehlt es an Körpereinsatz und Aggressivität.« So geht es wie mit allem, das ihnen Angst macht: Glatze, Impotenz, Frauen in den Chefsesseln und hinter dem Steuer PS-starker Boliden.

Deshalb ist das, was die Journalistin Katrin Weber-Klüver erzählt, nur eines von vielen Beispielen – wie Männer mauern, wenn es um ihre letzte Bastion geht. Nach einem Fußballspiel habe sie Uli Hoeneß befragen wollen, der sich im Gang vor der Umkleidekabine gerade mit einem Kollegen unterhielt. Als Hoeneß sein Gespräch beendet hatte, nahm er ihr den Notizblock aus der Hand und kritzelte ein Autogramm darunter, weil er die Journalistin für eines der Kinder hielt, die ihn um Autogramme baten. »Da habe ich ihm den Block wieder abgenommen und gesagt: Ich wollte was fragen, ich will kein Autogramm.« Das ist so im Fußball und vor allem bei den Männern, die Frauen nur in drei Versionen kennen: als Putzfrau, Geliebte oder Spielergattin. Obwohl die auch nicht mehr sind, was sie einmal waren.

Sonderfall: die Spielergattin

»Fußball ist der große Gott. Der Mann lebt für ihn, und die Frau ist Teil seiner Ausrüstung, wie die Schienbeinschoner«, beschrieb schon Shelley Webb (Exfrau von Neil Webb, Spieler bei Manchester United) die eher zermürbende Rangfolge von Spiel, Mann und Weib, die im Prinzip dagegen spricht, sich die Haare blond zu färben und im Münchener P1 herumzuhängen. Zumal Thomas Doll diese Arbeitsplatzbeschreibung der Spielergattin mit dem berühmten Satz ergänzte: »Ich brauche keinen Butler, ich habe eine junge Frau.«

Nicht jede ist zufrieden mit dieser Rolle als gehobener Servicekraft, auch wenn weit über Tarif bezahlt wird. Und deshalb ist Frau Doll mittlerweile mit Olaf Bodden verheiratet. Leicht ist es sicher nicht, diese Macho-Allüren zu ertragen, Kerle, die sich – ab einer bestimmten Einkommenshöhe – wie die Sonnenkönige betragen. Obwohl man es verstehen kann. Denn die Jungs sind ja nicht nur schwer eingebildet. Im Fußball werden – mit Glück – mehrere Millionen Euro im Jahr verdient, und die wirken auf Frauen nach wie vor wie eine tote Kuh auf Fliegen. Immerhin bekommen Spielergattinnen von ihren Männern nicht etwa ein praktisches Kochtopfset geschenkt, sondern wie Martina Effenberg auch mal einen rasanten

Ferrari 360 Spider. Das ist nicht zu verachten und zeigt Wirkung.

Man müsste schon Mahatma Gandhi sein, um bei all den blonden Angeboten, die im P1 rumsitzen und finden, dass Spielergattin doch ’ne dufte Alternative zu Hartz IV und »Deutschland sucht den Superstar« wäre, nicht schwach zu werden. Zumal die klassische Fußballerehe in der Regel recht früh geschlossen wird, und als Profispieler schon mit 30 mehr Ehejahre, Beziehungsdebatten und Kindergeschrei hinter sich haben als andere mit 60. Vereine finden es praktisch, wenn Spieler sich – wie Thomas Hitzlsperger (24), der bereits sieben Jahre mit seiner Freundin zusammen ist – früh für eine Frau entscheiden, weil sie sich so besser aufs Training konzentrieren können, rechtzeitig im Bett sind und eine sichere Sexquelle haben. Sie müssen also nicht ständig da draußen kräftezehrende Baggerversuche unternehmen und am Ende etwa noch die schlimme Erfahrung machen, zurückgewiesen zu werden. Was ganz und gar nicht gut ist für das Selbstbewusstsein. Das muss beim Spieler genauso gut trainiert sein wie die Raumdeckung. Denn Spiele gewinnt man nicht in aller Bescheidenheit, sondern mit einem Ego in XXL. Heulsusen und Frauenversteher (was im Fußballkosmos durchaus Synonyme sind), Männer, die sich ständig hinterfragen – »Ich weiß nicht, können wir da nicht eine andere Lösung finden als ausgerechnet eine Blutgrätsche? Das ist sooo brutal!« –, sind den Spitzenmannschaften so willkommen wie ein Vertreter von amnesty international in Guantánamo Bay.

Diskussionen über weibliche Selbstverwirklichung gehören also eher nicht zum ehelichen Alltag, ebenso wenig wie Mitarbeit im Haushalt und der Satz – »Geh du ruhig wieder arbeiten. Ich übernehme die Kinder!«. Ähnlich niedrig sind zudem die Chancen, dass man mit einem Profifußballer um das Feuilleton streiten muss. »Rein körperlich sind sie fit, aber der Geist ist nicht weiter entwickelt. Viele Männer verkümmern«, soll Silvia Matthäus, die Exfrau von Lothar mal gesagt haben (aber gut, die war auch mit einem Extrembeispiel verheiratet). Und Martina Effenberg, die es ja wissen muss, kommentierte in einem Interview mit der *Bunten* die Beziehung zwischen Oliver Kahn und Verena: »Es ist traurig, dass diese Männer nicht erst ihren Kopf einschalten, bevor sie andere Organe benutzen.«

Für eine akademische Laufbahn haben Spitzenspieler weder Zeit noch Energie und das gilt im Großen und Ganzen auch für alle Wissensbereiche außerhalb des Sports. Jedenfalls solange sie aktiv sind. Danach hätten sie viel Zeit. Die benutzen sie aber oft nur dafür, sich in windigen Geschäften das hart erspielte Geld abknöpfen zu lassen und sich als Spielkommentatoren zu versuchen. Was auch wieder nicht leicht zu ertragen ist.

Insofern ist es vielleicht ganz nützlich, dass die klassische Spielergattin sich zwischen Literaturnobelpreis und Nagelstudio aller Voraussicht nach für Letzteres entscheiden würde und überhaupt ziemlich bodenständig ist. Das muss sie sein, schon um die Klischees verkraften zu können, die so über sie kursieren (zu denen sie allerdings nicht wenig beiträgt). Etwa dass die typische Spielerfrau Friseuse, Kosmetikerin oder Stewardess ist, ein Zehnerabo fürs Solarium besitzt, seit ungefähr drei Monaten keine Kalorie mehr zu sich genommen hat und nicht mehr IQ ihr Eigen nennt, als man braucht, um unfallfrei eine Tiefkühlpizza aufzutauen.

Natürlich hat sich auch Harald Schmidt dieses dankbaren Sujets angenommen. Seine Beschreibung entspricht zwar nicht mehr der aktuellen Mode, doch die Haltung spiegelt im Prinzip, was der Deutsche von der Spielergattin hält: »Das populärste Kostüm an Weiberfassnacht war das Kostüm Spielerfrau. Ganz einfach – Sie brauchen ein

Ray-Ban-Imitat, eine blonde Langhaarperücke, acht Stunden Sonnenbank, ein MCM-Täschchen, diagonal rumgehängt, und einfach mit jedem Mann mitgehen! Die Lieblingsberufe der Männer sind: Arzt, Rechtsanwalt und Hochschullehrer. Die Lieblingsberufe der Frauen sind: Frau Stich, Frau Becker, Frau Klinsmann und Frau Matthäus.«

RTL waren diese – selbstredend unhaltbaren – Behauptungen eine ganze Serie wert. Die aber mangels Interesse schnell abgesetzt wurde. Kein Wunder eigentlich. Für Frauen ist die Fußballergattin eigentlich eher uninteressant, weil sie genauso wenig als Stilikone taugt wie Naddel und weil das, was sich da zwischen Spielergattin und Spieler abspielt, nur wenig von dem unterscheidet, was man selbst daheim hat. Für die Männer dagegen ist jede Spielerfrau die Yoko Ono des Fußballs: Der größte Störfaktor in einer friedlichen Männergemeinschaft. Das, was der Teufel gemacht hat, als er mit Angela Merkel fertig war. Sie bringt an sich kernige Jungs dazu, sich wie Lustknaben ablichten zu lassen (Claudia Strunz und Stefan Effenberg). Sie spricht mit der Presse, ohne ihren Ehemann vorher zu fragen. Sie sagt despektierliche Dinge – wie Nathalie Pires, Ehefrau des französischen Nationalspielers Robert Pires: »Wenn er eine Einkaufskiste hochtragen soll, schnauft er schon auf der zweiten Treppe!« Und sie will partout überall da mitmischen, wo Männer doch unter sich sein sollten: im Trainingslager, bei der Aufstiegsfeier. Und das Allerschlimmste überhaupt: Sie will Mitsprache …

Schon Fritz Walters Frau Italia, die »Urmutter aller Spielerfrauen« (so die *taz*), ging als Beraterin ihres Mannes in die Geschichte ein. Ihr Selbstbewusstsein war nicht nur dem Trainer Sepp Herberger suspekt. Auch die Fans fürchteten, sie könnte das Idol vom Fußball oder wenigstens von Deutschland wegbringen. Dabei erzählte er einmal: »1951 wollte mich Atletico Madrid, lockte mit einer halben Million Mark für zwei Jahre – eine Wahnsinnssumme! ›Schätzche, was mache mer‹, hab ich meine Frau Italia gefragt. ›Brauchst mich doch gar nicht erst zu fragen!‹, hat sie mir geantwortet. ›Da oben dein Betzenberg, der Chef, dein FCK, die Nationalmannschaft und der Herr Herberger.‹ So ging ich nicht nach Madrid, blieb Kaiserslautern treu!« Zudem war sie dem als »Sensibelchen« bekannten Walter, der sich vor jedem Spiel vor lauter Lampenfieber übergeben musste, eine große Stütze. »Die Frau macht den Mann«, sagte er mal.

Fritz Walter jedenfalls war dankbar für die Schützenhilfe, wohl in der Einsicht, dass ein begnadeter Fußballer nicht unbedingt auch ein begnadeter Manager, Coach, PR-Experte und Wirtschaftsfachmann ist. Eine Form der Selbsterkenntnis, die die meisten Fans eher befremdend finden. Und das, obwohl es offenbar die Frauen sind, die die Sieger machen. Laut einer Statistik waren 1974 und 1990 immerhin zehn der elf deutschen Weltmeister verheiratet. Scheint also zu stimmen, was Otto Rehhagel einmal sagte: »Wenn ein Spieler ein zufriedenes Zuhause hat und die Familie intakt ist, sind seine Leistungen besser.«

Trotzdem: Zuzugeben, welche Hauptrolle so eine Frau im Fußballkosmos spielt, wäre für echte Fans so, als würden sie gestehen, dass sie kürzlich bei Lassie geweint haben – soziales Harakiri. Statt den Damen dankbar zu sein, begegnet man ihnen mit Misstrauen, umso mehr, wenn sie sich wie Italia nicht mit ihrer Rolle als stille Teilhaberin des männlichen Ruhms bescheiden. Vor allem, wenn sie Eigenschaften besitzen, die man sonst zur männlichen Grundausstattung zählt: Verhandlungsgeschick, Härte und Geschäftstüchtigkeit oder dass ihnen die Flucht aus dem gelungen ist, was in der verpupten Männerwelt immer noch als »Reich der Frau« gilt.

Vielleicht fürchten manche Männer, das Beispiel könnte Schule machen und sie wären demnächst auch daheim mit einer Frau konfrontiert, die sagt: »Also, du könntest ruhig auch mal etwas mehr verdienen. Und wo wir gerade dabei sind: Ich habe heute deinen Chef angerufen und ihm gesagt, dass das mit den paar Kröten so nicht weitergeht!« Jedenfalls werden selbstbewusste Spielerfrauen in der Riege der Funktionäre mit ähnlicher Begeisterung aufgenommen wie ein Krokodil im Goldfischbecken. Und für die Öffentlichkeit sind Frauen wie Angela Häßler, heute Fischer, die für ihren Mann Thomas bei Juventus Turin den ersten Millionenvertrag aushandelte, ein Albtraum. »Gierig« nannte sie die *Bild*, die das darf, weil sie für die Selbstlosigkeit, mit der die Vorstände dort für fast nichts außer Ruhm und Ehre arbeiten, hinlänglich bekannt ist.

Auch das gelernte Fotomodell Gaby Schuster, gleichfalls Inbegriff einer Fußballer-Domina, gehört auf die Liste der ungeliebten Strippenzieherinnen. Von ihr war selbst Schwergewicht Rainer Calmund beeindruckt: »Ich hatte noch nie einen so harten Verhandlungspartner wie Frau Schuster.« Nicht zu vergessen die beiden anderen Damen aus der Riege der eisernen Ladies: Martina Effenberg und Bianca Illgner. Die Gattin des Weltmeistertorwarts von 1990, nach Selbstauskunft vormals »1. Fachkraft im Fluggastbereich«, fiel allerdings nicht nur durch einen ausufernden Geschäftssinn auf, an dem sich jeder professionelle Spielerberater mehr als nur eine Scheibe abschneiden kann. Sie machte und macht immer noch durch ein recht eigenwilliges Styling auf sich aufmerksam, bei dem vor allem das Dekolleté den Nachweis lieferte, dass es Bianca Illgner wahrlich nicht an Tiefgründigkeit fehlt. 2001 zogen sich »die deutschen Beckhams« in ihr spanisches Domizil zurück und veröffentlichten kürzlich einen Roman, in dem Ähnlichkeiten mit den beiden Autoren und ihren Protagonisten unbedingt zufällig sein sollen. Auch die dort beschriebenen Spielerfrauen, »hohl, aber dafür bis in die Haarspitzen gestylt«, entspringen vermutlich ganz und gar der Phantasie der frischgebackenen Schriftsteller. Ebenso wie die dort genannten Anweisungen zum richtigen Umgang mit dem Spitzenspieler, die auch in der Hundedressur sicher viel Gutes bewirken würden: »Ab jetzt mache ich die Regeln. Ich werde nichts mehr tolerieren, aber auch rein gar nichts. Erstens ziehst du nachts nicht mehr allein um die Häuser, und zweitens kommst du nach Spielende direkt heim und amüsierst dich nicht noch stundenlang in irgendwelchen Bistros und Kneipen.«

Die Methode scheint zu funktionieren. Immerhin ist das Paar noch zusammen. Was man nicht von vielen Spieler-, Trainer-, Managerehen sagen kann. Oli Kahn, Stefan Effenberg, Thomas Strunz, Icke Häßler – selbst Rudi Völler und Berti Vogts, die kaum mehr Sexappeal besitzen als eine Strauchtomate, haben nochmal gewechselt. Dass dabei die Haarfarbe Blond dominiert, mag ein Zufall sein, ebenso wie das erstaunliche Phänomen, dass sich die Herren altersmäßig eher in Richtung Sesamstraße orientieren. Sicher hätten sie sich auch in eine ältere Frau verliebt, wenn die genauso aussehen würde wie die Jüngere. Und wer etwa fatale Ähnlichkeiten zwischen allen Beckenbauer-Frauen feststellt und dabei »Pygmalion« denkt oder glaubt, der Kaiser möchte sich gern einbilden, wir hätten immer noch 1976 und dass seine Zeit nie vergeht, der irrt.

Scheidungen und Trennungen sind allerdings heutzutage ohnehin eher die Regel, und da haben es die Exfrauen der Spitzenspieler vergleichsweise günstig getroffen. Auch wenn sie manchmal erst aus der Zeitung erfahren, dass ihr Mann eigentlich schon ganz lange nicht mehr mit ihnen zusammen ist. Für die Spielergattin gilt in besonderem Maße, was Naomi Campbell einmal sagte: »Wenn eine Frau herausfinden will, wie ein Leben ohne Mann wäre, muss sie heiraten.« Sie sind ohnehin viel allein. Dann wird der Abschied mit millionenschweren Abfindungen, großen Anwesen und manchmal – wie im Fall des Arsenal-Spielers Ray – sogar mit Beteiligungen auf zukünftige Gehälter versüßt. Außerdem sind die meisten – wie Simone Kahn oder Martina Effenberg – bei der Trennung in einem Alter, in dem man noch einiges mehr mit seinem Leben anfangen kann, als sich über den Verlust eines Mannes zu grämen. Man kann zum Beispiel einfach in aller Ruhe zusehen, wie sich die Nachfolgerin so macht, nachdem sie gerade Clearasil gegen Lancaster und ihre Pferdeposter gegen einen Helden im Ruhestand getauscht hat. Beobachten, wie etwa Verena Kerth nach Perspektiven sucht, die natürlich rein gar nichts mit ihrer Partnerwahl zu tun haben: »Ich will arbeiten, auf eigenen Füßen stehen, niemandem auf der Tasche liegen und selbst Karriere machen.« Verstehen kann man es deshalb, dass Mehmet Scholl einmal sagte: »In meinem nächsten Leben werde ich Spielerfrau.«

Es geht natürlich auch anders: Wie das internationale Glamour-Paar des Fußballs zeigt. Victoria – Posh Spice – Beckham hätte wahrlich keinen David gebraucht, um jemand zu sein und hatte schon eine Weltkarriere, bevor sich die beiden kennen lernten. Vielleicht zählt sie deshalb zu den unbeliebtesten Spielerfrauen weltweit. »Queen Victoria« ist das gefundene Fressen für die Regenbogenpresse und wird als der Inbegriff der Zicke gehandelt, die festgeschriebene Gesetze auf den Kopf stellt. Spätestens, seit sie zu Protokoll gab, dass ihr Gatte gelegentlich auch einmal Damenwäsche tragen würde (genauso gut hätte sie sagen können, dass er regelmäßig in einer Schwulenbar strippt), vor allem seit sie sich weigerte, während der Fußballeuropameisterschaft in Portugal gemeinsam mit den anderen Spielerfrauen ein Quartier zu beziehen. Mit ihr und ihrem Gatten hat der Fußball die erdige Aura von

Rasen und Schweiß, von Blut und von Tränen verlassen und ist unterwegs in neue Gefilde, die von Gucci beduftet und von Prada ausgestattet werden. Chi-Chi – der natürliche Feind eines jeden Freizeitkickers – hat in diesem Glamour-Paar eine Art Trojanisches Pferd gefunden. So gesehen wird das Spiel immer weiblicher. Letztlich ist es nur noch eine Frage der Zeit, bis die ersten Douglas-Parfümerien in den Stadien eröffnet werden und man sich in der Halbzeit die Bikinizone enthaaren lassen kann. Darauf können wir uns freuen.

Die dümmsten Bemerkungen der großen Fußballexperten

- »Mir ist es egal, ob es ein Brasilianer, Pole, Kroate, Norddeutscher oder Süddeutscher ist. Die Leistung entscheidet, nicht irgendeine Blutgruppe.«
  (Christoph Daum)
- »Unsere Chancen, das Viertelfinale zu erreichen, stehen 50:50 oder 60:60.«
  (Rainer Calmund)
- »Ein Drittel? Nee, ich will mindestens ein Viertel.« (Horst Szymaniak)
- »Ich hab gleich gemerkt, das ist ein Druckschmerz, wenn man drauf drückt.«
  (Lothar Matthäus)
- »Ich grüße meinen Vater, meine Mutter und ganz besonders meine Eltern.«
  (Toni Polster)
- »Ihr fünf spielt jetzt vier gegen drei.«
  (Fritz Langner)

- »Wir müssen gewinnen, alles andere ist primär!« (Hans Krankl)
- »Die Sanitäter haben mir sofort eine Invasion gelegt.« (Fritz Walter jun.)
- »Mailand oder Madrid – Hauptsache Italien.« (Andreas Möller)
- »Ich habe in einem Jahr 15 Monate durchgespielt.« (Franz Beckenbauer)
- »Der Ritzitelli und ich sind schon ein tolles Trio, … äh Quartett.«
(Jürgen Klinsmann)
- »Das habe ich ihm auch verbal gesagt.«
(Mario Basler)

Kapitel 4
Wie Fußball den Mann zur Mode bringt

Adiletten, Minipli, Jogginganzüge, Polyacryl-Fanklamotten, T-Shirts, die seit der Euro-Umstellung nicht mehr gewaschen wurden, und blutverkrustete Schienbeinschoner – Fußball hat nicht nur sportliche, sondern durchaus auch ganz eigene ästhetische Dimensionen. Die werden von Frauen oft bloß als modische Kampfansage missverstanden. Und tatsächlich ist es vielleicht nicht immer erfreulich mitzuerleben, wie an sich manierliche Kerle plötzlich zu Neandertalern mutieren oder glauben, ohne Ballack-Shirt nicht mehr leben zu können. Aber es ist eben auch sehr aufschlussreich. Denn erstens präsentiert sich der Mann auf dem Platz in seiner reinsten Form – sozusagen unplugged. Zweitens kann auch eine Adilette eine Botschaft sein und sagt sein Faible für die fiese Badeschlappe oft mehr über ihn als die paar Worte, die er am Tag so spricht. Und drittens haben wir dem, was im Fußball an modischen Entgleisungen zu finden ist, bei näherer Betrachtung einiges zu verdanken. Zum Beispiel ein zaghaft erwachendes Interesse des Mannes für seine Frisur. Nur dank seiner Idole erfährt er endlich, was wir ihm schon lange beibringen wollten: dass nicht nur wichtig ist, was »auf'm Platz« passiert, sondern dass es auch darauf ankommt, was auf dem Kopf los ist.

Vokuhila und andere Haupt-Sachen

Ein Mann soll in seinem Leben bekanntlich einen Baum pflanzen, ein Haus bauen und einen Sohn zeugen. Schön wäre es noch, er würde sich um den Toaster kümmern, wenn der kaputt ist. Er kann ersatzweise auch sämtliche Bundesligaergebnisse seit der Gründung der Liga 1963 auswendig wissen, einen Nagel in die Wand schlagen und sein Flaschenbier mit den Zähnen öffnen. Dass er sich aber um seine Frisur kümmert, war lange nicht im Plan der männlichen Natur vorgesehen. Da begnügten sich die meisten Kerle mit dem, was mehr oder weniger gut (oder gar nicht) ausgebildete Friseure, bei denen man immer sofort einen Termin bekommt, »Für bloß fünf Euro!« auf ihrem Kopf anrichteten oder was praktische Haarschneidemaschinen mit so irreführenden Namen wie »Ermila Bellissima« hinterließen (und einen vor allem daran erinnerte, rechtzeitig zur Krebsvorsorge zu gehen). Hauptsache günstig, schon um reinen Gewissens ein Nahtoderlebnis simulieren zu können, wenn ihnen ihre Frauen in einer schwachen Stunde anvertrauten, was sie bei ihrem Friseur ausgaben (um es nachher zutiefst zu bereuen!). Seit es jedoch Fußball gibt und die Profis immer mehr auch zu modischen Vorbildern avancieren, sieht sich der Mann auf seinem ureigensten Testosteronterrain zunehmend mit Kerlen konfrontiert, für die der Friseurtermin mindestens so wichtig ist wie der Termin beim Anlageberater. Somit trat nach und nach etwas ins Männerleben, das dort bislang so wenig Platz hatte wie der Pu-Erh-Tee: der Wunsch, gut auszusehen. Eine Veränderung, die entwicklungsgeschichtlich betrachtet im ästhetischen Urschlamm – also auf den Köpfen von Netzer, Breitner, Seeler, Beckenbauer und Co. – begann.

War es die Einheitskleidung, die ein gewisses Bedürfnis nach besonderen Merkmalen entstehen lässt? Oder liegt es daran, dass Spieler so oft mit Friseusen verheiratet sind? Jedenfalls hat das, was sich auf Kickerköpfen so abspielte, gleich ein eigenes ästhetisches Genre begründet: die so genannte »Fußballerfrisur«. Leider galt die lange nicht gerade als ein Symbol für High-Fashion, sondern eher als Tor zur Modehölle. Man denke nur an die Lang-aber-gepflegt-muss-es-sein-Frisur von Günter Netzer oder Paul Breitners Afrolook, der aussah, als hätte sich eine heimatlose Krähe auf seinem Kopf ein Nest gebaut. Und über Andreas Möllers Kopfdekoration schrieb Wiglaf Droste: »Die Frisur sieht seltsam aus. Nach 2 Pfund 3-Wetter-Taft. Tapfer haben Spielerfrau und Frisör daran geschafft.« Immerhin, so Pierre Littbarski, wurde in den Kabinen schon über Frisuren geredet: »Wann wird die denn fertig geschnitten?« Das war zwar nicht sehr freundlich, beweist aber, dass wenigstens über den perfekten Haarschnitt nachgedacht wurde: »Ich hatte damals einen Trendfriseur in Euskirchen, der war den anderen voraus, ob Minipli oder anderes.«

Besonders aber der Klassiker Vokuhila brachte es zu einiger Berühmtheit und wirft bis heute noch Fragen auf. Etwa die, ob es in den 80er und 90er Jahren eine gleichermaßen unerklärliche wie unstillbare Sehnsucht gab, wie Rod Stewart auszusehen? Das Mahnmal der modischen Unentschlossenheit (Kurz? Oder lieber doch lang? Oder lieber kurz? Am besten beides!) wurde jedenfalls Synonym für einen ganzen Lebensstil, eine Geisteshaltung, für alles, was spießig und kleinbürgerlich ist. Also für Goldkettchen, Manta, Sonnenstudios, Partykeller und Vorstadtdiscos. Niemand hätte auf die Frage eines Vokuhilaträgers »Ratet mal, was ich beruflich mache?« gesagt: »Herzchirurg« oder »Literat«. Sogar ein Lied bekam der Schnitt – von der Band »Die Ärzte«, die auf ihrer CD »Le Frisur« auch nicht gerade nett darüber sangen.

So viel Selbstverunstaltungswille gibt natürlich Rätsel auf: Warum sich Männer anscheinend freiwillig den Verschandlungen eines Vokuhilaschnitts aussetzen konnten. Schließlich gibt es nur wenig, das einen hässlicher macht. Und vielleicht stimmt ja, was manche vermuten: Dass sich die Frisur wie ein Pilz langsam auch im Hirn ihrer Träger ausbreitet und dort wichtige Schaltvorgänge übernimmt. Etwa die Fähigkeit, bis drei zu zählen und eine Frau von einem Besen zu unterscheiden. Eine Verschwörungstheorie wie die von dem Außerirdischen, der angeblich in einem Hangar der amerikanischen Air Force Base Wright-Patterson leben soll. Vielleicht zeigt sich am Fußballerkopf aber auch eine subtile Art von Selbsthass? Ein Hilfeschrei? Trotz? (»Und wenn morgen die Welt untergeht, so werde ich mir heute noch eine Vokuhila schneiden lassen!«)

Andererseits betrifft diese Frage ein Geschlecht, dem wir auch das Herrentäschchen und die aus dem schwarzen Schuh hervorquellende Tennissocke verdanken. Dinge, die vermutlich nur deshalb in die Welt kamen, weil Männer ihr oberstes modisches Kriterium anlegten: »Praktisch muss es sein!« Und praktisch ist es ja, nach vorne freie Sicht zu haben und hinten trotzdem den Nacken gewärmt zu bekommen, vorne fast schon erwachsen zu wirken und von hinten trotzdem wie Alice Cooper auszusehen und allen zu zeigen, dass die Pubertät gar nicht weit weg ist – um genau zu sein eigentlich direkt hinter ihnen. Das ist es wohl, was Männer unter einer »vielschichtigen« Persönlichkeit verstehen. So etwas in der Art mag auch eine Weile David Bowie, Mel Gibson, Bono oder Lou Reed getrieben haben, als sie zum Friseur gingen und nach Vokuhila verlangten (oder nach »mullet«, wie der Haar-GAU auf Englisch heißt). Bevor sie sich irgendwann dann doch für die Menschwerdung auch am Kopf entschieden, vermutlich weil eine Frau sagte: »Mit dieser Frisur muss beim Sex das Licht leider aus bleiben, und ich wäre froh, wenn du schon weg bist, bevor die Sonne aufgeht!«

Glücklicherweise führt das, was Rudi Völler noch bei der Fußball-WM 1990 auf dem Kopf trug, wohl um die Gegner aus der Fassung zu bringen, in Deutschland mittlerweile eher ein Nischendasein (sieht man mal von Thomas Gottschalk oder von Ausreißern wie der Sängerin Mia ab). In den USA allerdings lebt der »mullet« als uramerikanisches Kulturdenkmal munter fort. Da gibt es den »mullatino«, die lateinamerikanische Version des Vokuhila. Oder eine etwas kürzere, sehr ausgedünnte Form, die aussieht, als hätte sich eine räudige Langhaarkatze im Nacken des Trägers verbissen. Man findet ihn in der Businessvariante, bei Jalousienvertretern, Gebrauchtwagenhändlern oder Männern, die im »Import-Export« tätig sind, sehr unregelmäßige Arbeitszeiten haben und ungefähr zehnmal mehr Alkohol vertragen als andere Menschen. Es gibt ihn als Headbanger-Gnadenhof oder als »Canadian Passport« (auf hiesige Verhältnisse angewandt wäre das etwa der Ostfriesenausweis) und als »Kentucky Waterfall«, was in etwa dasselbe meint. Ein ganzes Buch über all das haben die beiden Autoren Barney Hoskyns und Mark Larson, ein Brite und ein Amerikaner, geschrieben. Es heißt »The Mullet – Hairstyle of the Gods« und behauptet, dass nicht der Fußballer, sondern der Neandertaler der wahre Urheber der Geschmacksverirrung sei. Was kein sehr großer Widerspruch ist. Aber es geht ja immer noch schlimmer. Wie die schwarzen Löcher im All kann sich der Vokuhila auf andere Kopfbereiche ausdehnen – etwa als Vokuhila-Mischna, also »mit Schnauzer« oder Vokuhila-Oliba, »mit Oberlippenbart«, wie bei Marco Bode, der solchermaßen als Pelztier verkleidet bei Werder antrat.

Natürlich gibt es Köpfe im Ballsport, an denen ist ohnehin nichts mehr zu verderben. Wie das Beispiel von Mo derator Waldemar Hartmann zeigt, der sich als einer der hartnäckigsten Schnauzbartträger im Deutschen Fernsehen 1999 erstmals gründlich rasierte und uns seitdem mehr Gesicht zeigt, als einem gemütlichen Abend zuträglich sein kann. Andere wiederum – wie David Beckham – könnten ein Hamsterfell auf dem Kopf tragen und würden immer noch als Trendsetter gelten. Bei seinem früheren Verein Manchester United musste er sich vertraglich verpflichten, seine Frisur höchstens einmal im Jahr zu wechselnn, weil man nicht ständig die Merchandising-Artikel seinem Veränderungswillen anpassen wollte. Von der Totalrasur über den Kurzhaarschnitt, die langen Haare mit und ohne Haarreif, bis hin zu Rastazöpfchen bietet sein Kopf fast genauso viel Unterhaltung wie seine Ehe mit »Posh« Victoria. Und eine Menge Identifikationsappeal: Für kleine Jungs, wie dem Briten, der in einer Schule in der Nähe von Liverpool vom Unterricht ausgeschlossen wurde, weil er sich an den Beckham-Zöpfchen ein Beispiel nahm. Aber auch für leidlich erwachsene Männer, die jedes Mal die Friseursalons stürmen, wenn Beckham mal wieder einen neuen 500-Euro-Haarschnitt trägt. Sein Irokese beispielsweise fand noch während der WM 2002 weltweit Nachahmer. Dort verbreitete er sich – mal strohblond (Schweden), mal tiefrot (Japan) und last but not least in den deutschen Nationalfarben (Ziege) – so sprunghaft, dass es sich beinahe gelohnt hätte, ein eigenes Reservat zu eröffnen. Vielleicht lag es daran, dass jene Mannschaften gewannen, die mit Irokesen an den Start gingen und die Frisur als »Siegermatte« von sich reden machte? (Nachdem Beckham sich den Kopf hatte rasieren lassen, verlor England gegen Brasilien.) Oder an der Erkenntnis, dass nicht nur »auf'm Platz«, sondern auch »auf'm Kopf« wichtig ist, weil das Schlagzeilen bringt. Jedenfalls ist der Irokese der Nova Meier-Henrich der Frisurenmode: er taucht überall auf. In der Bundesliga bei Benjamin Lauth von 1860 München.

(»Meine Haare style ich alle paar Monate neu. Nach einiger Zeit wird die gleiche Frisur einfach langweilig. Dann gehe ich zu meinem Friseur ›Bash‹. Die denken sich immer etwas Neues aus.«) Aber auch auf den Laufstegen und in der Clubszene. Zuletzt wurde er übrigens an Sarah Connor gesehen – womit die Sache mit dem Irokesen eigentlich gestorben ist.

Nicht aber die Frisurenfrage. Die ist heute Teil des Events und eine der wenigen Möglichkeiten, den Team-Einheitslook in eine Individualistenschau umzuwandeln. Was nicht nur dazu führt, dass sich der *Kicker* mit seinen vielen Mannschaftsbildern fast wie ein Frisurensonderheft eines Frauenmagazins lesen lässt. Es wird oft fast mehr über die Haarschnitte mancher Spieler berichtet als über ihre sportlichen Leistungen, und das Interesse gilt längst nicht mehr nur den Beinen. Man schaut auch gern höher. So gaben bei einer Emnid-Umfrage im Auftrag der Initiative »ProHaar« immerhin 55 Prozent an, dass die Frisur eines Spielers für sie das spannendste Attraktivitätsmerkmal ist. Die Pole-Position in der Zuschauergunst hält dabei »volles, aber kurzes Haar mit freien Ohren« (77 Prozent), gefolgt von »längerem Haar mit Naturlocken« (54 Prozent), »extrem kurz rasierte Haare/stoppelkurz« (35 Prozent) und »schulterlanges, wehendes Haar« (27 Prozent). Dabei waren sich die befragten Nationen (gefragt wurde in Deutschland, Frankreich, England und Italien) ziemlich einig, dass Beckham der attraktivste Fußballer mit dem besten Frisurengeschmack sei. Dennoch gibt es wohl kulturelle Unterschiede. Nach der Umfrage hegen die Deutschen immer noch eine Vorliebe fürs Ordentliche: Volles, kurzes Haar wie bei Oliver Bierhoff. Schulterlanges, welliges Haar – wie es viele argentinische Spieler tragen – findet dagegen bei den Franzosen und Italienern großen Anklang. Fragt man Frauen, dann steht »natürliches, lang gelocktes Haar« ganz vorne auf der Beliebt heitsskala. Am wenigsten beliebt sind dagegen Dreadlocks oder stark blondierte Haare, wie sie Abel Xavier noch bei Hannover 96 trug, die aussehen, als wäre ihr Träger über Nacht schimmelig geworden.

Wozu das wichtig ist? Ganz einfach, weil der Satz: »Vorsicht, meine Frisur!« endlich nicht mehr nur Frauensache ist. Mick Jagger oder Seal oder Joop hätten das nicht geschafft. Nur dank seiner kickenden Idole fragt sich heute auch der Allerweltsmann: »Hält der Festiger auch, was die Werbung verspricht?«, und entdeckt, dass es Vorteile bringt, nicht mehr länger mit einem Mopp verwechselt zu werden. Deshalb hat der Fußball auch jenen Frauen viel gebracht, die sich dafür ungefähr so brennend interessieren wie für das rumänische Raumfahrtprogramm: Etwa die Schaulust am Betrachten von Köpfen, die nicht mehr länger so aussehen, als hätte man damit erst kürzlich die Straße gefegt. Natürlich ist auch der Zuwachs an Gesprächsthemen und -zeit nicht zu verachten, der sich durch die Annäherung der Geschlechter in Sachen Frisurenfrage ergibt. Konnten Frauen wichtige Seinsfragen wie »Wer ist der beste Friseur in der Stadt?«, »Welches Shampoo bringt mehr Volumen?« lediglich durch stundenlange Telefonate mit ihrer Freundin zufriedenstellend lösen, muss die Telekom nun auf diese wichtigen Einnahmequellen verzichten, weil ja ein kompetenter Gesprächspartner im heimischen Wohnzimmer sitzt. Einer, der nur so danach lechzt, zu Problemen wie trockenen, glanzlosen oder fettigen Haaren seinen Senf zu geben. Ganz zu schweigen von einem anderen, nicht zu unterschätzenden Vorteil. Immerhin ist es das erste Mal in der Geschichte, dass auch harte Jungs erleben, wie es sich anfühlt, jeden Tag Teilnehmer eines Schönheitswettbewerbs zu sein. Seit es selbstverständlich ist, Fußballer auch unter optischen Kriterien, statt bloß nach ihrer Flankenfähigkeit zu bewerten, wächst auch unter dem Rest der Männerwelt der Konkurrenzdruck. Endlich erfahren sie, was die Amerikaner mit einem »Bad-Hair-Day« meinen: den betrüblichen Umstand, dass der Tag gelaufen ist, wenn die Frisur nicht sitzt. So wie bei Mehmet Scholl. Der antwortete 2002 nach dem 6:0-Spiel der Bayern gegen Energie Cottbus auf die Frage, ob ihn die »Scampis für alle«-Rufe der Bayernfans nicht beschäftigt haben: »Was mich in den letzten Tagen am meisten beschäftigt hat, ist meine Frisur, und die ist scheiße.« Das Beste aber ist: Dass die Mittel, dem anderen die Stimmung zu verhageln, endlich einmal gerecht verteilt sind. Heute fragt nämlich auch der Mann nach dem Friseurbesuch: »Fällt dir was auf?« Und wir dürfen raten: »Hast du dir ein neues Hemd gekauft?« Und das alles nur, weil Männer wie Jürgen Grabowski mutig genug waren, auch in der Halbzeit mal einen Fön in die Hand zu nehmen, um sich die Frisur zu richten oder sich wie Pierre Littbarski todesmutig mit Vokuhila auf den Platz wagten. Jungs – wir sind euch wirklich dankbar!

Die Adilette

Sie gehört zur Fußballergrundausstattung wie Stutzen und Eisspray: die Adilette. Erfunden wurde die Badeschlappe von Adi Dassler, dem adidas-Gründer, der sie 1972 auf den Markt brachte. Seitdem prägt der Behelfsschuh mit den drei Streifen und dem Saugnapfprofil nicht nur Saunalandschaften, Ereignisbäder, Nasszellen von Sportanlagen und die Berufskleidung von Bademeistern, sondern auch das Bild des hässlichen Deutschen. Wo immer man dessen völligen Mangel an Geschmack und Kultur zum Ausdruck bringen will, zieht man ihm neben einem fleckigen Feinrippunterhemd, Shorts (eigentlich Unterhosen, aber den Unterschied kennt der hässliche Deutsche bekanntlich nicht) und Tennissocken ein Paar Adiletten an und behauptet, das sei mal wieder typisch für ihn, sich solchermaßen verschandelt in aller Öffentlichkeit, also in Mallorcas Schinkenstraße, beim Campen, auf der Akropolis oder in den Restaurants von Venedig sehen zu lassen.

Aber nicht nur als Metapher hat die Adilette Karriere gemacht. Sie ist auch der »Zelig« des Fußballs. Wie in Woody Allens gleichnamigem Film der Held überall dort in der Geschichte auftaucht, wo sich gerade Bedeutendes ereignet, sieht man nämlich auch die Adilette wie einen untoten Wiedergänger der Sportgeschichte stets an den Füßen wichtiger Spieler, wie etwa an denen von Richard Golz. Der Torwart des SC Freiburg findet gar, dass der Schuh sozusagen der Identitätsnachweis des Profispielers ist. Denn er vervollständige in der Zeitschrift *11 Freunde* den Satz »An meiner Wohnungseinrichtung erkennt man, dass ich Fußballprofi bin … « mit » … weil die Adiletten im Flur stehen«.

Leider werden diese besonderen Kennzeichen dann von Profispielern gern noch mit den zu den Adiletten getragenen Tennissocken, über den Knöchelbund von Trainingsanzughosen gezogen, auf die Spitze des Grauens getrieben. Was natürlich nicht ohne Folgen bleibt, weil man in der Kreisliga den Idolen entsprechend nacheifert, ohne genau sagen zu können, wozu es eigentlich gut ist, sich an den Knöcheln luftdicht zu verpacken. Weil es von unten immer so zieht? Weil es von oben riecht? Weil Fußballer immer Angst haben, dass ihnen was rausfällt? Soll das eine zarte Andeutung darauf sein, dass das, was weiter oben hängt, so lang ist, dass es unten durchrutschen könnte, wenn man es nicht mit einem Tennissockengummi aufhält? Vermutlich gibt es weiter keine Erklärung für diese seltsame Angewohnheit als die, dass Männer eben einfach Dinge tun, die (wie Pfahlsitzen oder 5000 Euro für einen Röhrenverstärker ausgeben) mit dem gesunden Menschenverstand nicht zu erklären sind.

Wieso aber die Adilette bei Männern und also auch bei Spielern so beliebt ist, darüber lässt sich schon eher spekulieren. Etwa, dass sie ihre Erfolgsstory zum einen der männlichen Hypochondrie verdankt, der ewigen Angst vor Fußpilz, dieser Geißel der Gemeinschaftsduschen, und dem an sich ganz richtigen Gedanken, dass sich sogar einem schlichten tinea pedis vor der Adilette grausen müsste. Doch es nützt nichts. Laut Statistik ist der Fußpilz unter jüngeren Männern – trotz der Adilette – weiter verbreitet als bei den gleichaltrigen Frauen. Bliebe als Hauptargument für die Bademeisterschlappen ihre Hässlichkeit und damit ihre Funktion als Grenzpfosten, mit der sich Männer gegen die verrüschte Welt des Weiblichen, also der Kerzenhalter, der Tischdeckchen, der Raffgardinen und der »niedlichen« Applikationen auf Krawatten oder Boxershorts abgrenzen. Die Adilette ist das Banner, das der Mann vor sich herträgt, mit dem er sich eine Auszeit von Kleiderzwang und Modediktat, von Sätzen wie »Das kannst du unmöglich nochmal anziehen! Das ist ja älter als Johannes Heesters!« und Hemden nimmt, die seine Frau für »schick« hält, und in denen er sich fühlt wie weiland in seinem Konfirmationsanzug.

Mit seinen Adiletten leistet er passiven Widerstand. Sie sind für ihn, was die roten Schuhe in »Der Zauberer von Oz« für die Heldin waren: Sie bringen ihn in sein eigenes Märchenwunderland – in eine frauenfreie Zone. Das ist schon deshalb gewährleistet, weil es sich nur Profispieler erlauben können, offen zu ihren Adiletten zu stehen. Für alle anderen ist die Schlappe eher ein Handicap. Jedenfalls bei der Partnersuche und oft auch später im Beziehungsleben. Nicht umsonst kennt die Weltliteratur keine einzige große Liebesgeschichte, in der die Adilette eine Haupt- oder wenigstens eine Nebenrolle spielte. Klar: Hätte Romeo solche Badeschlappen getragen, wäre Julia vermutlich ein langes ruhiges Singleleben beschieden gewesen, und auch Anna Karenina wäre eher eine Kurzgeschichte geworden, wäre Wronskij in Adiletten aufgetreten. Mit einem solchen Schuhwerk konnte eben noch kein Mann eine Frau im Sturm erobern. Für ein erstes Date wäre es geradezu tödlich, solche Schuhe zu tragen. Genauso gut könnte man sagen: »Ich will bloß Sex, und wo wir schon dabei sind, kannst du nachher noch das Klo putzen? Ich glaube, mir ist da in den letzten drei Wochen ein bisschen was daneben gegangen!« Entdeckt man dagegen erst nach ein paar gemeinsamen Monaten – zufällig –, dass der feingeistige Liebste neben Guess-Jeans und Boss-Anzügen auch ein Paar Adiletten sein Eigen nennt, dann ist das, als hätte man gerade herausgefunden, dass er ein Caroline Reiber-Fan ist.

Was also tun? Ihm seine Adilette lassen. Solange er sie außerhalb der eigenen Sichtweite, also in Männerumkleiden oder -duschen trägt. Wie würde er auch sonst dastehen, zwischen all den anderen Jungs in der Dusche, nackt an den Füßen und also nicht mal mehr Manns genug, sich beim Fußball von seiner Frau nicht ins Outfit reinreden zu lassen? Männer erwarten von Männern, dass sie Adiletten an den Füßen haben, als Erkennungsmerkmal und Testosteronduftnote. Basta! Daheim sollte er sich allerdings entscheiden – zwischen Frau und Badeschlappe. Schlussendlich ist die Adilette der Fuß in der Tür zur Beziehungsschaltzentrale. Hat sie sich als Versuchsballon erst mal erfolgreich im gemeinsamen Alltag eingenistet, dauert es nicht mehr lange, bis er den ganzen Sonntag in Jogginghosen auf dem Sofa herumlümmelt, nicht mal mehr die Klobrille hochklappt, eine warme Mahlzeit am Tag erwartet und sich einen Sessel anschafft, der Vorrichtungen für Bierdosen und Chipstüten hat und aussieht wie eine Familiengruft. Auch deshalb sollte man sie un-

bedingt im Auge behalten – gerade wenn man lieber weg-
sehen würde.

Männer in Leibchen – eine Materialkunde des männlichen Wesens

Männer interessieren sich nicht für Mode? Dann winken Sie mal mit dem Retrolook, einem Trikot der brasilianischen Nationalmannschaft von 1970, dem der Ungarn von 1954 oder von Schottland in den 70er Jahren oder einem BRD-Leibchen von 1954, und Sie werden sehen, wie Männer so nach Textilem sabbern können wie wir nach einem Nacktfoto von George Clooney. Wahlweise rufen sicher auch Bayern-München-Bettwäsche oder Schalke-Schals bei Männern mehr Ekstase hervor als die Xbox 360.

Aber das ist nichts gegen die Hysterie, wenn in der neuen Saison die neue Trikotkollektion vorgestellt wird. Dabei wird sogar fein unterschieden zwischen einem Outfit für Heim- und für Auswärtsspiele. Die werden jeweils alle zwei Jahre erneuert – macht also jedes Jahr im Schnitt ein neues Hemdchen. Das zu ergattern, zieht es Männer dann so sicher in den Fanshop wie Oskar Lafontaine vor jede laufende Kamera: Weil sie haben müssen, was ihre Idole tragen. Bloß dass die nicht Naomi Campbell oder Paris Hilton oder Sarah Jessica Parker heißen, sondern Roy Makaay oder Robert Huth oder Thomas Hitzlsperger. Wie die wollen sie aussehen, in einer Art magischem Übertragungsritual mit dem gleichen Leibchen in die Intimsphäre ihrer Stars einrücken (von nichts anderem lebt schließlich die Fashion-Industrie als von dem Irrglauben, man könne mit einem Kleid oder einem Outfit werden wie die Stars).

Wenn das nicht Modebewusstsein ist! Zumal Männer, die sich ein paar Jahre nach der Hochzeit nicht mal mehr daran erinnern können, welche Farbe das Brautkleid hatte – »Hattest du ein Kleid an?« –, plötzlich mit einer Kennerschaft über Detailfragen des Stofflichen debattieren, die man ansonsten nur Karl Lagerfeld zutrauen würde. So beschwert sich im Internet etwa ein Werder Bremen-Fan, ganz Kenner der schönen Klamotte, geschmäcklerisch: »Das Trikot wäre super, wenn das Orange durch Weiß ersetzt würde … Vom Design her gefällt es mir nämlich nicht schlecht!«

Aber es ist ja nicht nur der Wille zur Anpassung an den jüngsten Trend im Fußball, der den Mann als heimlichen Fashion-Victim outet. Er beginnt sich sogar Gedanken darüber zu machen, in welchem Outfit er ins Jenseits eingehen wird: Manche Fans lassen sich schon im Trikot ihres Vereins beisetzen, vermutlich aus Angst, im Himmel der falschen Mannschaft zugeordnet zu werden und etwa als Eintracht-Fan die Ewigkeit mit Hansa Rostock-Anhängern verbringen zu müssen.

Für einen gewissen Kleiderfetischismus spricht außerdem die bei Männern eher überraschende Bereitschaft, halbe Monatsgehälter für Textiles auszugeben – so man den Begriff für die Plastikleibchen überhaupt verwenden kann. Die sind mittlerweile angeblich so feuchtigkeitsaustauschend, schmutzresistent und kälteabweisend, dass man mit ihnen auch auf den Mars fliegen könnte. Und der in Fanartikeln gewöhnlich enthaltene Polyesteranteil würde es eigentlich rechtfertigen, Fans wegen Brandgefahr serienmäßig mit Feuerlöschern und Warnhinweisen wie »Bitte nicht rauchen!« auszustatten. Wozu es gut sein soll, dass T-Shirts eine beinahe längere Halbwertzeit haben als Atommüll und in einer hoffentlich sehr fernen Zukunft eine längst entvölkerte Erde mit unversehrten Trikots von Borussia Dortmund überschwemmt ist, mag man sich vielleicht mit männlichem Größenwahn erklären können. Aber weshalb man knapp 50 Euro für ein Leibchen ausgeben soll, auf dem EON noch in Großbuchstaben für sich wirbt, anstatt umgekehrt für seine Litfaßsäulenaktivitäten bezahlt zu werden, das ist, wie die Erfindung von Hartz IV, in den Puff gehen und sich mental drei Tage auf das Grillen von zehn Würstchen vorbereiten, reine Männersache. Das braucht von uns nicht verstanden zu werden. Ebenso wie die optischen Störfälle, die sich die Designer fürs Trikot ausdenken, und die wegen ihrer schwindelerregenden Wirkung eigentlich unter das Betäubungsmittelgesetz fallen müssten. Wirklich erstaunlich ist nur, dass der Begriff »Textilfoul« für etwas anderes vergeben ist: das Zerren und Halten an Trikot und Hose des Gegenspielers, das mit einer gelben Karte bestraft wird.

Ums Trikot ranken sich aber nicht nur viele Begehrlichkeiten und Gelegenheiten zum Bodycheck, sondern auch Rituale. Etwa der Trikottausch. Meint: Dass sich Spieler gewohnheitsmäßig nach zwei schweißtreibenden Halbzeiten – also dann, wenn im Hemd sozusagen die maximale Flüssigkeitsdichte erreicht ist – das Trikot vom Leib reißen und dem Gegner überreichen. Der legt sich das nunmehr kühle, aber immer noch feuchte Teil über die Schulter, um es später vielleicht seiner eigenen Sammlung einzuverleiben. Als Trophäe, als Souvenir, das einen später mal an all die Heldentaten erinnert, die während einer Profikarriere so anfallen. Und weil auch Profis Idole haben. So wie Benjamin Lauth, der furchtbar gern mit Maradona getauscht hätte, würde der noch spielen. Für Frauen ist dieser indirekte Austausch von Körperflüssigkeiten allerdings ähnlich unappetitlich wie die Stelle in Winnetou I, wo sich Old Shatterhand und der Häuptlingssohn den Unterarm aufritzen, um Blutsbrüder zu werden. »Igitt!«, würden sie rufen. Und: »Gib dem anderen Jungen sofort sein Hemd zurück! Das ist schmutzig. Außerdem: Am Ende erkältest du dich noch und ich muss mir wieder drei Tage lang dein Gejammer anhören!«, wären das ihre Männer. Sind sie aber nicht. Und das ist auch gut so. Denn so kann man den schönen Brauch als Gelegenheit, ein paar sehr knackige Körper wenigstens halbnackt zu sehen, bedenkenlos genießen. Zumal es die einzige Chance ist. Denn seit 2004 dürfen Spieler ihre Euphorie nach einem Torerfolg nicht mehr dadurch zeigen, dass sie sich das Trikot vom Körper reißen. Solche Aktionen werden in Anwendung der im Februar des Jahres durch das IFAB (International Football Association Board)abgeänderten Regel 12 mit einer gelben Karte als »unsportliches Verhalten« geahndet. Da heißt es übrigens auch: »Um Missverständnissen vorzubeugen und eine korrekte Anwendung dieser Regelung zu sichern, wird ergänzend darauf hingewiesen, dass die Sanktion immer dann Anwendung findet, wenn ein Spieler sein Trikot über den Kopf gestreift oder mit dem Trikot bereits sein Gesicht verdeckt hat.« Haben die bei der FIFA Angst, dass Gruppensex draus wird? Sich etwa Schweinsteiger nicht mehr beherrschen kann, wenn er Ronaldo mit nacktem Oberkörper sieht? Schade eigentlich. Aber immerhin bleibt uns noch die erfreuliche Aussicht, dass der Mann über den kleinen Umweg »Fußball« vielleicht doch noch irgendwann modisch so weit vorankommt, dass man mit ihm auch vor Einbruch der Dunkelheit das Haus verlassen kann. Von weiteren Trikot-Annehmlichkeiten ganz zu schweigen. Nicht selten ist das Trikot nämlich das erste (und oft auch das einzige) Hemd, das ein Mann ganz allein zusammenfaltet. Zwar wäscht er es nicht selbst, aber bei Männern muss man bekanntlich schon für Kleinigkeiten dankbar sein und das als ausbaufähigen Anfang betrachten. Ebenso wie der Strafenkatalog der FIFA, der etwa für ein ungebügeltes Trikot sieben Punkte und für ein aus der Hose heraushängendes Hemd acht Punkte Abzug vorsieht. Da könnten wir noch einiges lernen und daheim etwa auch so ein Punktesystem einführen – natürlich in Verbindung mit gelben und roten Karten!

Bedenkt man, welchen Aufstand Männer bisweilen machen, wenn sie sehen, was eine Frau so als absolutes Existenzminimum in ihrem Kosmetikschrank lagert – »Das hier ist eine Wohnung, kein Flugzeughangar!« – und mit welcher Verständnislosigkeit sie nützlichen Anschaffungen wie Enrique Iglesias-Postern begegnen – »Was kommt als Nächstes? Pferdebilder?« –, ist es doch erstaunlich, wie sie im Fanshop ihres Vereins plötzlich jede Kritikfähigkeit einbüßen und zu Konsumidioten mutieren. Oder wie sie daheim mit glasigen Augen vor dem immerhin 128 Seiten starken Fankatalog des FC Bayern München sitzen, als hätten sie gerade den Schatz der Inka entdeckt und greinen: »Haben, Haben, Haben.«

Frauen tun daran gut in diesem Moment, die Wohnung ab sofort für überfüllt zu erklären und überall Schilder mit Warnhinweisen aufzustellen, auf denen steht: »Fanartikel-Parken strengstens verboten!« Schließlich gilt es die heimische Gemütlichkeit, die nach langen, aufwändigen Verschönerungs- und Dekorationsarbeiten endlich perfekte Wohnung gegen eine drohende Invasion von Scheußlichkeiten zu verteidigen, die mehr Verwüstungen hinterlassen würden als eine Party der Hells Angels. Gab es früher allenfalls einen Fanschal, den Mutti in der Regel noch für ihren engagierten Sohn selbst stricken musste, so hat das Merchandising der Vereine mittlerweile so ziemlich jeden Lebens- und Alltagsbereich durchdrungen und es gibt eigentlich nichts, das fehlt – außer vielleicht Slipeinlagen in den Vereinsfarben. Ansonsten sind die Möglichkeiten zum Shoppen beinahe grenzenlos, prangen die Vereinslogos auf Uhren, Krawatten, Socken, Mützen, Babystramplern, Gläsern, Kaffeebechern, Schlüsselanhängern, Feuerzeugen, Fahnen, Ketten, Ohrsteckern, Wimpeln, Postern, Grußkarten, Stiften, Schlafanzügen. Beim 1. FC Bayern gibt es sogar »Fan-Schminke« (»im praktischen Pocketformat«) sowie einen Waffelautomaten. Also jede Menge Gelegenheiten, das gemeinsame Zuhause in ein innenarchitektonisches Katastrophengebiet, in ein Vereinslokal zu verwandeln. Und zu fußballerischen Großereignissen wie etwa der WM 2006 wird's noch schlimmer.

Man kann nur schwer beeindruckt sein, wie es Vereine und Verbände geschafft haben, was vor ihnen nur den Kirchen gelungen ist: ihren Anhängern weiszumachen, dass wahre Anhängerschaft sich nur in der Bereitschaft zeigt, einen pekuniären Beitrag zu entrichten und seinen Treueschwur an der Kasse, respektive über die Kirchensteuer zu leisten, weil alles andere eben nicht der wahre Glaube ist.

Natürlich könnte man sich jetzt darauf verlassen, dass Männer erfahrungsgemäß nicht gern einkaufen und schon die Vorstellung, selbständig ein Kleidungsstück oder gar einen Haushaltsartikel zu beschaffen, schlimme Angstzustände bei ihnen auslöst (»Und wenn ich mich im Supermarkt verirre?«).Aber die männliche Sparsamkeit, die sich bei der Anschaffung von Brillantringen, Armani-Mänteln und Ebel-Uhren so unerschütterlich und unveränderlich zeigt, verflüchtigt sich sofort, wenn es um den Verein geht und darum, die Spitzenfunktionäre durch den Kauf eines Weckers mit Vereinshymne vor dem sicheren Hungertod zu retten. Da können sie plötzlich ordern und haben kein Problem mehr, Geld für Dinge auszugeben, bei denen das Preis-Leistungs-Verhältnis in einer ähnlich zweifelhaften Beziehung steht wie bei der Deutschen Bahn.

Dabei fällt das meiste, was die Vereine mit ähnlich großer Geste unter die Fans bringen wie einst die Kolonialherren Glasperlen unter die Eingeborenen, noch unter die Rubrik »geschmackliches Kavaliersdelikt«. Jedenfalls im Vergleich zu dem Super-GAU einer »Bettwäsche Oli Kahn«, auf der der Torwart fast in Lebensgröße abgebildet ist. Ist es das, was Männer unter einen »flotten Dreier« verstehen? Einen quasi zu zwingen, mit einem Mann ins Bett zu gehen, den man sich nicht ausgesucht hat, und mit einem anderen, den man sich – unter diesen Umständen – nicht mehr aussuchen würde? Was hat sich der Hersteller dabei gedacht? Dass man als Single so wenigstens irgendjemanden im Bett hat? Dass dies ein neues Sex-Toy für Masochistinnen werden könnte? Jedenfalls scheint sich die Wäsche nicht sonderlich gut verkauft zu haben – weil sie statt für 40,95 Euro für nur 24,95 zu haben war. Das spricht für eine gewisse Hemmschwelle, sogar beim Fußballfan. Und für die Hellsichtigkeit zu erkennen, dass ein Mann, der eine Frau in ein solches Bett bittet, die Halbwertzeit seiner Beziehung extrem verkürzt.

Das trifft auch auf den Bayern-Slip und Duftwässer wie das Eau de Toilette – der Bayern-Duft (50 ml – 15,95 Euro) oder Eau de Toilette Borussia (14,90 Euro) zu. Bei Letzterem fragt man sich: Sollen sich die Fans jetzt gegenseitig erschnüffeln? Falls es im Stadion mal einen totalen Stromausfall gibt und man nicht mehr sehen kann, wer für welchen Verein ist? Genügt es nicht, dass sie weit sichtbar von Kopf (Mütze) bis Fuß (Socken in den Vereinsfarben) als Vereinslitfaßsäule noch vom All aus als solche kenntlich sind? Und: Die Klamotten kann man ausziehen und irgendwo in einer dunklen Ecke des gemeinsamen Schranks verstecken – so dass man sie praktisch nur am Wochenende zu Gesicht bekommt. Aber so ein »Duft«, der bleibt, und zwar deutlich länger als ein Spiel dauert, greift also massiv in das ein, was mit dem eigentlichen Event nichts mehr zu tun hat: in das Beziehungsleben. Das könnte auch durch ein »Liegetuch Ballack« empfindlich gestört werden, ebenso wie durch die Oli-Kahn-Plastik-Barbie-Puppe. Wenn Männer, die so etwas besitzen, überhaupt eine Frau haben – was man stark bezweifeln möchte. Denn was käme als Nächstes? Ein Bayern-Kondom oder dass er beim Höhepunkt »Oli, Oli!« schreit?

Gemein? Nicht ganz. Schließlich ist überhaupt nichts dagegen einzuwenden, dass sich so ein Fußballfan am Wochenende ausstaffiert, als wollte er mit den Plastikanteilen an seinem Körper Dolly Buster ausstechen. Auch weibliche Fans tun das schließlich mit Begeisterung und nicht nur, um schon mal für die Silikoneinlagen zu üben. Sondern weil es das Gruppengefühl stärkt und den Spielern zeigt: Ich und meine Brieftasche sind ganz für dich da. Außerdem ist es schön, wie sie sich alle in den Dienst der Wiedererkennung stellen und nicht nur im Geiste, sondern auch per Outfit zu Brüdern und Schwestern werden. Einmal jedes Stilbewusstsein vergessen zu können – das hat was sehr Entspannendes. Und wir Frauen sollten ja ohnehin wissen, wie befreiend es ist, sich einmal nicht fragen zu müssen: »Was ziehe ich an?« und stattdessen einfach auf das zurückgreifen zu können, was alle tragen. Entspannung durch Uniformierung sozusagen. An sich spricht auch nichts dagegen – so es die Räumlichkeiten erlauben –, in Keller oder Garage, also in eher abgelegenen Orten, eine Vereinsfahne aufzuhängen und einen kleinen Schrein zu errichten, an dem täglich für das nächste Spiel gebetet wird, weil das ja immer das schwerste sein soll. Warum nicht? Aber wenn der Verein und seine irren Vorstellungen von Design, gegen die die Produkte der Homeshopping-Kanäle noch als Luxusartikel durchgehen, das ganze Leben wie Mehltau überwuchern – dann sollte man kräftig auf die Bremse treten. Da könnte man demnächst gleich seine Einrichtungstipps statt aus »Schöner Wohnen« oder »Elle decoration« aus den Fanzeitungen beziehen. Was nicht bedeutet, dass unsere uns inniglich verbundenen Fans auf die ihnen ans Herz gewachsenen Farben im Leben verzichten müssen. Es geht aber auch stilvoller – etwa, indem man die männliche Schwäche dazu benutzt, ihm einen Eintracht-roten Mantel von Strenesse als Fankleidung schmackhaft zu machen oder einen Werder-grünen Sportwagen als Liebeserklärung an den Verein.

Kapitel 5
Von der Latte zum Nachspiel – die erotischen Dimensionen des Fußballs

Fußball ist erotisch! Nicht allein wegen der begnadeten Körper, die da auf dem Platz unterwegs sind. Es sind auch die eindeutigen Zweideutigkeiten des Spiels. Ein Sport, bei dem die stürmenden Kräfte gut gedeckt werden müssen, bei dem sich die Spieler andauernd anbieten und der Ball über die Latte gelenkt wird, besitzt zweifelsfrei eine Menge phantasieanregendes Potenzial. Ein Zusammenhang, den der Meisterstürmer Jürgen Klinsmann so beschreibt: »Der Druck entlädt sich beim Torschuss – ein Wahnsinnsfeeling. So ähnlich wie beim Sex.« Auch Schriftsteller Ror Wolf hat sich über diese Parallelen Gedanken gemacht und zum Nachweis ein paar nicht ganz jugendfreie Schlüpfrigkeiten aus dem Kommentatorenfundus zu Eindeutigkeiten zusammenmontiert. Das liest sich dann fast schon pornographisch: »Zweimal rutschte Bernhard das glitschige nasse Ding aus den Händen, schon sprang Friedrich dazu und schob ihn lächelnd hinein in die untere Hälfte, als er das klaffende Loch sah, presste er ihn mit unheimlicher Wucht hinein, stocktrocken, jetzt stand er richtig.« Über Größenvergleiche beim Duschen, den Mythos Kabine und was wirklich im Entmüdungsbecken passiert.

Madonna gestand in einem Interview, dass, wann immer sie Ivan Zamorano, den ehemaligen chilenischen Nationalspieler und früheren Inter Mailand-Star, sehe, ihr Bedürfnis nach Sex steige. Ob es an seinem Spitznamen »Bam-Bam« lag? Daran, dass man ihn »Iwan den Schrecklichen« nannte? Oder daran, dass er aussah, als würde er in seiner Freizeit mit bloßen Händen Bären erwürgen? Andere lieben Beckham schon allein dafür, weil man mit ihm bestimmt herrliche Pflegetipps austauschen kann und ihm nicht der Schweiß ausbricht, nur weil wir ihn zum Einkaufen mitnehmen wollen. Frauke Ludowig favorisiert unter anderem Alessandro Del Piero. Eine Freundin findet Paolo Maldini zum Niederknien, eine andere würde nach Francesco Totti einen neuen Planeten benennen, wenn man es ihr erlauben würde. Wie immer, so sind auch bei der Wahl der erotischsten Fußballspieler die Geschmäcker sehr verschieden. Nur eines ist klar: Als prickelnde Mischung aus California-Dream-Men, Schlammcatchen und Turnfest besitzt Fußball sogar für Frauen, die bei Strafraum an eine Gefängniszelle denken, ungeheure Schauwerte. Es ist, als würde man 22 der schönsten Männer beim Orgasmus zuschauen, so groß sind Leidenschaft und Hingabe der Akteure beim Spiel. All die begnadeten Körper und diese einmalige Aura einer rauen Männergesellschaft aus Alpha-Rüden, die sich – so stellt man sich das gern vor – nachts im Bett in wilde Werwölfe verwandeln, nachdem sie einer Champagnerflaschen den Hals abgebissen haben. Von anderen Großtaten wollen wir hier gar nicht erst anfangen. Nur so viel: Zweimal 45 Minuten sind lang genug, sich Geschichten auszumalen, die sonst nur unterm Ladentisch zu haben sind und in denen etwa Luis Figo, Schaumbäder und Umkleidekabinen (natürlich frisch gelüftet) eine Hauptrolle spielen.

Wen interessiert es da, dass die Spieler vermutlich noch früher als der eigene Mann vorm Fernseher einschlafen, Trainingsanzüge im Bad auf dem Boden liegen lassen, nervös werden, wenn das Essen nicht pünktlich auf dem Tisch steht und Lesen nur dann für sinnvoll halten, wenn das Wort »Vertrag« über dem Schriftstück steht? Wir wollen mit diesen Männern ja auch nicht die Probleme der Quantenphysik diskutieren. Wir müssen nicht wissen, ob sie wählen gehen und unfallfrei ein Ei kochen können. Es ist auch nicht wichtig, dass oder was sie sprechen, und es ist uns absolut schnuppe, was sie von Frauen in Führungspositionen halten. Wir wollen sie nur anschauen und träumen: von knackigen Hintern, strammen Waden, mächtigen Schenkeln und von dem, was dazwischen liegt. Fußball ist für uns, was dem Mann das Centerfold im Playboy – ausgleichende Gerechtigkeit. Entgegen anderslautenden Gerüchten vom weiblichen Bedürfnis nach stundenlangen Streicheleinheiten, nach intellektueller und seelischer Tiefe (ausgerechnet) beim Beischlaf, dürfen die Auswahlkriterien für das Personal unserer Phantasien bisweilen ruhig so »nieder« sein wie die Instinkte, die so ein Erotikon ansprechen soll. Natürlich schauen Frauen genauso gern wie Männer »bloß« auf körperliche Vorzüge, vor allem, wenn die so gut ausgeprägt sind wie beim Fußballer. Wären wir ausschließlich an Humor, Verstand und der Sensibilität interessiert, könnten wir ja gleich unsere beste Freundin heiraten.

Keine gute Nachricht für Männer, die so gern glauben möchten, ein Mann müsse nicht schön sein, wie Peter Alexander mal behauptete. Liegt doch beim Blick auf all die attraktiven Jungs auf dem Platz etwas nahe, das Männer so scheuen wie der Allergiker die Polle: den direkten Vergleich. Und der kann schon deshalb nicht sehr schmeichelhaft ausfallen, weil die, die uns zum Träumen bringen, hauptberuflich damit beschäftigt sind, ihren Körper in Bestform zu bringen. Das wissen wir – im Unterschied zu manchen Männern, die annehmen, eine Frau könne Haushalt, Job und Kinder bewältigen und dabei noch so aussehen wie Uma Thurman. 99 Prozent der Frauen sind realitätstüchtig genug, den dekorativen Effekt eines makellosen Körpers nicht für lebens- und beziehungsfüllend zu halten. Wir wissen ganz gut, dass es nicht nur auf die Verpackung ankommt. Jedenfalls wenn man gemeinsam alt werden will. Trotzdem gucken wir einfach gern. Mal so zur Abwechslung und auf andere Dinge als die Männer, die neben uns auf dem Sofa sitzen und sich ganz auf die Technik, die Spielerform und die Konterstärke konzentrieren. Für sie ist Fußball das Spiel. Für uns das Epizentrum weiblichen »Lendendenkens«, wie Umberto Eco einmal den Umstand nannte, dass es immer nur um das eine geht: Attraktivität und Sex und Fragen wie: Sieht er gut aus? Wie ist er wohl im Bett? Ist er gut bestückt? Auch ein Grund, sich auf die WM zu freuen. Bietet sie doch ein herrliches »Damenprogramm«, wie die Freizeitgestaltung für weiblichen Anhang in der Politik genannt wird.

Fußball lässt die Säfte steigen. Übrigens auch bei den Männern. Eine Studie hat nachgewiesen, dass der männliche Testosteronspiegel bei einem Sieg seiner Mannschaft in erfreuliche Höhen schießt und entsprechend Begehren wächst. Nicht etwa nach Christoph Metzelder, sondern nach Sex. Langfristig könnte also eine Dauerkarte für Schalke dem Mann das Viagra und uns Tipps »Wie Sie ihn heiß machen!« ersparen. Wir müssen uns nie mehr, wie von *Cosmopolitan* empfohlen, mit »222 Sex-Spielen« zur Raserei bringen, sofern man dazu noch in der Lage ist, nachdem man sich – wie geraten – einen Eiswürfel in die Vagina eingeführt hat (nicht, um sie frisch zu halten, sondern weil das wahnsinnig aufregend sein soll). So ein einfacher Bundesliganachmittag könnte einem tatsächlich vieles ersparen: Erotische Wäsche, das Beate-Uhse-Überraschungspaket, Telefonsex und den »Kettenbrief« (ein weiterer Vorschlag aus *Cosmopolitan*: »Richten Sie die Wohnung abgedunkelt und romantisch her. Hinterlassen Sie ihm einen Brief, gut sichtbar neben einer Kerze im Flur. Schildern Sie ihm darin Ihr Outfit, Ihre Vorfreude, Ihre erotischen Phantasien und dass Sie im Schlafzimmer liegen – das aber für ihn noch tabu ist. Stattdessen soll er den Brief fortschreiben und dann in ein anderes Zimmer verschwinden, bis Sie seine Nachricht, Ideen, Bilder, Begehrlichkeiten gelesen und darauf geantwortet haben … «). Wer das befolgt, erlebt sicher einen duften Abend, weil dem Gatten beim Betreten einer abgedunkelten Wohnung nur zwei Dinge einfallen: nämlich den Elektriker anzurufen und vor den Ansprüchen seiner Frau, aus dem an sich doch ganz manierlichen Sexleben ein Schriftstellerseminar zu machen, in die nächste Kneipe mit Premiere-Abo zu flüchten. Wie viel einfacher ist es da, sich gemeinsam ein Spiel anzuschauen. Im Vergleich jedenfalls zu den alternativen Tipps, wie sich die erogenen Zonen gegenseitig mit Taschenlampen auszuleuchten. Allein die Vorstellung, Zellulitedellen und Fettpolster im Flutlicht zu betrachten, versetzt einen garantiert in höchste Ekstase!

Leider muss man sagen: Typisch Frau. All diese herrlichen Ratschläge stammen schließlich nicht aus dem *Kicker* oder *Sport Bild*, sondern aus Frauenmagazinen und sind damit ein Spiegel des weiblichen Drangs, die Dinge nur unnötig zu verkomplizieren. Ein Mann würde jedenfalls kaum auf die Idee kommen, aus so etwas Schönem wie dem Beischlaf ein Kunstwerk zu machen, in dem Penis-Samba, Rollenspiele und Verrenkungen eine Hauptrolle spielen, die man – vielleicht – erst nach lebenslangem Yogatraining unfallfrei absolvieren kann. Sie sagen wie Max Merkel: »Was vorher ist, kann auch sehr schön sein, aber es ist nur Händchenhalten. Der Ball muss hinein!«. Und zwar ohne, dass man ihn vorher mit Schlagsahne eingeseift und abgeschleckt hat. Natürlich ist das kein Freibrief für das erotische Ikebana, das manche Männer mit Leidenschaft verwechseln. Es ist nur eine kleine Erinnerung daran, über die vielen Umwege nicht das eigentliche Ziel aus dem Auge zu verlieren: guten Sex.

Dabei kann man sich von den erotischen Qualitäten des Spiels in Stimmung bringen lassen. Und zu denen gehören nicht nur die Spieler, sondern eine Menge Zweideutigkeiten, die ganz schön eindeutig sein können. Begriffe wie »Vorspiel« oder »Nachspiel«, Ausdrücke wie »Latte«, »Freistoß«, »Manndeckung« zeigen uns, dass Fußball neben allem anderen auch ziemlich sexy sein kann. Da werden Bälle »lecker eingelocht«, ein Ball unter »die Latte eingehämmert« und wird das »Ding reingemacht«. Bloß wann, wo und mit wem? Über das richtige Timing für den Sex gab es bis vor nicht allzu langer Zeit eine einhellige Meinung: niemals vor dem Spiel, weil das die Manneskraft schwächt und einem, der gerade seine Säfte loswurde, einfach der Drang zum Siegen fehlt. Trainingslager waren grundsätzlich frauenfrei zu halten, und so hockten die Spieler zu zweit in Doppelzimmern, isoliert wie in einem Männerkloster. Verspürten die Spieler trotzdem nicht zu unterdrückende Bedürfnisse, dann wurde ihnen etwa von Sepp Herberger noch ein Extra-Kopfballtraining verordnet. Selbst als sich das Gebot »niemals Sex« lockerte und die Spieler von ihren Frauen im Trainingslager besucht werden konnten, hielt sich das Vorurteil. Nationaltorwart Bodo Illgner warf man noch bei der WM 1994 vor, er habe einmal zu oft seine Frau im Bett gehabt. Immer mehr setzte sich jedoch die Erkenntnis durch, dass es den Spieler mehr vom Wesentlichen ablenkt, nach Schlupflöchern aus dem Zölibat, also nach Bordellen oder Gelegenheiten zu heimlichen Treffen mit Frau oder Freundin zu suchen, als der Konzentration auf das Spiel zuträglich sein kann. Außerdem hatte nach der

Devise: »Wer Erfolg hat, hat Recht«, Brasilien eine große Bresche für den Beischlaf im Sport geschlagen. Über die Ursache des WM-Titels der Brasilianer 1970 gab es laut der britischen *Times* keinerlei Zweifel: »Sex war Brasiliens Geheimwaffe!« Angeblich gab es nur eine Einschränkung des Trainers: »Wechselt die Mädchen nicht während der Woche. Nur montags.«

Bei der WM 2002 waren die Brasilianer dann nicht mehr so locker, wurden aber trotz des generellen Liebesverbots ihres Trainers Luiz Felipe Scolari Weltmeister. Übrigens auch entgegen der wissenschaftlichen Meinung, dass Sex vor dem Spiel nicht schade, wie unter anderem auch italienische Forscher herausgefunden haben. Das bisschen Liebe sorge schließlich dafür, dass die Konzentration des Kickers eben ganz bei dem Ball und nicht bei der zweitschönsten Sache sei. Ein wichtiges Argument, da sich Männer – wie wir wissen – kaum auf mehr als eine Sache zur gleichen Zeit konzentrieren können. Dennoch wird die Frage »Sex oder Verzicht?« immer noch von jedem Trainer anders gehandhabt. »Sex vor einem Spiel? Das können meine Jungs halten wie sie wollen. Nur in der Halbzeit, da geht nichts«, sagte Berti Vogts. Ecuadors Trainer Hernan Dario Gomez dagegen sah die Sache bei der WM 2002 eher differenzierter. Die Spieler sollten lediglich mit Geschwindigkeitsbegrenzung ins Bett gehen, um sich nicht die Beine zu ruinieren. »Wenn man es langsam macht – und mit einer Menge Liebe –, kann es ein Fußballspieler jeden Tag tun«, meinte er. (Ja, lesen Sie diesen Satz ruhig mal Ihrem Mann vor!) Und auch Polens Fußball-Coach Jerzy Engel zeigte sich großzügig: »Es ist auch bei einer Weltmeisterschaft Zeit für alles. Sex zur richtigen Zeit ist nicht schädlich.« Unter Trainer Trappatoni gab es für die Italiener in Seoul allerdings erst nach dem Achtelfinale wieder »Amore«, aber das war, so Verteidiger Christian Panucci, kein Problem: »Die Sexabstinenz ist auszuhalten.« Als besonders streng erwies sich erstaunlicherweise der dänische Trainer, der für seine Mannschaft ein Kloster auf einer Halbinsel ausgewählt hatte: keine Frauen, bloß Reisfelder. Auch die Kroaten mussten verzichten und ihre Frauen gleich ganz zu Hause lassen. Vielleicht auch, um die schöne Männergemeinschaft nicht zu gefährden. Womit wir bei einer weiteren spannenden Frage des Fußballs wären: Wer es eigentlich mit wem tut?

Die Zärtlichkeit der Spieler

Fußball – das ist auch hemmungslose Zärtlichkeit zwischen Männern. Jungs, die sich herzen und küssen, die orgiastische Schreie ausstoßen, sich auf den Boden reißen, gegenseitig herumtragen und so inniglich übereinander herfallen, dass es selbst Sat 1 zu schlüpfrig wäre, würde all das Busserln, Anfassen und Anspringen nicht unter der erotisch unverfänglichen Überschrift »Sport« laufen. Allerdings, wenn Johannes B. Kerner rätselt: »Wie viel Franz steckt in Rudi?«, wirft er damit natürlich auch die Frage auf, wie viel Männerliebe eigentlich im Ballsport steckt. Zumal Steffen Freund einst gestand: »Es war ein wunderschöner Augenblick, als der Bundestrainer sagte: ›Komm, Stefan, zieh deine Sachen aus, jetzt geht's los.‹« Das ist so herrlich poetisch, man wünscht sich fast, der eigene Mann würde einmal Ähnliches über die letzte oder wenigstens erste gemeinsame Nacht sagen.

Selten sind Männer so innig miteinander wie beim Fußball. Körperlich und in dem Gefühl, eine eingeschworene Gemeinschaft zu sein. Ein Grund, heftig zu dementieren, was doch so nahe liegt, gerade weil es so nahe liegt: die homoerotischen Qualitäten des Spiels. Die gibt es offiziell so wenig wie Bestechung im Fußball. Mag sein, dass der Anteil von Schwulen in der Gesamtbevölkerung angeblich zehn bis 15 Prozent beträgt. Nur nicht in der Bundesliga und auch nicht bei den ausländischen Mannschaften. Es ist wie Jürgen Rollmann, ehemals Werder Bremen, sagt: »Schwule Spieler muss es geben, aber ich weiß nicht wo.« Klar. Ein Outing in einem Fußballverein wäre sozialer und ökonomischer Selbstmord. Und das Beispiel jenes Spielers, der es dennoch wagte, ist nun nicht gerade ein Anreiz, ihm nachzueifern. So war die Karriere des britischen Fußballprofis Justin Fashanu an dem Tag zu Ende, als er in der *Sun* gestand: »Ich bin schwul.« Er ging nach Kanada, auch um Ruhe vor der folgenden Hetzjagd der Presse zu haben. Als er wieder nach Großbritannien zurückkehrte, gelang es ihm zwar, wieder in einem Verein Tritt zu fassen. Dort wurde er aber schon nach kurzer Zeit wegen »Verhaltens, das eines Fußballers nicht würdig ist« entlassen. Er erhängte sich 1998 in einer Garage.

Fußball – der echte – soll hart und männlich und somit das Gegenteil dessen sein, was man gerade in diesen Sportkreisen mit »schwul« assoziiert: Schwäche, Tuntigkeit und ein Faible fürs Dekorative. Ja, es ist geradezu Teil des Ereignisses, Homosexuelle – um es mal gelinde zu formulieren – suspekt zu finden. Warum das so ist? Möglicherweise liegt es daran, dass Fußball so körperlich ist und sich Männer hier also am ehesten dem Verdacht ausgesetzt fühlen, einander herzlicher zugetan zu sein als es dem Idealbild vom ganzen Kerl zuträglich sein kann? Vielleicht liegt es aber auch an der Herkunft des Sports – den Arbeitervereinen und ihrer Betonung stählerner Männerideale, bei denen Schwulsein so viel zu suchen hat wie der Papst in einem Swingerklub. Sicher ist: Obwohl es mittlerweile auch schwul-lesbische Fanclubs und Vereine gibt, bereits 1993 eine schwul-lesbische EM ausgetragen wurde und Corny Littmann, ein bekennender Schwuler, Vereinspräsident vom FC St. Pauli ist, gilt »schwul« in den Stadien der ganzen Welt nach wie vor als Synonym für Memmen und Sitzpinkler, Schattenparker und Teilkastration. Da nützt es auch nichts, dass Beckham sich als »Metrosexueller« stilisiert, sich zu vielen jener Bereiche bekennt, die Fans für ziemlich schwuchtelig halten: Frauenunterwäsche tragen, Modeschauen besuchen und sich schminken. In den Stadien wird »schwule Sau« skandiert, wenn der Schiedsrichter unerfreuliche Entscheidungen fällt, grölen Fans anderer Vereine über Bochum »Arbeitslos und homosexuell, das ist der VfL«.

Die meisten denken ähnlich wie der frühere Kölner Nationalspieler Paul Steiner – »Ich kann mir nicht vorstellen, dass die Fußball spielen können«. Andere wie Lorenz-Günther Köstner, Trainer beim Karlsruher SC, sind da noch weniger zimperlich, wenn sie etwa ein Spiel ihrer Mannschaft mit »schwuchtelmäßig« abqualifizieren und sich damit wie sein Düsseldorfer Kollege Michael Schütz für einen sicheren Spitzenplatz in der Schwachkopf-Bundesliga qualifizieren. Der sagte: »Man würde gegen so einen auch nicht richtig rangehen, weil die gewisse Furcht vor Aids da wäre.« Bestätigt sich hier etwa, dass nur dumm gut kickt, wie Wissenschaftler herausgefunden haben wollen? Ergab doch eine niederländische Studie, dass bei den untersuchten 53 Erstligaspielern Kurzzeitgedächtnis und Konzentrationsfähigkeit schlechter waren als bei den Versuchspersonen. Auf jeden Fall würde hier passen, was Oli Kahn forderte: »Wir brauchen Eier!« So wie sie der über jeden fußballerischen Zweifel erhabene weltbesten Spieler Pelé bewiesen hat, der erzählt: »Als ich 14 oder 15 Jahre alt war, hatte ich eine Reihe homosexueller Beziehungen. Außerdem hatte ich meine erste sexuelle Erfahrung mit einem Homosexuellen.«

Zeichen dafür, dass ein Mann es mit dem Fußball etwas übertreibt:

- Er singt »Oleoleoleole!«, wenn er das Schlafzimmer betritt.
- Er trägt Schienbeinschoner beim Sex.
- Er verabschiedet seine Schwiegereltern mit: »Ihr könnt nach Hause fahr'n!«
- Er hat sich die Vereinsfahne auf den Oberschenkel tätowieren lassen.
- Er skandiert: »Wir wissen wo dein Auto steht!«, wenn ihm eine Politesse einen Strafzettel erteilt.
- Er lässt sich jedes Mal auswechseln, wenn Hausarbeit ansteht.
- Er will seine Kinder Oli, Poldi und Schweini nennen.
- Er macht vor jedem Telefonat Dehnübungen.
- Seine Frau hat eine verblüffende Ähnlichkeit mit Günther Netzer.
- Er singt die Nationalhymne, bevor sein Arbeitstag beginnt.
- Beim Zahnarzt will er mit der Sprechstundenhilfe Hemden tauschen.
- Wenn er seine Ex auf der Straße trifft, singt er: »Ich habe dir was mitgebracht: Hass, Hass, Hass!«
- Er trägt die Rückennummer seines Idols auf dem Anzug.

Tore – der K3 der Erotik

Frei nach Berti Vogts hat der Ball viele Liebhaber und eben auch unverkennbar erotische Aspekte. »Tore schießen ist wie ein Orgasmus«, sagt der brasilianische Torjäger Mario Jardel. Aber anscheinend gibt es noch einen höheren Gipfel der Lust – sozusagen der K3 der Erotik –, Tore gucken. Das jedenfalls legt das Ergebnis einer Umfrage nahe. »Würden Sie lieber eine Nacht mit Claudia Schiffer verbringen oder sich ein Spiel des Nationalteams anschauen?«, fragte ein Meinungsforschungsinstitut und zwei Drittel aller Männer antworteten, dass die Schiffer nun wirklich keine ernst zu nehmende Alternative sei. Es könnte an der Schiffer liegen und vielleicht hätte Angelina Jolie zu besseren Ergebnissen geführt. Ganz sicher aber war die Frage falsch gestellt. Natürlich würden alle Fans während der Übertragung eines wichtigen Spiels nicht einfach nur deswegen den Fernseher ausschalten, weil wir uns vor ihnen nackt auf dem Wohnzimmerteppich räkeln. Außer vielleicht, sie haben sich Gäste eingeladen und die wollen das Spiel dann lieber in der nächsten Kneipe sehen, wo sie nicht mit erotischen Avancen belästigt, sondern von angezogenen Frauen ordentlich mit Bier bedient werden.

An dieser Stelle machen Frauen gern einen klassischen Fehler, indem sie Entscheidungsfragen stellen – die etwa so lauten: Entweder Ballack oder ich! Das ist die weibliche Vorstellung von Romantik, das typische Prinzendenken. Das sieht vor, dass der Mann erst viele Hürden nehmen und eine Menge Drachen töten muss, um schließlich mit der Liebe der Prinzessin, also von Ursula, Gaby oder Chiara, belohnt zu werden. Im Alltag werden dazu mangels Alternativen statt Drachen meist andere Leistungen genommen: Der Verzicht auf gemütliche Abende mit den Kumpels, auf Essen bei seiner Mutter, seine Plattensammlung und Jogginganzüge für daheim. Weil es dann erst Liebe sein soll. Eine Erwartungshaltung, die so regelmäßig enttäuscht wird wie die Hoffnung auf eine Creme, die all unsere Falten wegbügelt. Schließlich fragt sich der Mann zu Recht: Warum sich entscheiden müssen? Wozu gibt es Halbzeiten? Spielpausen? Gerhard Delling und Günter Netzer, die Waldorf-und-Stadler des Fußballkommentars, die auch als Narkosemittel arbeiten könnten, weil sie noch das spannendste Spiel wie eine Art zeitverzögerter Synchrontext für Blinde kommentieren? Genug Gelegenheiten um zu ernten, was der Fußball gesät hat. Selbst bis ins hohe Alter. So sagt Otto Schily: »Das sinnliche Vergnügen an dem runden Gegenstand, das ist immer noch da.« Inwieweit seine Frau davon profitiert, hat er leider nicht verraten. Sicher ist allerdings eines: Dass das Bedürfnis, sich die Kleider vom Leib zu reißen, während fußballerischer Großereignisse definitiv steigt. Wie sonst ist es zu erklären, dass in Großbritannien während der WM 1998 ein 30-prozentiger Anstieg an Dessouskäufen verzeichnet wurde? Gründe gibt es genug. Ich sage bloß: Roque Santa Cruz!

Mythos Kabine: Elf nackte Männer allein im Verein

Mag sein, dass sich Frauen längst in Vorstandsetagen breit machen, Jagdvereine gründen und gelegentlich sogar in Männer-WCs zu finden sind (wenn's mal wieder dringend war und die Schlange vor dem Frauenklo zu lang). Nur ein Ort ist nach wie vor so frauenfrei wie die deutsche Bischofskonferenz: die Kabine. Nicht einmal Fernsehkameras dringen bis in die letzte Bastion reinster Männergesellschaft vor. Sie ist so unerforscht wie die Tiefsee, so geheimnisvoll wie die dunkle Materie im Universum. Von Männern, die dort gewesen sind, erfährt man meist nicht viel. Wie so oft bei den wirklich spannenden Fragen (Liebst du mich noch? Bin ich zu dick? Was tust du, wenn ich tot bin?) schweigen sie. Das vergrößert natürlich den ohnehin schon großen Raum für Spekulationen bis ins Unendliche. Man fragt sich: Was tun 22 vorwiegend unbekleidete Männer dort so allein? Ohne jemanden, der ihnen den Kragen gerade rückt und ihnen erklärt, dass eine Pflegespülung nicht als Shampoo taugt? Tanzen sie etwa nackt um den Pokal? Gibt es Gruppenumarmungen? Zeigen sie sich ihre neue Unterwäsche? Werden Beziehungen debattiert? Pflegetipps besprochen? Reden die Spieler über Gewichtsprobleme oder Bionik? Machen sie sich Komplimente? Tauschen sie Fußballbildchen? Kuscheln sie?

Ach, die Kabine wirft so viele Rätsel auf. Darunter auch das der legendären »Kabinenpredigt«. Dabei muss es sich um eine Art Gehirnwäsche handeln, die der Trainer nach flauen Spielanfängen in der Halbzeitpause anwendet, und die eben noch verzagte Memmen wie durch ein Wunder in Helden verwandelt. Da will man als Frau doch nur zu gern wissen: Wie hat der Coach das gemacht? Womit auf so wundersame Weise Kräfte mobilisiert, die wir nur zu gern im Haushalt, beim Sex oder beim Komplimentemachen genutzt sehen würden? Verhaut er ihnen den Hintern? Droht er mit Fernsehverbot? Zeigt er ihnen seine Blinddarmnarbe? Was muss man tun, um solch eine Wende zu erreichen wie 1986, als Bayer Uerdingen nach der Halbzeit im Spiel gegen Dynamo Dresden noch sechs Tore schoss? (Obwohl die Mannschaft bis dato 1:3 zurücklag und im Hinspiel bereits 0:2 verloren hatte!) Ziegen opfern? Die Kabine wirft viele Fragen auf, und sicher ist nur eines: Ein Ort, an dem sich solch wundersame Metamorphosen ereignen, an dem ausschließlich Männer zusammenkommen, nackt und das oft im Zustand äußerster Erregung und maximaler Angespanntheit, der hat etwas Magisches, Aufreizendes und Ärgerliches. Was, verdammt nochmal, tun die da – ohne uns?

Man raunt sich zu, dass in der Kabine und unter der Dusche Freundschaften fürs Leben geschlossen, Siege gefeiert und Niederlagen gemeinschaftlich verdrängt werden. Bisweilen – so geht das Gerücht – werden auch Lieder angestimmt und Schuhbänder zusammengeknotet. Doch detaillierte Berichte sind so selten wie Einkommensangaben von Politikern. Während man gelegentlich schon mal in Kneipen oder Restaurants mithören konnte, was Männer so sprechen – »Noch'n Bier? Mords Titten!« –, fällt, was in Kabinen passiert, anscheinend unter ein Schweigegelübde. Bloß Beckenbauer sagte einmal, dass es seinerzeit ziemlich wild zugegangen wäre. »Da war Leben in der Bude!« Allerdings ist für Franz Beckenbauer vermutlich bereits ein Golfturnier ein orgiastisches Erlebnis, und so kommt man mit dieser Auskunft kaum weiter.

Erst wenn man einen Mann ungefähr 30 Jahre kennt und ihm so viel Alkohol eingeflößt hat, dass es angesagt wäre, einen Notarzt zu benachrichtigen, hört man etwas mehr. Etwa darüber, dass der erste Besuch der Gemeinschaftsdusche im Fußballverein so etwas wie ein Initiationsritus ist, ähnlich dem der nordamerikanischen Indianer. Bloß dass die deutsche Fußballjugend eben nicht erst vier Tage fasten muss, um den Übergang vom Bengel zum Kerl zu bewältigen. Ihr genügt die Feststellung, dass es nicht nur zwischen Mädchen und Jungs, sondern auch zwischen Jungs und Jungs beträchtliche (Größen-)Unterschiede gibt, um zum Mann zu werden (und sich zu überlegen, ob es nicht besser wäre, fortan in Badehose zu duschen). Danach ist nichts mehr wie es war und der Junge im männlichen Konkurrenzkampf angekommen, der oft bis zur Frage währt, wer im schnittigeren Sarg beigesetzt wird.

So ist die Kabine eine Schule des Mann-Seins: schlicht, aber reich an Erinnerungen. Rau, aber herzlich. Derb und gerade deshalb so beliebt als Zufluchtsort. Niemand nimmt krumm, wenn er haltlos mit »Fick deine Mutter!« beschimpft oder gleich verhauen wird. Alle verstehen, weshalb es in der Kabine bisweilen wie in einem Iltisbau stinken muss. Nämlich nicht bloß, um festzustellen, wer am längsten ohne Sauerstoff überleben kann, sondern aus dem gleichen Grund, aus dem Roberto Blanco den Mund aufmacht: um Frauen abzuschrecken. Selbstredend ist auch die Gastmannschaft kaum beleidigt, wenn man ihr das warme Wasser abstellt oder gleich ganz den Strom abdreht.

Bleibt die Frage, weshalb wir von all dem nichts wissen dürfen? Ganz einfach weil der Mann – auch und gerade der Fußballer – eben gern aus allem ein Geheimnis macht. Sogar aus so etwas Banalem wie Umziehen und Brausen. Wie hinter dem männlichen Drang, zehn Jahrgänge *Kicker* zu horten, steckt hinter dem Mythos Kabine nicht mehr, als zwischen Baum und Borke passt oder man sich auf jedem Kinderspielplatz anschauen kann. Da besprühen sich erwachsene Männer so lange gegenseitig mit Eau de Toilette, bis im ganzen Stadtteil die Fenster geschlossen werden müssen, oder drücken sich den Rasierschaum aus und finden das mindestens so witzig wie alle Folgen Harald Schmidt zusammen.

Spricht der Mann dennoch von jenem legendären Ort mit Ehrfurcht, als wäre ihm dort eben der Yeti begegnet, dann eben gerade deshalb, weil hier eigentlich nichts Großartiges passiert. Weil es so hübsch unverstellt zugeht und eben keine Frau am Rand steht, die das, was dort vorgeht, verächtlich mit »Bubenspiele« abqualifiziert. Aus Unwissen darüber, dass es genau darum geht: Um das, »was einfach da ist, weil es da ist«, wie es Al Pacino in dem Film »City Hall« so treffend beschreibt. Darum, einmal nicht alles analysieren und wissen zu müssen. Darum, schreien und rülpsen zu können und allein dafür Applaus zu bekommen, alle WM-Maskottchen persönlich zu kennen. Die Kabine ist der Rückfahrtschein in das Reich des Unbeschwerten und Unverstellten. Hier darf der Mann noch einmal zehn Jahre alt und vollkommen kindisch sein. Aber das ist noch nicht alles. Irgendwie geht es auch um Zärtlichkeit, um Nähe und tiefe Verständnisinnigkeit. Was Romeo der Balkon, das ist dem Kicker schlussendlich die Umkleidekabine: Der perfekte Ort für seine Liebeserklärung an seine Kumpels und damit auch an sich. Die Kabine ist seine Gegenwelt, hier ist er Peter Pan und sie ist sein Neverland. Alles das hat mir ein Mann unter dem Siegel der Verschwiegenheit erzählt, ehe er mit einer Alkoholvergiftung ins Krankenhaus eingeliefert werden musste.

Kapitel 6
Die Leiden der Männer

Wer mit einem Mann länger zusammen ist als eine Grippeperiode dauert, weiß: Männer sind Memmen. Bereits eine leichte Erkältung ist für sie eine Tragödie griechischen Ausmaßes. Nicht mal sizilianische Witwen bringen so viel Leidenschaft für das Leiden auf wie ein Mann, der im Rücken ein leichtes Ziehen verspürt und deshalb vorsichtshalber schon mal seinen Nachlass ordnet. Selbstredend darf man solch einen medizinischen Härtefall dann nicht mit einer Fernbedienung und einer Tütensuppe allein seinem Schicksal und »Vera am Mittag« überlassen, um nicht in den Verdacht der Herzlosigkeit zu geraten. Nein, man muss ihm viel Zeit und Aufmerksamkeit widmen und dabei mehr Aufwand betreiben, als für die Versorgung einer ganzen Pflegestation notwendig wäre: Tee kochen, Kissen aufschütteln, Menüs zubereiten, Fieber messen und nicht lachen, wenn die Temperatur bloß 37,5 Grad beträgt, er aber mit schreckgeweiteten Augen tut, als würde er damit einen Hitzerekord halten. Dann: Gardinen im Halbstundentakt auf- und zuziehen, DVDs besorgen, Wadenwickel machen, Tageszeitungen und Comics kaufen – ausnahmsweise und nur weil er einfach zu schwach ist, um Dostojewski zu lesen. Die Flurklingel muss gedämmt werden, und natürlich darf man ihn nicht belehren, dass es aller Wahrscheinlichkeit nach keine Malaria ist. Die Aufregung – »Harmlos? Du hast ja keine

Ahnung. Das ist ja gerade das Tückische!« – würde seinen Zustand nur verschlimmern und wir könnten gleich nochmal unbezahlten Urlaub einreichen. Außerdem: Irgendwie ist ihm ja wirklich nicht zu helfen. Jedenfalls in dem Sinne, den Marie von Ebner-Eschenbach beschrieb: »Eingebildete Übel gehören zu den unheilbaren.« Welch ein Irrtum von Freud – der zweite nach der Behauptung, Frauen seien penisneidig –, uns als hysterisch zu bezeichnen. Die wahren Hysteriker sind männlich. Sie messen täglich Temperatur, fühlen stündlich ihren Puls und halten sich gelegentlich sogar selbst einen Spiegel vor den Mund, um zu kontrollieren, ob sie noch atmen.

Das wimmernde Häufchen Elend hat große Vorbilder. Meister der Selbstbeobachtung wie Caruso, Winston Churchill, Chaplin, Strawinsky, Glenn Gould und Harald Schmidt (»Ich habe mir schon überlegt, ob ich in den Bereich der Berufsunfähigkeit komme«), die beweisen: Es sind nicht gerade die Dümmsten, die sich die schlimmsten Krankheiten einbilden. Man braucht eine Menge Phantasie, um aus einem leichten Hüsteln eine Lungenembolie zu machen. Hat man aber erst mal eine Woche mit so einem Hypochonder verbracht, dann ist einem herzlich egal, wie hervorragend seine Eigenschaften sind. Wenn sie da im Bett nach der Fernbedienung schreien, die praktisch gleich neben ihnen liegt, sind alle Männer gleich: Mimosen, die ihren Pflegerinnen den letzten Nerv rauben.

Hat man zwischen Suppe kochen, Wadenwickel wechseln und stündlichen Versicherungen, dass man an einer Erkältung nicht stirbt, mal ein Minütchen Zeit, fragt man sich, woher sie eigentlich kommt, diese männliche Lust daran, noch das winzigste Wehwehchen zu einem Fall für die medizinische Forschung aufzubauschen? Und warum er sich, wenn er schon glaubt, dass seine Tage gezählt sind, so standhaft weigert, sein und unser Leiden zu lindern, indem er professionelle Hilfe sucht – also einen Arzt konsultiert? Das tut er nämlich nicht. Zum Arzt gehen ist für Männer wie nach dem Weg fragen: indiskutabel, weil das ja bedeuten würde, dass ein anderer mehr Ahnung hat als sie. Kurz: Sie haben ein Kompetenzproblem, und das hat Folgen. Die durchschnittlich sechs Jahre kürzere Lebenserwartung von Männern ist nur eine davon. Eine andere: Seine und unsere Lebensqualität, die durch ein beunruhigendes Stechen in der Herzgegend über Wochen doch sehr eingeschränkt ist.

Im Grunde könnte uns das ja schnuppe sein, wären wir nicht die eigentlichen Leidtragenden – im wahrsten Sinne des Wortes. Und das, obwohl Männer doch offenbar auch anders sein können: tapfer, hart, stoisch und weitgehend gefühlsimprägniert. Wer flog denn auf den Mond? Marschiert durch Wüsten? Bekämpft seine Wechseljahrebeschwerden mit Blondinen und Motorrädern? Benutzt im Sommer auch dann keinen Sonnenschutz, wenn er praktisch schon aussieht wie der Apostel Bartholomäus, nachdem man ihm die Haut abzogen hatte? Und wer hat den Ironman erfunden? Von Winnetou über John Wayne bis zu Arnold Schwarzenegger – nichts als Helden und Weltbeweger, die ihren Körper mit einer Nachlässigkeit behandeln, als würde er ihrem schlimmsten Feind gehören.

Es passt einfach nicht zusammen: Hier der Mann, der so mitleiderregend und ausdauernd schwächelt, als sei er im Hauptberuf Märtyrer und nicht etwa Buchhalter oder Bäcker. Dort der Stoiker, der klaglos Hirnschäden beim Faustkampf, Erfrierungen beim Bergsteigen, Herzinfarkt durch 16-Stunden-Tage riskiert. Da könnte sich einem der Verdacht aufdrängen, es ginge hier wieder mal nur um das Erschleichen von Dienstleistungen. Dass der Mann sich als Simulant freie Verfügungsgewalt über weibliche Aufmerksamkeit und frisch zubereitete Mahlzeiten erkränkelt. Aber es steht noch ein weiterer Lösungsansatz zur Verfügung:

Dass es im Männerkosmos tatsächlich zwei grundverschiedene Arten von Krankheiten gibt. Die, mit denen man nach außen hin Heldenmut zeigen kann. Die ordentlichen Männerkrankheiten, die im Kampf mit anderen, auf den zahlreichen Feldern der Männerehre, also auch auf Sportplätzen, erworben werden. Vor Zuschauern natürlich, die staunend verfolgen, was so ein echter Kerl alles erträgt, weil er hitze- und kältebeständig, reißfest, bissfest, trittfest und also wie eine Art lebende Teflonpfanne unkaputtbar ist. Die anderen, das sind die Schlappschwanzkrankheiten, solche wie Rückenschmerzen, Kopfweh, leichte Erkältungen. Seltsame Veränderungen, die sein Körper scheinbar selbsttätig produziert, ohne seinen Besitzer vorher um Erlaubnis zu fragen. Was an sich empörend genug ist. Glauben Männer doch wie weiland Siegfried, nachdem er ins Drachenblut fiel, weitgehend unverwundbar zu sein. Dazu besitzen diese Wehwehchen keinerlei Prestigewert. Schließlich kann sie jeder kriegen und mit ihnen lassen sich höchstens beim Kaffeekränzchen, aber sicher nicht am Tresen Achtungserfolge erringen. Das erklärt die medizinische Hochstapelei und weshalb sich Männer nicht mit der schlichten Diagnose »Schnupfen« zufrieden geben. Nein, es muss immer gleich ein bisschen mehr – also mindestens eine Nebenhöhlenvereiterung sein. Bei von ihnen als ehrenrührig empfundenen Leiden wie Haarausfall oder Impotenz verstummen sie dann gänzlich wie Helmut Kohl bei der Frage nach den Namen der Spender, die ihm zwischen 1993 und 1998 mal eben über zwei Millionen Euro zugesteckt haben.

Das wirft ein interessantes Licht auf die exorbitant hohe Verletzungsquote beim Fußball. Die mag für Arbeitgeber und Ehefrauen Fluch sein. Für die Spieler aber ist jede Wunde ein Nachweis praktizierter Männlichkeit, für das Zähnezusammenbeißen, das Ertragenkönnen von Schmerzen. Die Aggressivität des Spiels gilt für Spieler wie

Zuschauer als eine Art sekundäres Geschlechtsmerkmal, an dem sich die echten Kerle von den Mädchen unterscheiden. Ja, ja, sagen sie dann, Frauenfußball mag ja technisch brillant sein, aber es fehlt einfach das Wesentliche. Nämlich die Bereitschaft, sich im Luftkampf einen Arm auszukugeln oder sich das Schienbein vom Knöchel bis zum Knie aufschlitzen zu lassen. Und auch deswegen hat man manchmal das Gefühl, da sind nicht 22 Männer, sondern 22 Selbstmordattentäter auf dem Platz.

Wer mit einem Fußballer lebt, der tut deshalb gut daran, eine Ausbildung in Notfallmedizin zu absolvieren und – sollte der Gatte eher übergewichtig, Raucher und stressanfällig sein – am besten noch einen kleinen Defibrillator und ein Sauerstoffgerät für daheim anzuschaffen. Denn sogar vor dem Fernseher geben Männer alles – auch ihre Gesundheit. Wie bei der Europameisterschaft 1996, als die holländische Nationalmannschaft im Viertelfinale im Elfmeterschießen 5:4 von Frankreich geschlagen wurde. Wissenschaftler fanden heraus, dass dieser Krimi die Zahl der Herzinfarkte und Schlaganfälle allein in den Niederlanden um 50 Prozent ansteigen ließ und 14 Männer mehr starben als an gewöhnlichen Tagen. Ähnlich waren die Fußballfolgen auch bei der WM 1998. Allein in einem Krankenhaus in Edinburgh mussten 151 fußballbedingte Beschwerden behandelt werden, darunter ein Mann, der so laut geschrien hatte, dass er davon taub wurde. Ein kleiner Fisch in einem Ozean von Beinverletzungen, Verstauchungen, Zerrungen an den Knien, Muskelzerrungen an Oberschenkeln, gebrochenen, geborstenen, geknickten Knochen und Knöcheln, Bänderrissen, Gehirnerschütterungen, Platzwunden, ausgekugelten Gelenken, Prellungen – um nur einige zu nennen. Nicht zu vergessen, die Zähne, die bei diesem Sport eigentlich nur stören und entsprechend nachlässig behandelt werden. Man rechnet, dass in Europa 50 bis 60 Prozent aller Sportverletzungen und 3,5 bis 10 Prozent aller krankenhauspflichtigen Verletzungen auf Fußball zurückgehen. Frei nach der Devise: Und wenn morgen die Krankenkassenbeiträge erhöht werden, gehe ich heute noch zum Kicken. Kein Wunder, wenn manche Personalchefs beim Vorstellungsgespräch vorsorglich schon mal nach den Hobbys fragen und den aktiven Fußballfan stillschweigend aus dem Kreis der ernst zu nehmenden Kandidaten aussortieren. Bei den zu erwartenden Krankenständen, Invaliditätsfällen und Kuraufenthalten.

Sie sehen, es gibt gute Gründe, Männer zum Schwimmen zu schicken, weil das angeblich die sicherste Sportart ist. Aber dann müssten wir uns wieder anhören, dass wir rein gar nichts verstanden haben. Nichts vom Fußball und nichts davon, dass so ein Spielfeld gerade wegen der drohenden Gefahren für einen Mann ein herrlich sicherer, vielleicht sogar der sicherste Ort überhaupt ist. Frauen glauben ja immer, dass Männer keine Angst haben, jedenfalls nicht vor Drohungen: »Wenn du noch einmal die nassen Handtücher auf dem Boden liegen lässt, bin ich *wirklich* sauer.« Dabei ist die Liste dessen, was Männer erzittern lässt, ganz schön lang. Sie fürchten sich vor weiblichen Vorgesetzten, Beziehungsdiskussionen, Verantwortung, Vaterschaft, Haarausfall, vor dem ersten Mal, bei dem sein – vielleicht doch nicht – bestes Stück ihm den Dienst versagt, und davor, dass es dann nicht das letzte Mal gewesen sein könnte. Männer haben Angst, der Kollege könne schneller befördert werden, der beste Freund mehr Geld verdienen und dass seine Frau mehr Liebhaber vor ihm hatte, als sie zugibt. Sie schlottern bei der Aussicht auf den Ruhestand und 24 Stunden in Gesellschaft ihrer Frau. Sie fürchten Prostataprobleme, Wirtschaftskrisen, Autodiebstahl und dass ihre Kinder entweder erfolgreicher oder weniger erfolgreich werden als sie und dass sie eines Tages nach Hause kommen und ein Zettel auf der Anrichte liegt, auf dem steht: »Habe jemand Besseren gefunden! Essen ist im Kühlschrank!«

Das Leben eines Mannes – das ist so, auch und gerade weil man es ihnen nicht ansieht – ist jenseits der Stadien fast so angsteinflößend wie ein halbes Jahr Bagdad in einer amerikanischen Uniform. Und das Belastendste: Sie reden nicht drüber. Jedenfalls nicht ohne mindestens acht Gin-Tonic und dann meistens so undeutlich, dass man sie nicht versteht. Was ist dagegen schon ein Bänderriss? Ein vergleichsweise kalkulierbares Risiko in einem Leben voller Unbekannter, bei dem man heute nicht weiß, ob man morgen darin noch willkommen ist. Außerdem: Auf dem Platz kann man seine Widersacher klaglos attackieren, sie unflätigst beschimpfen und all das tun, was sich etwa im Job schon aus Gründen der Arbeitsplatzsicherung verbietet. All das sollten Mütter bedenken, die ihre kleinen Lieblinge nicht in den nächsten Fußballverein geben wollen, weil es dort doch »viel zu brutal« zugeht. Nur weil Frauen nicht mit Blutgrätschen kämpfen, bedeutet es noch nicht, dass die Methode schlecht ist. Im Gegenteil. Wie Lynnette in »Desperate Housewives« wäre es doch manchmal ganz erfrischend, man könnte eine Kontrahentin, wenn schon nicht auf den Fußballplatz, dann doch wenigstens vor die Tür bitten.

Die Begeisterung für die blutigen Aspekte des Spiels hat also durchaus gute Gründe. Ebenso wie die Verehrung all jener, die sich durch besondere Ignoranz der Tatsache hervorgetan haben, aus Fleisch und Blut zu sein. Es gibt sogar eine regelrechte »Hall of Fame«, eine ewige Bestenliste der schlimmsten Verletzungen. Eine Spitzenposition hält hier der auf 20 Zentimeter (manche sprechen gar von 30 Zentimetern) aufgeschlitzte Oberschenkel von Ewald Lienen. Der Schnitt, der dem Arminia Bielefeld-Spieler von einem Werder Bremen-Kontrahenten mit dessen Stollen beigebracht wurde, ging so tief, dass Lienens Muskel fast wie ein noch lebendes Ausstellungsstück von Körperwelten aussah. Und natürlich Bert Trautmann, der im Pokalfinale von 1956 mit angebrochenem Halswirbel weiterspielte. Nicht zu vergessen Robert Schlienz, einer der besten Spieler, die der VfB Stuttgart je hatte, und ein Meister des Zähnezusammenbeißens. Er verlor bei einem Autounfall 1948 den linken Arm bis zum Ellenbogen und war bereits drei Monate später wieder aktiv. Mit anderthalb Armen bestritt er für den VfB bis 1958 dann noch insgesamt fast 400 Spiele und wurde sogar von Sepp Herberger in die Nationalmannschaft berufen. Der frühere Arsenal-Stürmer Ted Drake behielt zwar seine Gliedmaßen, brach sich aber während eines Matches gleich beide Handgelenke und hielt trotzdem bis zum Schlusspfiff durch. Von ihm hieß es sogar, dass er jedes Mal, wenn er verletzt wurde, noch wilder spielte, so entstand ein richtiger Mythos, der in dem Satz: »Gott stehe seinen Gegnern bei, wenn Drake sich je ein Bein bricht« gipfelte.

Die Ahnenreihe der Gesundheitsverachter ließe sich beliebig fortsetzen: mit dem tschechischen Torwart František Planicka, der 1938 gegen Brasilien immerhin eine ganze Halbzeit mit gebrochenem Arm spielte; mit Beckenbauer, der trotz einer fiesen Schulterverletzung nach einem Foul von Facchetti im WM-Halbfinale von 1970 weitermachte, weil Deutschland nicht mehr wechseln durfte, mit dem blutverschmierten Stirnverband von Dieter Hoeneß im DFB-Pokalhalbfinale 1982, mit dem er trotzdem noch ein Kopfballtor erzielte, mit Matthias Sammer, der trotz getackerter Platzwunde auf der Stirn nicht vom Platz ging, und mit Oli Kahn, der 2003 beim Champions League-Auftakt gegen Celtic Glasgow wegen einer schweren Augenentzündung praktisch blind im Tor stand.

Frauen würden das Irrsinn nennen oder doch wenigstens als sicheres Indiz für zu viele Kopfbälle nehmen. Für

Männer aber sind das Vorbilder, denen sie eifrig nacheifern. Deshalb zucken sie nicht mal mit der Wimper, wenn sich ihnen wie Ditmar Jakobs vom Hamburger SV 1989 der Haken in den Rücken bohrt, der eigentlich das Tornetz halten sollte. (Erst nach 20 Minuten konnte er aus dieser Lage befreit werden.) Jedenfalls auf dem Platz und vor Publikum. Nur daheim, da werden sie dann zimperlich, sind zu schwach, eine Teetasse zu halten, von schwereren Dingen wie Spülbürsten oder Säuglingen ganz zu schweigen. »Männer spielen bei harmlosen Sachen den sterbenden Schwan, weil sie eine Chance sehen, sich gehen zu lassen, ohne an Gesicht zu verlieren«, erklärt uns der Oxforder Zoologe und Verhaltensforscher Desmond Morris diese seltsame Metamorphose. Und weiß noch mehr mildernde Umstände: »Das Steinzeitprogramm sieht vor, dass uns im Kampfgetümmel und im Jagdfieber so viel Adrenalin durch die Adern kreist, dass wir selbst schwere Verletzungen zunächst kaum fühlen. Andernfalls hätte der Jagderfolg auf dem Spiel gestanden und damit die Ernährung der Familie.« Meint: Der Mann ist darauf programmiert, nur in Gefahrensituationen – also wenn ihm jemand den Ball abnehmen will und nicht etwa bei der Blutentnahme, mit einer leichten Erkältung oder bei der Bewältigung der Hausarbeit – tapfer zu sein. Das erklärt die selten dämlichen Verletzungen, die mancher Fußballprofi im Alltag erleidet. So der irische Nationalspieler Robbie Keane, der sich 1998 bei dem Versuch, die Fernbedienung zu erreichen, einen Bänderriss zuzog, oder der dänische Torwart des FC Liverpool, Michael Stensgaard, der eine Schulterverletzung erlitt, als er versuchte, ein umfallendes Bügelbrett aufzufangen. Zudem wurde in einem Experiment nachgewiesen: Wenn Männern ein heldenhafter Umgang mit Schmerzen durch andere Personen vorgespielt wird, dann jammern sie weniger. Was für die Vorbildfunktion von Kahn & Co. spricht und dafür, einem verschnupften

Mann »Rambo I« zu zeigen, und zwar die Stelle, an der sich Sylvester Stallone selbst operiert und am Schluss die Wunde vernäht, damit der Patient daheim endlich aufhört zu greinen. Man könnte auch Jennifer Lopez einladen, weil das gleiche Experiment zu dem Ergebnis kam, dass Männer dann weniger schmerzempfindlich sind, wenn eine attraktive Frau in der Nähe ist. Das nur, falls »Schau mich gefälligst an!« die Stauchung nicht behebt.

Aber das wird voraussichtlich nichts nützen. Genauso wenig, wie die strenge Aufforderung, beim Spiel etwas vorsichtiger zu sein, und sich nicht mit Jungs anzulegen, die größer sind und Stollen tragen, oder es ihm zu verbieten, gegen Torpfosten zu rennen oder seine Knochen, die eigentlich schon vor fünf Jahren zu alt waren für diesen Sport, noch weiter ins Elend zu stürzen. Ein Mann braucht beides: die Todesverachtung beim Spiel und die Mutation zum Dreijährigen daheim. Und schließlich: Auch uns würde etwas fehlen. Ohne den heldischen Einsatz, den er auf dem Platz zeigt, und ohne seine Wehleidigkeit. Ersteres, um ihn zu bewundern. Letzteres, um ihn zu bemuttern. Zu einem richtig schönen Männerleid gehören nämlich immer zwei: Die Memme mit den schmerzverzerrten Zügen und die ihm angetraute Florence Nightingale. Denn mal ehrlich: Kränkelnde Männer sind für Frauen eine durchaus willkommene Gelegenheit, das Ruder zu übernehmen. Schließlich lassen sich Männer bekanntlich wenig sagen. Jedenfalls, wenn sie gesund sind. Sie müssen schon ein bisschen schwach sein, damit wir sie ganz unter unsere Fuchtel nehmen können. Da regt sich sofort das Kümmergen und wir sind gerührt, wie er uns mit zitternden Händen sein leeres Glas entgegenstreckt und wir ihm allein mit der Beschaffung des »Kettensägenmassakers« sein Leben – wenigstens für zwei Stunden – retten können. Auch der erfreuliche Umstand, dass er es kaum mehr allein in die Badewanne schafft, weil er sich einen Muskel gezerrt hat, vermag auf eine ansonsten nicht gerade mit Anerkennung verwöhnte Frau ungemein bestärkend zu wirken.

Im Grunde sind leidende Männer also nur zuvorkommend, ihre diversen Krankheiten ein reiner Akt der Höflichkeit, geboren aus dem Wunsch, unser Selbstbewusstsein zu stärken und uns das Gefühl zu geben, dass wir nicht ganz nutzlos sind. Daran sollten wir ganz fest denken, wenn er bei leichtem Unwohlsein mal wieder anfängt, sein Testament zu schreiben. Dann versprechen wir ihm natürlich, dass seine Plattensammlung an seinen besten Freund geht und seine Asche über der Bucht von San Francisco verstreut werden wird. Wir wollen doch, dass er bald wieder gesund wird, damit wir ihn nicht umbringen müssen. Trösten wir uns damit, dass es Schlimmeres gibt, als am Wochenende eine chirurgische Ambulanz zu betreiben. Der wirkliche Super-GAU ist nämlich, wenn ein passionierter Freizeitkicker gar nicht mehr spielen kann, weil ihn die typischen Maläsen seiner Zunft – Arthrose, Meniskus- und Kreuzbandschäden – in die Frühverrentung zwingen. Anderen das Feld zu überlassen ist die wohl schlimmste Verletzung, die ein Mann sich beim Fußball zuziehen kann, weil es dafür leider nun wirklich kein Trostpflaster gibt. Nicht mal selbst gekochten Schokoladenpudding.

Die dümmsten Bemerkungen, die sie während einer Fußballübertragung machen kann:

- Warum kriegt nicht jeder einen Ball? Dann brauchten die sich doch nicht mehr zu streiten?

- Wieso haben die so komische Dinger an den Schuhen? Ist das, damit der Rasen Luft bekommt?
- Doppelpaß? Wozu braucht der zwei Staatsbürgerschaften?
- Ich finde ja, der Bessere sollte gewinnen!
- Die Shirts sind aber echt süß. Meinst du, das würde mir auch stehen?
- Was soll ich zur Fußballübertragung anziehen?
- Die Hauptsache ist doch, es macht Spaß!
- Warum spielen eigentlich keine Frauen mit?
- Dass Männer immer so brutal sein müssen.
- Was ist eigentlich, wenn der Tormann mal aufs Klo muss?
- Welche sind nochmal unsere?
- Wieso »Raumdeckung«? Die spielen doch draußen!

Kapitel 7
Fußballphilosophie für den Beziehungsalltag

»Das Fußballspiel ist nicht die Fortsetzung des Lebens, sondern das Leben ist die Fortsetzung des Fußballspiels«, schrieb Ror Wolf einmal weitsichtig. Meint: Was sich in der langen Geschichte des Spiels an Weisheiten, Erkenntnissen und Erfahrungen herauskristallisierte, lässt sich wunderbar auf die Liebe übertragen. Das ist nicht nur nützlich. Das ist Notwehr. Weil einzig von Männern erfundene Sätze wie »Von Anfang an Druck machen« es noch schaffen könnten, bis ins männliche Bewusstsein – diese für uns gewöhnlich unerreichbare Region – durchzudringen. Und weil all die Leitsätze des Fußballs eine Alternative zu den Beziehungsratgebern sind, die Männer ohnehin nicht lesen (– übrigens eine von vielen Ursachen für die ständigen Missverständnisse zwischen Frau und Mann). Mangels Fortbildungslektüre haben Männer nämlich oft nicht den geringsten Schimmer, wovon wir eigentlich reden, wenn wir – angeleitet durch kluge Beipackzettel zum besseren Lieben – an unserer Partnerschaft arbeiten, den Mann verbessern oder die Leidenschaft aufpolieren wollen. Müde winken sie ab, wenn man ihnen erklärt, dass eine partnerschaftliche Teilung des Haushalts auf die Beziehungsdauer Wunder wirkt, und verständnislos blicken sie einen an, wenn man »konstruktiv« streiten will, statt wie sie planlos aus der Haut zu fahren. Unbelehrbar brüllen sie: »Hast du noch alle Tassen im Schrank!«, statt uns –

wie es im Lehrbuch steht – in der »Ich-Form« und in aller Ruhe darauf aufmerksam zu machen, wie traurig sie darüber sind, dass wir ihren Trainingsanzug zur Altkleidersammlung gegeben haben. Männer haben schließlich genug damit zu tun, die 4360 Stunden Fußball, die jährlich im Fernsehen gezeigt werden, mit ihrem Beruf zu koordinieren. Da wollen sie nicht noch an ihrer Beziehung arbeiten müssen.

Es ist, als wollte man einem Blinden den Regenbogen erklären: Nichts als Ablehnung, Ahnungslosigkeit, passiver Widerstand gegen das, was wir als das Existenzminimum einer glücklichen Verbindung betrachten: ständiges Streben nach Vollendung. »Seht her, ich atme, ich esse, ich habe dir den Computer installiert und dir vor fünf Jahren meine Liebe erklärt. Das muss reichen«, sagt der Mann und findet, dass er allein dafür eine Medaille verdient hat. Gottes Geschenk an die Frauen!

Natürlich muss man neidlos anerkennen, dass Männer in den letzten paar tausend Jahren blendend damit gefahren sind, sich jeder emotionalen Horizonterweiterung zu verweigern. So konnten sie im Zweifel immer vorgeben, sie hätten keine Ahnung, wie man eine Frau glücklich macht und dass ihnen vorher einfach niemand gesagt habe, wie wichtig es ist, den Frühstückstisch abzuräumen. Lief doch auch so ganz wunderbar. So braucht man sich eigentlich gar nicht zu wundern, wenn heute – 30 Jahre nach »Der kleine Unterschied« von Alice Schwarzer – der Anteil der Männer, die Erziehungsurlaub nehmen, noch niedriger ist als der Fettanteil einer Magerquarkpackung und sie nichts dabei finden, für gleiche Arbeit mehr Lohn, mehr Aufmerksamkeit, mehr Rücksichtnahme und Schonung zu erwarten. Die weibliche Bilanz dagegen sieht – trotz oder vielleicht sogar wegen all dem Engagement und aller Bereitschaft, an uns und an unseren Beziehungen zu arbeiten – dagegen nicht ganz so gut aus. Wir haben zwar mittlerweile eine Menge Männerarbeit übernommen, machen Steuerklärungen, sind Kanzler, wechseln Reifen, renovieren Wohnungen und erziehen nebenbei die Kinder. Doch in der gleichen Zeit haben Männer nicht etwa auch mehr Arbeiten übernommen, um uns zu entlasten, sondern im Gegenteil Leistungen gekürzt. Heute sagen sie: »Wenn du so emanzipiert bist, kannst du dein Auto auch selbst waschen«, und schauen reglos zu, wenn wir uns im ICE ganz allein mit einem Gepäckstück in XXL abmühen.

Natürlich könnten wir jetzt unsererseits ein bisschen Energie sparen, endlich nicht mehr für ihn mitwaschen und ihm schonend beibringen, dass sich Betten nicht von selbst beziehen, wie er seit 36 Jahren glaubt. Aber das wäre irgendwie zu einfach für Frauen. Die streben nach Höherem, jedenfalls in der Liebe, und machen es sich deshalb besonders schwer. Sie wollen nicht bloß, dass Männer das Ihrige zum Zusammenleben beitragen. Nein, sie wollen, dass Männer ihnen gern und aus Liebe die Spülbürste aus den Händen reißen. Aber wer spült schon gern und aus Liebe? Die meisten tun es, weil das Geschirr schmutzig ist. Kein Wunder, wenn sich das weibliche Bemühen um die Verbesserung des Liebesklimas bislang umgekehrt proportional zum Ertrag verhielt.

Aber jetzt die Hoffnung aufzugeben, gar nichts mehr zu tun und einfach dabei zuzusehen, wie sich die Wohnung mit einer feinen Staubschicht überzieht, wie er mit einem T-Shirt zur Arbeit geht, das eigentlich auch als Speisekarte durchgehen könnte, oder seine Turnschuhe in der Küche überm Waschbecken vom gröbsten Schmutz reinigt, natürlich ohne vorher das ungespülte Geschirr zu entfernen, ist auch keine Alternative. Klar, könnte man endlich aufhören darüber nachzugrübeln, weshalb ein Mann zwar Toto tippen, aber keinen Liebesbrief schreiben kann. Warum er sich an das Tor im Viertelfinale 1986 zwischen

Was Männer leider nur beim Fußball sagen:

- »Ich mache immer das, was mir gesagt wird.« (Jens Jeremies)
- »Das sinnliche Vergnügen an dem runden Gegenstand, das ist immer noch da.« (Otto Schily)
- »Ich sage nur ein Wort: Vielen Dank!« (Andreas Brehme)
- »Die Schuhe müssen zum Gürtel passen.« (Lothar Matthäus)
- »Gerade zu Hause liegt unsere Heimstärke.« (Carsten Ramelow)
- »Wir müssen von der ersten Sekunde an voll wach sein und das dann bis zur neunzigsten durchhalten.« (Giovane Elber)
- »Die biologische Uhr tickt und geht auch an mir nicht vorbei.« (Lothar Matthäus)
- »Eigentlich bin ich ein Supertyp. Aber ich kann wohl auch ein richtiger Arsch sein.« (Mario Basler)
- »Was meine Frisur betrifft, da bin ich Realist.« (Rudi Völler)
- »Ein Profi muss sich kontrollieren können und umsichtig mit dem Ejakulat umgehen.« (Santiago Canizares)

Argentinien und England erinnert, das Maradona umspielt von sechs Engländern sozusagen im Alleingang schoss, aber schon mal vergisst, sein eigen Fleisch und Blut aus dem Kindergarten abzuholen. Warum er zwar klaglos vier Stunden zu einem Auswärtsspiel fährt, aber jammert, als hätten wir ihn zu einem dreitätigen Gepäckmarsch durch die Sahara gezwungen, wenn er mal eine Stunde mit uns spazieren geht. Aber was hätte man dann noch? Nicht mal mehr Hoffnung und einen Mitbewohner, der weniger zum gemeinsamen Leben beiträgt als die Putzfrau.

Besser ist, ihm die vielen Dinge, die das tägliche Zusammenleben belasten, auf eine ihm plausible Art und Weise zu erklären. Indem man nutzt, was beim Mann anscheinend ähnlich gut funktioniert wie die Klingel beim Pawlow'schen Hund: die Leitsätze des Fußballs. Die haben sich wie das Goldnugget aus dem Sand des Klondike schließlich in mühsamen Jahrzehnten des Schürfens nach Wahrheit im Fußball und also im Männerkosmos herauskristallisiert und dort tausendfach bewährt. Warum sie also nicht übernehmen, die kurzen Anweisungen, die übersichtlichen Philosophien und die gleichermaßen schlichten, aber gerade deshalb so verblüffend wirksamen Regeln? Die Gebote, mit denen der Mann, wie weiland Moses vom Berg, von seinen Stadionbesuchen heimkommt? In ihnen steckt viel Wahrheit und die große Chance, Männer doch noch dazu zu bringen, nicht mehr nur auf dem Fußballplatz anders, also folgsamer, ansprechbarer und aufmerksamer zu sein.

Von Anfang an Druck machen

Ein kluger Satz, den Frauen sich nicht oft genug vorsagen können – also etwa 200-mal am Tag. Vor allem, wenn Sie von Liebeshormonen und von der Aussicht verblendet sind, endlich den einen gefunden zu haben, der Sie von Tiefkühlpizza und Singlepartys erlöst. Dann haben alle Frauen plötzlich blaue Augen und fangen wieder an, an

Märchen zu glauben, also an Männer, die keine anderen Interessen verfolgen, als uns hauptberuflich glücklich zu machen. Niemals, davon ist man überzeugt, wird es mit diesem herrlichen, hinreißenden, anbetungswürdigen und schönen Mann, den man gerade kennen gelernt hat, Konflikte um lächerlichen Alltagskram geben. Er ist doch ein Seelenverwandter, ein Wunder, ein Hoffnungsschimmer, ein Freund und ein Geliebter, der nur eines will: Uns auf Händen tragen. Sagt er jedenfalls gelegentlich, reden wir uns dauernd und mit Erfolg ein. Wer will am Anfang einer Liebe ständig misstrauisch sein? Schnöde Regeln aufstellen und eindeutige Warnhinweise geben: »Der Genuss dieser Frau könnte zu teuren Restaurantbesuchen, aufwändigen Urlaubsreisen und dem Abschied von Ihren exquisiten HSV-Postern führen!« Schließlich hat man genug damit zu tun, den Rosarotanteil im Leben konstant auf 100 Prozent zu halten. Da kann man nicht noch andauernd vernünftig sein.

In der weiblichen Vorstellung ist Romantik ja ohnehin genau das Gegenteil von Kalkül, von Vorsorgemaßnahmen – »Nein, ich glaube, ich will auch nicht in zehn Jahren zu deinen Eltern ziehen!« –, von Entschiedenheit und dem fleißigen Aufbau von Grenzpfosten: »Bis hierhin und nicht weiter!« »Alles fließt«, lautet frei nach Heraklit plötzlich die Devise, und viel von dem, was vor dem Liebestaumel noch feste Überzeugung war – »Nie würde ich meinen Job aufgeben!« – ist nun verhandelbar. Zu kostbar erscheint die Aussicht, die Zukunft teilen zu dürfen, zu selten das Ereignis »Ich habe mich total verliebt!«. Verstehen kann man das ja und sicher meinen es etwa 85 Prozent aller Männer nur gut und vollkommen ernst, wenn sie einem das Blaue vom Himmel versprechen. In diesem Moment jedenfalls und solange man nicht nachfragt: »Was bedeutet das eigentlich genau, wenn du sagst, dass du *alles* für mich tust? Wirst du mir also auch abends, wenn ich erschöpft von der Arbeit komme, die Füße massieren? Mir morgens Kaffee kochen? Bemerken, wenn ich eine neue Frisur habe? Wenn keine Milch mehr im Kühlschrank ist, welche nachkaufen und nicht annehmen, dass das zur weiblichen Arbeitsplatzbeschreibung gehört? Mich fragen, bevor du mir die Fernbedienung aus der Hand nimmst und mir einfach den Film wegschaltest, den ich gerade schaue? Mich in luxuriöse Restaurants ausführen und so viel Trinkgeld geben, dass wir uns auch ein zweites, drittes und viertes Mal dort sehen lassen können, ohne dass man uns in der Küche ins Essen spuckt?« Dann würden sich nämlich sicher ein paar kleine, aber wesentliche Relativierungen in seine vollmundigen Versprechungen schleichen, und das würde etwa so aussehen: »Also, ich liebe dich wirklich sehr und würde alles für dich tun. Außer vielleicht an Montagen und am Wochenende, weil ich da im Verein oder am Fernsehen oder am Radio bin. Natürlich geht es auch nicht, wenn gerade Champions League, Bundesliga, WM, EM und Schlammcatchen läuft, ich für das, was du von mir erwartest, Freizeit opfern müsste oder Karriereaussichten oder mein Ansehen bei meinen Freunden oder bei meinen Kollegen oder bei meiner Familie. Es kommt also für mich beispielsweise nicht in Frage, meinen beruflichen Erfolg zurückzustellen, gar auf Teilzeit zu gehen, nur damit ich mehr Zeit mit meiner Familie verbringe. Oder dich zu Elternabenden zu begleiten, wenn ich neue Computerspiele ausprobieren oder mit meinen Kumpels um die Häuser ziehen kann. Da muss ich einfach Prioritäten setzen. Und wenn du meinst, es sei wichtig für dich, dass die Wäsche im Schrank hängt, statt über Stühlen oder auf dem Boden zu liegen, dann ist das deine Sache. Ich werde mich da ganz bestimmt nicht einmischen. Und noch etwas: Schick mich bloß niemals Tampons kaufen! Aber ansonsten tue ich natürlich alles für dich – donnerstags zwischen 17 und 17.15 Uhr.« Sollten

Männer jeweils zu so viel Wahrheitsliebe gezwungen werden, die Liste all der Dinge, die nicht in »Ich liebe dich!« inklusive sind, könnte sogar länger werden als das Gesicht von Udo Jürgens, als er merkte, dass nicht nur Frauen altern.

Da Frauen es aber irgendwie für ihre seelische Balance brauchen, zumindest am Anfang einer Beziehung anzunehmen, Männer seien vom Sternzeichen »Lämmlein« und bereit all das zu tun, wovon Frauen träumen, hoffen sie, dass Zeit und Liebe alles von ganz allein regeln. Wir denken: Mag ja vielleicht sein, dass der Mann *jetzt* glaubt, ein Haushaltsgerät nicht von einem Airbus unterscheiden zu können. Aber in einem Jahr wird er so hingerissen davon sein, dass er sich am liebsten die Gerätenummern auf den Arm tätowieren lassen würde. Kurz: Gegen den Optimismus, den Frauen in Sachen männliche Belehrbarkeit und Flexibilität an den Tag legen, wirkt die Hitparade der Volksmusik so munter wie ein Selbstmordkommando. Wohlwollend nimmt man an, dass Männer am Anfang einer Beziehung emotional genauso wenig bei Trost sind wie man selbst und entsprechend genauso wenig zurechnungsfähig. Doch während wir gemütlich Zeit mit der Hoffnung verstreichen lassen, unser Liebster würde schon nichts tun, was gegen unsere Bedürfnisse gerichtet ist, und in der Annahme, der Mann sei so leicht lenkbar wie ein Tretroller, beschäftigt der sich damit, ureigenste Interessen zu verfolgen und das Bestmögliche für sich herauszuholen. Das beginnt meist mit lauter unauffälligen Kleinigkeiten: Dass nicht er aufsteht, wenn das Telefon klingelt. Dass er die Beschaffung von Geburtstags- und Weihnachtsgeschenken für seine Familie ihr und ihrem guten Geschmack überlässt. Dass sie die Wäsche in die Reinigung bringt, weil das ja auf ihrem Weg zur Arbeit liegt, und dass man ihn besser nicht in die Küche lässt, weil er es schafft, allein für das Erhitzen einer Raviolidose fünf Töpfe und ein Sieb dreckig zu machen. Dass es ihm nicht zuzumuten ist, sich an mehr als maximal drei Artikel aus dem Haushalt zu erinnern, die sofort beschafft werden müssen, und dass er unmöglich Baumwolle von Wolle unterscheiden und deshalb auch die Waschmaschine nicht bedienen kann. Es sei denn, sie will riskieren, dass er ihre Pullis auf 80 Grad erhitzt.

Zusammengenommen ergibt das ein ganz hübsches Paket an Leistungsverweigerungen, dessen wahre Ausmaße Frauen aber meistens erst erkennen, wenn es größer ist als Asien. Jetzt das Ruder zu den eigenen Gunsten herumzureißen – plötzlich mit Erziehungsmaßnahmen zu beginnen, streng zu werden, unnachgiebig, schmallippig –, das wird entsetzlich schwer. Schon viel zu lange bestimmt er das Spiel und der Aufwand, den man betreiben müsste, um die einmal abgesteckten Claims zu verändern, ihn also dazu zu bringen, seine Schuhe selbst zu putzen, ist nach ein paar Jahren ungleich höher, als hätte man sofort gesagt: »Schuhe polieren? Ich? Was kommt als Nächstes? Soll ich dir vielleicht noch die Nase putzen?«

Nein, Männern darf man da keinen Vorwurf machen. Wer würde schließlich nicht mit beiden Händen zugreifen, wenn sich die Gelegenheit ergibt, leichte Siege zu feiern, wenn einem die perfekten Vorlagen für die vielen Tore praktisch in den Schoß gelegt werden? Wenn man mit Chancen, sich von Hausarbeit und anderen Unannehmlichkeiten zu befreien, geradezu überhäuft wird und der Gegenspieler außerdem manchmal sogar noch so nett ist, ein paar fette Eigentore zu schießen, nur damit sich die andere Seite überlegen und als Held fühlt? Klingt hart? Eher nüchtern. Immerhin wollen in Beziehungen zwar beide nur das eine: auf ihre Kosten kommen. Aber die Durchsetzung dieses Ziels scheint dem einen eben besser zu gelingen als dem anderen. So einfach ist das. Deshalb sollte man frühzeitig überlegen, wie man da einen fairen

Interessenausgleich findet. Und vor allem darf man keine Angst davor haben, dass Männer einen irgendwie als zu anspruchsvoll oder zu übergriffig und damit unweiblich empfinden. Männer schätzen ein faires und hartes Spiel und finden kaum etwas öder als jemanden, der freiwillig und ohne jegliche Gegenwehr die Waffen streckt, sich also widerstandslos überrollen lässt. Das ist langweilig, unspannend, etwas für Memmen und Leute, die sich nur mit Schwächeren prügeln. Männer, die echte Kerle sind, finden so etwas zu Recht ziemlich peinlich.

Warum sie dann nicht sagen: »Schatz, ich finde es nicht gut, dass du immer das Essen machst, lass mich doch mal!«? Oder: »Ich habe da eine total süße Tasche gesehen, die würde wunderbar zu deinem neuen Kostüm passen«? Ganz einfach, weil sie auch umgekehrt etwas Widerstand leisten müssen. Es darf eben auch in Beziehungen nicht so sein, als würde sich die Verteidigung geschlossen eine kleine Kaffeepause gönnen und den Torwart gleich mitnehmen. Ein bisschen Geplänkel gehört einfach dazu. Es erhöht die Spannung und damit den Reiz. Übrigens auch erotisch. Es gibt viele Gründe, weshalb es dumm ist, in allem und jedem nachzugeben. Männer wollen gar nicht in einer Art Pflegeanstalt leben. Sie möchten – jedenfalls die meisten – nicht so behandelt werden, als wären sie zu schwach, einen Teller in die Hand zu nehmen, zu blöde, die Spülmaschine auszuräumen, und zu minderbemittelt, einen Einkauf zu erledigen. Klar versuchen sie, genau diesen Eindruck zu erwecken – aber das ist Teil ihrer Taktik. Ein Versuchsballon. Sonst nichts. Natürlich ist es legitim, sich etwa mit »Ich glaube, ich habe vergessen, wo der Supermarkt ist« vorm Einkaufen drücken zu wollen. Genauso legitim aber ist es zu antworten: »Hier hast du einen Kompass und Proviant – falls wir uns nicht mehr wiedersehen: Ich habe dich sehr geliebt!« Und sagt er: »Das mit dem Erziehungsurlaub besprechen wir am besten, wenn es soweit ist. Im Prinzip aber habe ich nichts dagegen, dass ich ihn nehme!«, dann lassen Sie sich nicht abwimmeln und sich genau erklären, was »im Prinzip« heißt, und überlegen Sie, ob Sie damit einverstanden sind. Warten Sie nicht, bis die Situation da ist, und bauen Sie auf keinen Fall auf »Das kriegen wir schon hin, wenn es soweit ist«. Wenn Männer »wir« sagen, meinen sie selten sich. Und seien Sie besonders vorsichtig mit Dienstleistungen. Sicher, am Anfang will man seinen kostbaren Schatz nach Kräften verwöhnen. Aber das sollte ganz klar als Ausnahme deklariert werden. An nichts gewöhnen sich Männer schneller als an regelmäßiges Essen, an Nachgiebigkeit und an Dienstleistungen. Ohne allerdings dankbar dafür zu sein oder all die Emsigkeit mit wachsendem Begehren, Respekt oder Dankbarkeit zu honorieren. Für einen Mann wird man schnell zum gesichts- und geschlechtslosen dienstbaren Geist, wenn man alles um ihn herum so perfekt organisiert, als wäre er Ehrengast in einem Fünf-Sterne-Hotel. Also: Machen Sie lieber von Anfang an Druck – das wird ihm gefallen, erhöht den Reiz und trägt außerdem viel zu Ihrer Entlastung bei!

Sonderfall: Der innere Schweinehund

Natürlich gibt es Frauen, die für einen Mann grundsätzlich nichts verändern. Das lohnt sich nicht und das ist ihnen die Sache nicht wert, weil – das sagt schließlich auch die Statistik – die Liebe ohnehin von vornherein zum Scheitern verurteilt ist und man es eigentlich nur deshalb trotzdem mit einer Beziehung versucht, um allen zu beweisen, dass es nicht klappen kann. Schon weil die Liebe besonders für Frauen mehr Gefahren birgt als ein Tag im Raubtierkäfig: Verlust der Autonomie, Abschied vom Selbstbewusstsein und der Möglichkeit, fünf Folgen »Desperate Housewives« am Stück zu gucken, ohne dass der Mann neben einem aussieht, als würde er gleich anfangen zu heulen. Deshalb finden es diese Frauen nur angebracht, von Anfang an klare Regeln aufzustellen, von denen die erste und oberste lautet: »Bilde dir bloß nicht ein, dass ich deinetwegen irgendetwas ändere! Oder faule Kompromisse schließe oder für dich koche!« Alles soll so bleiben wie es ist: ihr Alltag, ihre Eigenheiten, ihre Macken und ihre Rituale. Der neue Mann soll halt selbst zusehen, wo sich in diesem voll möblierten Leben noch ein Plätzchen für ihn findet. Sie jedenfalls macht ihm garantiert keines frei.

»Ich gebe doch meine Unabhängigkeit nicht für einen Mann auf«, lautet die Schutzbehauptung und man sonnt sich in dem Gefühl, sozusagen Speerspitze der Emanzipation zu sein. Ein Irrtum! Dies Beharren und Festhalten an Gewohntem ist nicht etwa mutig, zukunftsweisend, selbstbewusst, sondern in ihm offenbart sich eine kleine, verzagte und ziemlich gekränkte Seele, deren Eigentümerin eigentlich ohnehin nicht an den Erfolg von Liebesgeschichten glaubt – jedenfalls nicht, wenn sie die Hauptrolle darin spielt. Fest davon überzeugt, einen Mann nicht lange genug an sich binden zu können, um größere Umräumarbeiten auf der Ablage im Bad und die Anschaffung einer zweiten Zahnbürste zu rechtfertigen, fängt man eben erst gar nicht damit an. Und gibt das Ganze dann als Unabhängigkeitserklärung aus. Wenn es dann – natürlich – wieder mal schief geht, braucht man wenigstens nicht wieder alles umzustellen und sieht sich – was fast noch besser ist – wieder mal in seinem Weltbild bestätigt: Für einen Mann lohnt es einfach nicht, eine Vase auch nur für fünf Zentimeter von ihrem Stammplatz zu verrücken. Von größeren Veränderungen wie etwa dem Umbau von überholten Überzeugungen, von Zeitplänen und Lebenszielen ganz zu schweigen. Das Problem: Wer sich immer wieder sagt: »Das wird sowieso nichts!«, wer sich mit Witzen wie: »Was ist ein toter

Mann auf dem Meeresgrund? Ein Anfang!« aufmuntert, der macht sich selbst den größten Druck und braucht eigentlich keine weitere Hilfe – nicht mal eine männliche –, sich das Leben zur Hölle zu machen.

Den Gegner nicht unterschätzen

Nein, damit sollten wir eigentlich gar nicht erst anfangen! Längst sind Männer keine Gegner mehr, sondern Partner, also grundgute, uns rundum freundlich gesinnte Menschen, deren ganzes Streben dem Ausgleich gilt, der fairen Verteilung von Pflichten und Lasten. Sie trotzdem als Feinde oder wenigstens Konfliktpartner zu betrachten, grenzt deshalb nicht nur an Hysterie, sondern macht ziemlich alt. Sofort gilt man als »Emanze«, muss also entweder weit vor 1960 geboren oder so hässlich sein, dass einem nichts anderes übrig blieb, als sich durch Renitenz Aufmerksamkeit zu verschaffen. Und wer will das schon? Die meisten Frauen unter 40 auf gar keinen Fall. Und sowieso würde man lieber tot über einem Zaun in Los Angeles hängen, als sich wie Alice Schwarzer neben Verona Früher-Feldbusch-Jetzt-Pooth bei Kerner die Blöße zu geben und über Sexismus zu lamentieren. Da könnte man sich ja gleich ein Schild umhängen, auf dem steht: »Frustrierte Kampfhenne!« Und außerdem: Wozu kämpfen, anklagen und zickig werden, wenn man seine Ziele ganz souverän meistern kann? Mit Gelassenheit, Bildung, einem Beruf oder wie Frau Feldbusch mit einem makellosen Dekolleté – und der Überzeugung, dass Männer längst anders sind? Nichts ist schlimmer als dieses schrecklich verstaubte Klischee vom Supermacho, den Kastrationsängste plagen, sobald er bloß an eine Frau am Steuer seines Porsche denkt. Einer der glaubt, Frauen sind zum

Dienen geboren und mit einer unbändigen Lust am Unterlegensein ausgestattet. Solche Chauvis sind doch spätestens 1985 gemeinsam mit den Schulterpolstern und dem Gerücht, dass es Männern bloß aufs Herrschen und Lenken ankommt, aus der Mode gekommen. »Die Emanzipation ist meiner Meinung nach abgeschlossen, meine Generation ist jetzt der Nutznießer«, erklären Frauen wie Enie van de Meiklokjes längst den Waffenstillstand.

Heute macht sich lächerlich, wer annimmt oder öffentlich behauptet, es würde Männern tatsächlich Spaß machen, sich jedem Tag dem Herzinfarkt ein bisschen mehr anzunähern. Dass sie es genießen, bei Geschäftsessen in Edelrestaurants oder auch in den Kantinen der Autobahnraststätten, in Meetings oder im Stau zu hocken. Nein, sie quälen sich mit dem Gedanken, dass ihre Kinder in diesem Moment ohne sie drei Stunden am Stück dieselbe Benjamin-Blümchen-Kassette hören, Hausaufgaben machen und zur musikalischen Früherziehung kutschiert werden müssen, während sie nicht dabei sind. Wie viel lieber würden die modernen Väter die Gabel oder auch den Montblanc-Füller fallen lassen, nach Hause eilen, um ihrer Frau unter die Arme zu greifen. Aber es geht ja nicht. Als die Frage aufkam, wer bei den Kindern bleibt, gab es keine Wahl. Da müssen Männer nach wie vor ständig wider die eigenen Bedürfnisse entscheiden, weil ihre Karriere einen Bruch niemals verzeihen würde. So gern sie es anders gehabt hätten und so sehr es sie belastet. Heimlich natürlich, weil sie ihren Frauen das Herz nicht noch schwerer machen wollen. Männer fühlen ja durchaus mit, wenn ihre Frauen unter der Doppelbelastung Halbtagsjob und Mutterschaft leiden. Deshalb unterstützen sie sie, so gut sie es eben nach 20 Uhr noch können, weil Männer, die Väter sind, länger bei der Arbeit bleiben als solche ohne Nachwuchs. Aber wozu gibt es Wochenenden? Da packen die modernen Väter liebevoll ihre Kleinen in den Kinderwagen und fahren mit ihnen über den Wochenmarkt, alte Bekannte treffen, die es unheimlich bemerkenswert finden, wie sehr die neuen Männer sich doch im Haushalt engagieren.

Beeindruckend? Vielleicht, wenn man ganz am Anfang von Karriere und privaten Entscheidungen steht. Wenn es – noch – um nichts weiter geht als die Frage, wohin man heute Abend essen geht. Wenn man zwei Wohnungen hat, keine Kinder, einiges eigenes Geld, sich privat und im Job sehr begehrt fühlt und sich einfach beim besten Willen nicht vorstellen mag, dass man im Laufe der Zeit ins Hintertreffen gerät. Dabei gibt es zehn Jahre später mehr als genug Gründe, sich betrogen zu fühlen. Dann zeigt sich, dass es nicht etwa – wie viele Männer und mittlerweile wieder einige Frauen behaupten – eine gefühlte Ungerechtigkeit ist, die ein paar Bedenken über die männliche Gutwilligkeit rechtfertigt. Sondern eine begründete. Frauen verdienen bei gleicher Ausbildung, gleichem Alter und Beruf und manchmal sogar im gleichen Betrieb immer noch weniger als Männer. Und zwar bis zu 24 Prozent, so eine Studie des Instituts für Arbeitsmarkt- und Berufsforschung (IAB) in Nürnberg. Als Gründe dafür vermutete das Institut »strukturelle Mechanismen, die Frauen seltener als Männer in besser bezahlte Positionen« gelangen lassen. Einer dieser Mechanismen dürfe sein, was eine Untersuchung des Markforschungsinstituts Europressedienst aus Bonn mit 1500 Frauen in Führungspositionen belegt. Demnach müssten Frauen an allen Fronten gleichzeitig kämpfen – sogar und vor allem an der Heimatfront. Nach der Devise: Hinter jeder erfolgreichen Frau steht ein Berg schmutziger Wäsche, werden sie ausgerechnet dort im Stich gelassen, wo sie sich die größte Unterstützung erhoffen. Bei 70 Prozent der Frauen in Führungspositionen stellen sich der Studie nach die Ehemänner oder Partner entweder passiv oder sogar aktiv in den Weg an die Spitze.

Dazu meint Michael Forst, verantwortlich für die Studie, im *Handelsblatt* hellsichtig: »Viele Männer sind neidisch auf ihre erfolgreichen Frauen.« Und boykottieren, was nicht sein darf – die Konkurrenz im eigenen Bett – nach Kräften – mit Vorwürfen, Nörgeleien und passivem Widerstand im Haushalt. Vermutlich einer der Gründe, weshalb es unter den 190 Managern der Dax-Unternehmen bislang nur zwei Frauen gibt. Und eigentlich ein Argument dafür, Männer als Erfolgsbremsen ernster zu nehmen.

Doch nicht allein Männer tun sich schwer mit Frauen, die selbständig und durchsetzungsstark sind. Vor allem die Frauen selbst tun das. Sonst könnten sie ja einfach sagen: »Hör zu: Ich habe nicht jahrelang studiert, ungefähr 50 Praktika gemacht, war nicht vier Jahre im Ausland und habe in der Zeit, in der du beim Fußball warst, noch Fortbildungskurse besucht, nur um jetzt im Supermarkt an der Kasse zu sitzen. Nur damit ich abends den Tisch decken kann und du dich nicht kastriert fühlst. Und frag mich nie wieder, ob ich dir nicht deine Socken stopfen könnte.« Frauen fürchten – offenbar ja auch zu Recht –, dass ihnen das Beharren auf einer eigenen Karriere Punkteabzug auf der Beliebtheitsskala bringt. Sie könnten zwar bis ganz nach oben kommen. Gleichzeitig wollen sie aber nicht als zu anspruchsvoll – also auf männliche Befürchtungen übersetzt: zu kastrierend – erscheinen. Und sie weigern sich zur Kenntnis zu nehmen, dass der Mann, den sie lieben, der größte Bremsklotz auf dem Weg zu einem erfüllten Leben sein könnte.

Im Prinzip ein richtiger Gedanke. Schließlich will man ja nicht gleich von Anfang an Barrieren aufbauen, misstrauisch sein. Also glaubt man erst mal, dass beide dasselbe wollen: Die Beziehung zu einem großen Glück machen, bei dem jeder auf seine Kosten kommt. Um sich nachher zu wundern, dass bei ähnlichen Startbedingungen nur an einer Person die größten Lasten hängen geblieben sind: an ihr. Irgendwie ist es dem Mann gelungen, sich heimlich, still und leise von allem zurückzuziehen, was undankbar und ihm lästig ist, während seine Frau mit dem gemeinsamen Nachwuchs daheim sitzt und sich fragt, wie das eigentlich passiert ist: Dass er – entgegen seiner vollmundigen Versprechungen – im Durchschnitt nur sechs Minuten mehr Zeit mit Hausarbeit verbringt als kinderlose Männer und 80 Prozent der gesamten Haushalts- und Fürsorgearbeit nach wie vor von ihr erledigt werden. Was nicht etwa Alice Schwarzer behauptet, sondern eine Untersuchung des Statistischen Bundesamtes. In manchen Bereichen des Alltags sieht die Bilanz sogar noch schlechter aus als vor etwa zehn Jahren. Da wurden junge Männer bis 25 »nur« zu 25 Prozent von Frauen bekocht, während es heute ganze 70 Prozent sind. »Verbale Aufgeschlossenheit bei weitgehender Verhaltensstarre«, nennt der Soziologe Ulrich Beck die männliche Erfolgsstrategie. Meint: Männer sind geniale PR-Strategen – sie glänzen, protzen, prahlen –, solange es nichts kostet und sie niemand auf ihre Versprechen festnagelt. Das erklärt auch die umwerfenden Umfrageergebnisse in so ziemlich allen Bereichen, in denen Männer mal etwas mehr mit anpacken könnten.

Theoretisch sind Männer zu allem bereit, sogar dazu, Kinder zu bekommen – schon, damit es mal richtig gemacht wird. Wie groß aber die Kluft zwischen Theorie und Praxis gerade beim Mann ist, hat eine britische Studie gezeigt. Befragt wurden Männer aus vier Kulturkreisen, ob sie dazu bereit wären, die Pille zu nehmen. Statt ihr Heil in Ausflüchten wie »Das lohnt sich ja doch nicht, für die paar fruchtbaren Tage« oder »Dann lieber nichts zu Weihnachten« zu suchen, bewertete eine Mehrheit die Idee als durchaus positiv. Als jedoch Freiwillige gesucht wurden, die an entsprechenden Untersuchungen teilnehmen sollten, löste das ungefähr so viel Resonanz im männlichen Teil der Bevölkerung aus wie der Vorschlag, sich einer Geschlechtsumwandlung zu unterziehen. Jetzt könnte man als mildernden Umstand geltend machen, dass die männliche Merkfähigkeit nur knapp vor der von Seegurken liegt, wie die University of Florida behauptet festgestellt zu haben, und er sich also einfach nach ein paar Monaten nicht mehr an seine Versprechungen und an seinen guten Willen erinnern kann. Vermutlich weil die dafür vorgesehene Speicherkapazität schon mit Witzen wie: »Wie viel Gehirnzellen haben Frauen? Vier – für jede Herdplatte eine« belegt ist.

Doch natürlich wissen Männer ganz gut, worum es geht. Das zeigt sich spätestens, wenn sie wirklich und tatsächlich und nicht mehr nur in Umfragen Privilegien abgeben sollen, und beginnt ganz oben. Man denke nur an Edmund Stoiber, der schneller zum Angstbeißer mutierte, als man »Angela Merkel« sagen kann und sich aufführte, als stünde ihm eine Mund-zu-Mund-Beatmung mit einem Pitbull bevor, als man sie zur Kanzlerkandidatin kürte. Dann die Reaktionen, als sie tatsächlich Kanzlerin wurde und sich alle Welt fragte, ob man mit dieser Frisur und diesen Mundwinkeln überhaupt einen Staat lenken kann. Sie wurde behandelt, als wäre sie der erste Schimpanse auf dem Mond. Nur eines von zig Beispielen, wie hysterisch Männer reagieren, wenn sie glauben, nicht mehr allein in den Schaltzentralen zu sitzen. Und ist dann erst mal passiert, was sie noch mit aller Macht zu verhindern suchen, tönen sie jovial, dass sie gegen Frauen in leitenden Positionen ja wirklich nichts hätten. Im Gegenteil. Die hätten es ja sowieso nur geschafft, weil man ihnen so hilfreich unter die Arme gegriffen hat. An ihnen läge es jedenfalls nicht, dass Frauen an der Spitze so rar gesät sind. Vielmehr doch am mangelnden Mut und weil sich Frauen ja dann doch immer ins Familiäre zurückziehen. Muss eben doch was dran sein am weiblichen Instinkt.

Sogar in Bereichen, die traditionell von Frauen dominiert sind, wie etwa der Beruf der Erzieherin, und wo es schon rein rechnerisch mehr Chefinnen geben müsste, schaffen es Männer, die Vorgesetztenmehrheit zu stellen. Weil sie sich die Rosinen herauspicken, prestigeträchtige Arbeiten selbst erledigen und Routine mit den Worten »Kannst du mal eben?« oder »Das machst du viel besser als ich!« delegieren. Besonders, seit es wieder eng wird auf dem Arbeitsmarkt. Frauenförderprogramme in Unternehmen und Verwaltungen werden eingestellt oder reduziert und die Konkurrenz wieder direkter ausgetragen. Auch mit einer Rückkehr zur bewährten Theorie, dass eine Frau zu ihrem Kind gehört. Nur 1,6 Prozent der Männer nehmen Erziehungsurlaub, weil es ja wie gesagt finanziell nicht sinnvoll wäre, den besser Verdienenden beim Kind zu lassen und ihm damit einen Karriereknick zu bescheren. Was aber zwei Drittel aller Väter nicht daran hindert, bei einer Trennung die dadurch bewahrte bessere Bezahlung ganz für sich behalten zu wollen. Nur ein Drittel der deutschen Väter zahlt regelmäßig Unterhalt, ein weiteres Drittel ab und zu und alle anderen haben keinen müden Euro für ihren Nachwuchs übrig.

Es gibt also ungefähr 1001 Gründe, dem eigenen Mann bisweilen ähnlich argwöhnisch zu begegnen wie den Verheißungen einer Antifaltencreme, gerade dann, wenn er vom Allgemeinwohl spricht. Wie wir alle verfolgen Männer ihre eigenen Interessen, und das recht zielstrebig. Zielstrebiger jedenfalls als die meisten Frauen. Die halten sich lieber zurück oder nehmen Umwege in Kauf, um bloß keinen Zusammenprall zu riskieren. Weil sie nicht streiten wollen. Weil sie finden, dass es unweiblich sei, so zickig zu sein, und weil sie glauben, dass sich irgendwie alles von selbst einrenken wird. Später. Aber »später« bedeutet in Beziehungen dasselbe wie auf dem Arbeitsmarkt, nämlich »nie«. Und: Es wird einem entgegen anderslautender Hoffnungen nicht mit lebenslanger Treue und ausufernder Begeisterung gedankt, wenn man es einem Mann möglichst bequem macht. Im Gegenteil. Möglich, dass Hilmar Kopper seine Frau auch verlassen hätte, wenn sie die vielen gemeinsamen Jahre einen eigenen Beruf und ein eigenes Leben gehabt hätte, aber der Verlust wäre sicherlich leichter zu ertragen gewesen bei dem Gedanken, nicht Ansprüche, Bedürfnisse, Sehnsüchte allein auf eine Person konzentriert zu haben. Nicht nur Männer sind damit überfordert.

Sicher, heute kann man über alles reden. Aber das macht es fast schlimmer als früher, wo man wusste, dass man über bestimmte Dinge mit Männern einfach nicht verhandeln kann, sondern dass man sie einfach tun muss: Arbeiten gehen, Erfolge genießen, mehr verdienen, die Kinder als gemeinsame Aufgabe betrachten. Heute gilt der Mann als grundsätzlich kooperativ, und das verkompliziert vieles, weil es schwerer ist, sich gegen jemanden aufzulehnen, der angeblich alles versteht und nichts gegen selbständige Frauen hat. Dennoch: Wenn Ihr Liebster auf dem Sofa sitzt und so harmlos-unbedarft aussieht, als würde er sich lediglich überlegen, mit welchem Finger er sich als Nächstes in der Nase bohrt – das ist alles nur Täuschung und Ablenkung. Er denkt vermutlich viel eher darüber nach, wie er es schafft, dass Sie am Wochenende mit Freuden seine Mutter allein unterhalten, während er sich im Stadion ein Spiel seiner Mannschaft anschaut. Möglichst noch so, dass er dabei wirkt, als hätte er das größere Opfer erbracht und damit ein paar Punkte einzuheimsen, die er anderweitig wieder investieren kann. Männer sagen heute nicht mehr »Bist du verrückt, mich in die Küche zu schicken? Was soll ich denn da?«, weil sie durchaus wissen, dass man sich damit argumentativ auf dünnes Eis begibt. Sie haben andere Strategien, um sich Dienstleistungen und Privilegien zu sichern. Hier ein paar, die unbedingt erwähnt werden sollten:

Eigenlob

Normalerweise braucht man schon die Methoden der heiligen Inquisition, um einen Mann zum Sprechen zu bringen. Nur wenn sie ihre eigenen Leistungen würdigen, werden selbst jene Männer redseliger als Thomas Gottschalk, von denen man bis dahin angenommen hatte, sie hätten keine Stimmbänder. Im Unterschied zu Frauen, die 99 Prozent ihrer Tätigkeiten in Job und Haushalt für nicht weiter erwähnenswert halten, begleiten Männer das geringste Tun mit einem Wirbel, als würden sie geradewegs auf eine Nobelpreisnominierung hin arbeiten und nicht bloß ein Brot einkaufen. Schon der geringste Anlass, also beispielsweise das Wechseln einer Glühbirne, genügt, um sie zu einem Monolog über Tiefe, Tragweite und Bedeutung ihrer Tätigkeit zu inspirieren, der selbst den von Hamlet um Längen schlägt. Und wer sich schon immer mal gefragt hat, worauf sich eigentlich die Überlegenheit des starken Geschlechts begründet, der braucht nur mal zuzuhören, wenn einer von den Urlaubsvorbeitungen berichtet. Klar hat seine Frau alle Koffer gepackt, den Nachsendeantrag bei der Post gestellt, dafür gesorgt, dass die Blumen gegossen werden und der Kater nicht verhungert. Aber *er* hat die Autobahnkarte vom Schreibtisch ins Handschuhfach gelegt: Es klingt, als habe er nochmal den Heereszug zusammengestellt, mit dem Hannibal einst die Alpen überquerte. Nimmt *er* mal für fünf Minuten einen Scheuerlappen in die Hand, weiß es am nächsten Tag der halbe Stadtteil. Und auch wenn eine Frau ein Kind schon tausendmal gewickelt und gefüttert, gebadet und bespielt hat – tut es ein Mann, schreibt er gleich ein ganzes Buch darüber und alle Welt feiert die neuen Väter. Natürlich läuft es auch im Job ganz ähnlich. Mag sein, dass seine Sekretärin den Abschlussbericht geschrieben hat, doch das bisschen Tippen wird erst durch seine Unterschrift zum Jahrhundertwerk.

Entsprechend treffend ist die Anekdote über eine Sekretärin, die aus England stammt: Ihr Chef war häufig auf Dienstreisen. Als ein Besucher den Boss sprechen möchte, sagt die Sekretärin, es täte ihr leid, aber der sei in Hongkong. »Ach, schon wieder unterwegs, der ist immer unterwegs«, stöhnt der Besucher, »wer macht eigentlich die ganze Arbeit, wenn er nicht da ist?« Die Sekretärin blickt dem Besucher direkt ins Gesicht und sagt ohne Zögern: »Dieselbe Person, die die Arbeit macht, wenn er da ist.«

Fleiß, Genauigkeit, Zuverlässigkeit sind also nicht die Erfolgsbeschleuniger, wie Frauen annehmen. Es ist der Lärm, den das ganze Prahlen, Protzen und Überschätzen macht. Genug, um den Eindruck zu gewinnen, die eigenen Leistungen seien viel zu klein, um gegen die Großtaten zu konkurrieren, die ein Mann täglich vollbringt. Zumal Männer umgekehrt seltsam stumm bleiben, wenn es um die Anerkennung weiblicher Leistungen geht, und hätten wir den Ursprung der kosmischen Strahlung entdeckt, dann würden sie immer noch sagen: »Ach, du warst das? Schön. Wann gibt's denn eigentlich was zu essen?« Das sollten wir bedenken, wenn wir das nächste Mal versucht sind, in Ehrfurcht zu versinken, bloß weil ein Mann einen Schrubber in die Hand nimmt oder sein eigen Fleisch und Blut füttert.

Entschuldigung

Es gibt Männer, die würden einen einzigen winzigen Fehler nicht mal dann zugeben, wenn man ihnen mit dem Entzug des Premiere-Abos droht. Selbst wenn man sie praktisch mit ihrer Geliebten in flagranti erwischt, sagen sie noch: »Es ist nicht so, wie es aussieht. Und falls doch: Dann bist eigentlich du dran schuld. Wer hat mir denn deine beste Freundin vorgestellt?« Aber es gibt auch solche, die geben gern alles zu. Verfehlungen zählen sie zu den Menschenrechten und scheuen dabei auch die Reue nicht. Denn wer seine Schuld erkennt, der hat auch Anspruch auf Absolution und außerdem noch alle Sympathien auf seiner Seite.

Das funktioniert dann so: Gut, er hat den neuen Teppich mit Rotwein versaut und einem außerdem auch etwas spät, also ungefähr fünf Minuten bevor sie vor der Haustür stand, erzählt, dass seine Mutter für eine Woche zu Besuch kommt. Und es tut ihm schrecklich Leid. Er will da nichts beschönigen. Er ist halt ein kleiner Chaot. Schusselig, gedanken- und manchmal sogar herzlos. Aber er ist kein Drückeberger. Nein, er gibt gleich alles zu. Freiwillig, ohne etwas herunterzuspielen oder sich in Ausreden zu flüchten. Im Gegenteil. Seine Selbstanklageschriften klingen manchmal, als stünde da einer wegen Verstoß gegen die Menschenrechte vor dem Europäischen Gerichtshof und nicht bloß wegen eines vergessenen Hochzeitstages vor seiner Frau. »Unfasslich« findet er es, wenn er entgegen anderslautenden Versprechungen sein Kind nicht vom Kindergarten abgeholt hat. »Unverzeihlich« sei es, wie er die gemeinsame Wohnung regelmäßig in den Zustand der Welt nach dem Urknall versetzt hat. Und dass er die Woche, die seine Frau im Krankenhaus lag, nur einmal Zeit fand, sie zu besuchen, versetzt ihn in einen Zustand so tiefer Depression, dass sie schon überlegt, wie sie ihn wohl trösten kann. Kurz: Er ist unhöflich, undiszipliniert, faul, unaufmerksam – aber er weiß es ja selbst und schämt sich sehr dafür. Wer will da noch mit ihm zanken? Und vor allem: Worüber? Wo er doch selbst sein strengster Ankläger und Richter ist. Nur ändern mag er sich nicht. Er hat halt Schwächen – wie jeder Mann. Nur dass eben nicht jeder so wie er ehrlich dazu steht. Schade findet er nur, dass Frauen mit dieser Offenheit oft so überfordert sind und es ihrerseits bereuen, an so einen Mann geraten zu sein.

Irgendwo da draußen lauern sie: Frauen, die schöner, tüchtiger und vor allem weniger anstrengend sind. Die einem Mann klaglos jeden Wunsch von den Augen ablesen, die nicht jammern, wenn er sich im Trainingsanzug auf dem Sofa fläzt, sondern das im Gegenteil noch »männlich« finden. Sie sagen so herrliche Sätze zu ihren Gatten wie: »Schatz, entspann dich. Ich mache den Abwasch, ist doch mehr etwas für Frauen.« Oder: »Geh bloß nicht in die Küche, du könntest dich verletzen!« Oder: »Natürlich kann deine Mutter bei uns wohnen.« Oder: »Lass den WC-Sitz ruhig oben. Ist ja eine Zumutung, was andere Frauen da von ihren Männern verlangen.« Und egal, wie schmählich sich einer verhält, oder ob er sich wie Oskar Lafontaine (»Wie verhüten Emanzen? Mit dem Gesicht!«) und Udo Jürgens (70) (»Frauen können eigentlich nur bis Ende 30 Kinder bekommen. Danach ebbt auch ihr Interesse an Sexualität merklich ab. Das ist wissenschaftlich nun mal erwiesen.«) despektierlich über Frauen äußert – es findet sich immer noch eine, die das dufte findet und sich in die Rolle der einzigen Ausnahme hineinphantasiert, die er nicht für eine niedere Lebensform hält. Frauen, die sich tief hineinfühlen ins männliche Seelenleben und die dort noch viel Schönes entdecken, wenn andere sich schon mit Grauen abwenden. So bei jenen Vaterschaftsfällen, bei denen erwachsene Männer wie Boris Becker scheinbar unvorbereitet und völlig unaufgeklärt von der Erkenntnis kalt erwischt werden, dass die Kinder beim Sex entstehen und nicht beim gemeinsamen Frühstück (das sie sich deshalb gleich gespart hatten). Da stehen nicht nur die Geschlechtsgenossen wie ein Mann hinter dem Seitenspringer und faseln was von »Samenraub«, auch Frauen finden Verständnis für den unfreiwilligen Vater, der vermeintlich gleich zweimal aufs Kreuz gelegt wurde. Einmal beim Akt an sich und dann mit Alimenteforderungen. Glücklicherweise sind nicht alle so. Denn wo immer eine Frau den sensiblen männlichen Gefühlshaushalt mit Füßen tritt, findet sich eine andere, die der Kritik mit Trostpflastern und lauwarmen Ermutigungsumschlägen die Spitze nimmt. Eine ist immer besser und versucht, das Schlimmste zu verhüten: Dass Männer an sich selbst zweifeln. Damit muss man leben. Ebenso wie mit den diskreten Hinweisen des Gatten, dass solche Frauen existieren. Das tut Leonardo di Caprio auch. Und trotzdem verlangen wir ja auch nicht von unseren Männern, dass sie uns millionenschwere Villen bauen, sich eine Six-Pack-Bauchmuskulatur zulegen oder uns wie Ben Affleck seiner Jennifer einen Verlobungsring mit einem rosaroten Diamanten im Wert von 1,1 Millionen Dollar schenken. Obwohl wir es natürlich verdient hätten. Deshalb immer schön beherzigen, was Madame Dubarry gesagt haben soll: »Eine Frau ist verloren, wenn sie Angst vor ihrer Rivalin hat.«

Nebenschauplätze

Eine bewährte Strategie, um Konfliktsituationen zu lösen und trotzdem nicht zu viel nachgeben zu müssen, ist es, die Aufmerksamkeit auf Nebenschauplätze zu lenken. Gibt es also wieder mal Streit um seine Beteiligung im Haushalt, die vermutlich noch die von Steven Hawkings unterbietet, kontert er etwa damit, dass er ziemlich sauer ist, weil sie am Wochenende nicht mit zu seiner Mutter will. Beides mag seine Berechtigung haben. Hat aber nichts miteinander zu tun und könnte leicht mit »Erst der Haushalt, dann deine Mutter« abgeschmettert werden. Wird es aber nicht, weil Frauen viel eher dazu neigen, sich ein schlechtes Gewissen machen zu lassen und über die Beschäftigung damit ganz vergessen, womit die Debatte eigentlich anfing und welches Ziel sie damit verfolgten.

Ähnlich funktioniert auch eine andere Methode, uns auf den Holzweg zu führen. Beispiel: Sie will das freie Zimmer für sich, er überrascht sie mit einer selbst gezimmerten Arbeitsecke im Wohnzimmer, die frisch aus seinem neuen »Heimwerkerraum« stammt. Er betrügt sie und gewährt ihr – ist ja nur gerecht – nun auch einen Seitensprung (als ob es darum ginge!). Sie ist verbittert, weil sie schon zum vierten Mal in Folge zu seinem Lieblingsurlaubsort – »Super-Surf-Revier, Windstärke 10, mindestens« – fahren sollen, obwohl sie gern mal in weniger naturbelassene Gegenden reisen würde. Er zeigt sich reumütig, verständnisvoll und entgegenkommend: »Schatz, natürlich sollst du auch auf deine Kosten kommen. Diesmal verzichte ich aufs Surfen. Ich habe uns beide in einer Tauchschule angemeldet. Nichts als der Ozean, der Himmel, eine Imbissbude, ein Zelt und wir in Neoprenanzügen. Freust du dich?« Es ist, als wäre man im Arbeitskampf um höhere Löhne und würde von der Geschäftsleitung die Renovierung der Pausenräume angeboten bekommen. Und das Erstaunlichste: Man akzeptiert. Dafür gibt es gleich ein paar Gründe: Man möchte sich ja eigentlich gar nicht streiten. Die Vortäuschung eines Sieges ist immer noch besser als gar keiner, und außerdem will man ja nichts mehr als einen Mann, der auf die eigenen Bedürfnisse eingeht. Und bevor er nicht mal so tut als ob, ist einem einer, der wenigstens Spurenelemente von Energie in die Simulation von Entgegenkommen investiert, immer noch lieber. So kommt es, dass Frauen schon in Ehrfurcht erstarren, wenn ihr Mann mal eine Küchenschürze anzieht, wenn er seine eigenen Kinder badet – »Sind es zwei oder drei?« – oder sich das Essen aufwärmt, das sie vorgekocht hat, ohne gleich das ganze Haus abzubrennen.

Falsche Freundlichkeit

Manchmal sind Männer schon fast zu gut, um wahr zu sein. Sie sagen zu fast allem »Ja« und nehmen ihren Frauen von der Steuererklärung bis zur Zukunftsplanung alles ab. Nach außen wirken sie wie die reinsten Engel. Aber in Wirklichkeit sind sie echte Tyrannen. Allerdings bedienen sie sich nicht der üblichen unfeinen Methoden wie offener Terror, dumpfe Paschaallüren oder unerträgliches Machogehabe. Von ihnen würde schon deshalb kein Krieg ausgehen, weil der Angreifer bekanntlich moralisch immer die schlechteren Karten hat. Sie aber wollen die Schlacht gewinnen und trotzdem als reinste Pazifisten und überzeugte Frauenversteher gelten. Deshalb setzen sie ihren Willen mit überbordender Freundlichkeit und nicht mit Aggression durch. Sie sagen beispielsweise niemals offen, wenn sie zu etwas keine Lust haben. Im Gegenteil. Sie begrüßen den Vorschlag ihrer Frau, mit ihr zu einem Geschäftsessen zu gehen mit so viel Enthusiasmus, als hätte man ihnen gerade eine Niere gespendet. Ist es dann allerdings so weit, kommen sie immer zu spät, sind falsch angezogen, angeblich total übermüdet und deshalb ziemlich wortkarg und leisten also nach Kräften passiven Widerstand. Sagt sie etwas, dann sind sie sehr empört. Jetzt haben sie schon mal nachgegeben, tun was sie möchte und sie ist immer noch nicht zufrieden? Er ist enttäuscht. Auch darüber, dass sie zukünftig freiwillig auf seine Gesellschaft verzichten will. Typisch Frau. Nichts kann man ihnen recht machen!

Das Gleiche, wenn er zwar immer bereitwillig alles zusagt – die Katze zu füttern, etwas einzukaufen, den Wagen in die Werkstatt zu bringen –, aber mit einem schwachen Gedächtnis geschlagen ist. Sie investiert fast mehr Energie in die Aufgabe, ihn an all das zu erinnern (und sich damit den Ruf einzuhandeln, dass sie besonders nörgelig und kleinlich ist), als wenn sie es gleich selbst tun würde. Oder er drückt sich immer so vage aus – »Bring halt irgendwas mit« –, dass er hinterher immer sagen kann, *so* hätte er das nicht gemeint, sondern etwas ganz anderes gewollt. Irgendwie schafft er es immer, sie dumm dastehen zu lassen und sich selbst ins grandiose Licht desjenigen zu rücken, der mit einer schusseligen Frau geschlagen ist, aber darüber großmütig hinwegsieht.

Dann gibt es noch die Methode, einer Frau alles, aber wirklich alles abzunehmen – auch ihre Selbständigkeit. Besteht sie dennoch darauf, eigene Entscheidungen zu treffen, macht sie sich nicht nur in seinen, sondern auch in den Augen des gesamten Umfelds lächerlich. Für so ein Goldstück würden andere schließlich glatt morden! Damit befinden sich die Frauen an der Seite dieser Männer gleich in einem doppelten Dilemma. Sie fühlen zwar, dass in ihrer Beziehung etwas nicht stimmt, können aber gar nicht genau sagen, was eigentlich los ist. Ihr Mann wirkt vorbildlich, trotzdem kommen sie nicht auf ihre Kosten und nicht mal in die Nähe des Lebens, das sie sich eigentlich wünschen. Sind sie dann unzufrieden und unglücklich, gelten sie schnell als maßlos und launisch. Irgendwann fühlen sie sich, als wären sie nicht ganz bei Verstand. Kein Wunder, wenn diese Männer, die stets ihre eigentlichen Motive hinter Freundlichkeit verbergen, von Psychologen wie dem Amerikaner Herb Goldberg auch als »Verrücktmacher« bezeichnet werden. Weil sie nicht sind, was sie scheinen, nicht sagen, was sie meinen, gleichzeitig passiv und aggressiv sind.

Hier ein paar typische Beispiele:

Der Spontane

Ständig hat er ganz tolle Ideen, einfach so und von einer Minute auf die andere. Während andere Männer ihr Leben wie einen Bausparvertrag behandeln, ist mit ihm immer etwas los. So viel, dass man gar nicht mehr dazu kommt, langfristige Pläne wie etwa eine Diät in die Tat umzusetzen. Weil er dann ganz bestimmt ganz spontan mit zwei Schachteln Pralinen nach Hause kommt und es extrem spießig findet, bleibt man trotzdem bei Stangensellerie mit Hüttenkäse. Dasselbe, wenn man morgens in aller Frühe einen wichtigen Termin hat – und deshalb lieber nicht in den Mitternachtsfilm, sondern früh ins Bett gehen möchte. Ständig durchkreuzen seine herrlichen Einfälle unsere Pläne und Vorsätze, bis wir es endlich aufgeben, uns etwas vorzunehmen, das nichts mit ihm zu tun hat.

Der Zweideutige

Er sagt nie, was er genau will, kann also später behaupten, dass er es *so* eigentlich nicht gemeint hatte und sie ihn wieder mal nicht versteht. Oder ist es etwa nicht zu begreifen, dass er an drei Gänge denkt, wenn er sagt: »Mach dir mit dem Essen bloß nicht so viel Mühe?« Oder dass seine Aussage: »Das musst du letztlich entscheiden« bedeutet, dass er strikt gegen ein zweites Kind ist? Und wenn Freunde am Wochenende zu Besuch kommen, dann ist das auch gerade nicht die adäquate Reaktion auf seine Anregung, »mal wieder unter Leute zu gehen«. Das regt ihn wirklich auf, dass sie grundsätzlich das Gegenteil von dem macht, was er sich wünscht. Wozu hat Gott Frauen auch mit weiblicher Intuition gesegnet, wenn sie sie nicht dazu benutzen, immer sofort zu wissen, was er erwartet? So bringt er seine Frau dazu, sich ständig nur mit einem Gedanken zu beschäftigen: Wie sie es ihm endlich recht machen kann – ein Endziel, das sie – dafür wird er schon sorgen – nie erreichen wird. Andernfalls hätte sie ja Zeit für eine andere Beschäftigung – und das kann sein Ego einfach nicht ertragen.

Der Sensible

Offen würde er nie sagen, dass er Putzen für ein sekundäres Geschlechtsmerkmal von Frauen hält. Das ist heute einfach unmodern und würde zudem seine Chancen, eine Frau zu ergattern, dramatisch senken. Er hält es – zu Recht – für klüger, sich als Opfer zu gebärden, das vom Schicksal ständig vernachlässigt wird und deshalb Anspruch auf Lastenausgleich geltend machen kann. Mangels Alternativen hat den dann seine Frau zu erbringen, die gern glaubt, es mit einem besonders begabten und empfindsamen Mann zu tun zu haben. Weil der Glanz eines solch bedeutsamen und besonderen Mannes ja auch irgendwie auf sie zurückfällt. Das hat allerdings seinen Preis. So gibt er das Sensibelchen, dem schon leiseste Unstimmigkeiten schwer aufs Gemüt schlagen, das stets übergangen wird und längst einen Ehrenplatz im Leben haben müsste, ginge es gerecht zu und nach seinen außerordentlichen Fähigkeiten. Tut es aber nicht, und deshalb ist er einfach ständig wahnsinnig traurig und muss aufopferungsvoll getröstet, gehätschelt und geschont werden. Wenigstens daheim soll er bekommen, was ihm die Welt verweigert: Ehrerbietung. Und irgendwie ist das ja fast verdient. Schließlich ist es schon ein Achtungserfolg, wenn einer es schafft, seiner Frau das gute Gefühl zu geben, eine echte Trophäe ergattert zu haben, ohne dass es dafür auch nur einen einzigen guten Grund gibt.

Der Hinhalter

Er versteht es glänzend, Pascha zu sein und trotzdem einfach hinreißend engagiert zu wirken. Wer will schon ungeduldig werden, wenn er den Wasserschaden in der Küche nach einem Jahr noch nicht behoben hat? Er hat es schließlich versprochen und wird es sicher irgendwann erledigen. Warum müssen Frauen bloß immer so nervös und misstrauisch sein? Außerdem sieht man den Fleck doch fast gar nicht. Vorausgesetzt, man starrt nicht ständig zwanghaft an die Decke. Aber wer tut das schon? Außer seiner Frau? Auch der Urlaub läuft einem wohl nicht weg. Irgendwas wird sich schon finden, am ersten Tag an der Restplatzbörse, in der Hauptferienzeit. Da muss man eben mal flexibel sein und sein spießiges Bausparvertragdenken über Bord werfen. Findet seine Frau ja im Prinzip auch und hat Schuldgefühle, weil sie ihren offensichtlich zu allem bereiten Mann ständig bedrängt.

Der Zweifler
Egal, was man plant, er weiß, was sich einem alles in den Weg stellen kann. In erster Linie er selbst: Mit: »Traust du dir das wirklich zu?«, oder: »Können wir uns das leisten?«, oder: »Ist das nicht eine Nummer zu groß für dich?«, sät er kräftig Selbstzweifel, wo doch eigentlich Energie und Tatendrang angesagt wären. Dabei meint er es doch nur gut. Er will einem einfach die Enttäuschungen ersparen, die man ohne ihn gar nicht hätte. Fies, wie er stets beteuert, seine Liebste nach Kräften unterstützen zu wollen – ihr aber gerade damit suggeriert, dass sie eben mehr Unterstützung braucht als andere und es mit ihren Fähigkeiten also nicht sehr weit her sein kann. So fühlt man sich schon als Verlierer, bevor man eine Sache überhaupt richtig angepackt hat, und beschert zumindest dem Zweifler jede Menge Erfolgserlebnisse. Er hat seine Bedenken ja gleich ganz klar formuliert.

Der Verweigerer
Ob man nun 20 Kilo abgenommen, die erste Frau auf dem Mars war oder sich mit der Grazie von Eva Longoria messen kann – er wird aller Voraussicht nach nicht mal von seiner Zeitung aufschauen und allenfalls ein desinteressiertes »Ach wirklich?« murmeln. Sooo einfach ist er eben nicht zu beeindrucken. Da muss schon ein bisschen

mehr kommen – vielleicht die Verwandlung von Wasser in Wein oder der brennende Busch? Bei diesen Ansprüchen ist natürlich gar nicht dran zu denken, dass ihm Kleinkram wie Vollzeitjob, Kind, Haushalt auch nur ein anerkennendes Wort entlockt. Das sind Selbstverständlichkeiten, die er grundsätzlich nicht zur Kenntnis nimmt. Nicht aus Gemeinheit. Aus pädagogischen Gründen. Er weiß doch, dass sie mehr kann. Etwa noch zu allem anderen seine Berichte tippen, das Auto zum TÜV bringen, seine Mutter pflegen. Das tut sie auch, um es endlich zu hören, dieses eine Lob, nach dem sie sich irgendwann so sehnt wie der Junkie nach dem nächsten Schuss. »Das hast du wirklich gut gemacht, Schatz!« Aber das sagt er natürlich nicht. Er ist doch nicht blöd!

Das Fiese an all diesen Strategien: Während die Unzufriedenheit der Frauen proportional zu den Anforderungen wächst, die diese Männer an ihre Frauen stellen, kann man nicht mal richtig sauer werden. Zu sorgsam achten die Männer darauf, dass man ihnen nichts Böses nachsagen kann. Tut man es trotzdem, gilt man schnell als kleinkariert, verständnislos, zu anspruchsvoll und natürlich undankbar. Nach außen hin wirken all diese Methoden nämlich sympathisch, fürsorglich, fördernd. Was getan, beziehungsweise nicht getan wird, geschieht rein aus Sorge, Zuneigung und mit den besten Absichten. Und man fällt darauf rein, weil man gerade immer so viel Entgegenkommen bekommt, wie man braucht, um sich einzubilden, dass der gute Wille im Vordergrund steht. Und gerade so wenig, um einen ständig in der Angst zu halten, den Ansprüchen nicht genügen zu können. Beispiel: Er hat sich einmal ganz hingerissen zu ihren Kochkünsten geäußert. Sie hat es als eine der wenigen seiner Zuneigungsbekundungen aufgefasst und versucht, diese Quelle weiterhin am Sprudeln zu halten, also weiterhin in der

Küche Höchstleistungen zu zeigen. Das einmal geäußerte Lob bleibt allerdings plötzlich aus. Statt sich nun zu sagen, dass man es hier offenbar mit einem undankbaren, gefühlsrohen, gleichgültigen Mann zu tun hat, versucht man mit Verbesserungen am Service nun ein neues Lob zu ergattern, und so weiter. Je länger das Spiel betrieben wird, desto größer die Abhängigkeit. Deshalb immer schön vorsagen: Den Gegner nicht unterschätzen! Immer wachsam bleiben!

Es gibt keine alten Spieler, es gibt nur gute oder schlechte

Klar! Männer werden ja auch nicht alt. Sie werden reifer, weiser, besser, und wo wir gerade im Reich der Legenden sind: Die Erde ist eine Scheibe, und die Mondlandung wurde von der NASA nur vorgetäuscht. Natürlich war es ein Mann, der diese Regel aufstellte und damit versuchte, sich die Illusion zu retten, dass es beim starken Geschlecht nicht auf die Jahre ankommt. Männer wie Roberto Blanco, die für Frauen ab 50 am liebsten die Burka einführen würden, aber sich selbst auch dann noch taufrisch fühlen, wenn sie längst in einem Alter sind, in dem sich nicht mal mehr Kidnapper für sie interessieren. Dennoch finden sich immer wieder Frauen aus der Enkelgeneration, die es auf sich nehmen, diese große Männerillusion zu pflegen: Dass man auch mit 70 Jahren besser konserviert sein kann als Tutenchamun und begehrenswerter als Til Schweiger. Es sind diese Ausnahmen, die Frauen von Beckenbauer, von Joschka Fischer, Woody Allen, Konstantin Wecker, Pavarotti und von Gerhard Schröder, die großen Teilen der Männerwelt die Regel bestätigt, dass Frauen ein Verfallsdatum haben, Männer dagegen Perspektiven. Jede von ih nen gibt der männlichen Hoffnung Nahrung, dass kein Mann zu faltig, zu dickbäuchig, zu schwabbelig, zu altersstarrsinnig und selbstgefällig sein kann, als dass er nicht noch eine Frau unter 40 findet, die ihn für den Größten hält. Wenn selbst Bernd Tewaag, der Exgatte von Uschi Glas, und Claus Theo Gärtner, die beide aussehen wie ein Paar Stützstrümpfe und mit kaum mehr Charisma gesegnet sind, das Glück hatten, dann bestätigt das doch die Theorie, dass es bei Männern nicht aufs Alter ankommt, solange die Frau jung ist. Angesprochen auf die Kluft von bis zu zwei Generationen, versichern die Betroffenen dann stets, dass sie es sich ja nicht ausgesucht haben, wo die Liebe hinfällt, und die Lolita auch eine Greisin hätte sein können, weil es ja ihr Ausnahmecharakter ist, der zählt und nicht etwa die Maße 90-60-90 und der Schülerausweis. Oder, was Stephen Fry so beschrieb: »Schenkel ohne Cellulitenarben und Brüste, die hochstehen wie bettelnde Hunde.«

Seltsam nur, dass weibliche Klugheit und charakterliche Schönheit so selten in den Beschreibungen von Traumfrauen, in der Werbung oder als Centerfold im Playboy vorkommen. Jedenfalls nicht oft genug, um das goldene Kalb »Jugend« vom Podest zu stürzen. Sicher, es hat sich etwas geändert. Längst strömen auch Männer in Scharen zu Schönheitschirurgen, lassen sich Brustimplantate einsetzen, den Penis verlängern, den schlaffen Po anheben, Krähenfüße wegoperieren, machen Diät und benutzen, wie Franz Beckenbauer kürzlich bekannt gab, die teuersten auf dem Markt erhältlichen Cremes: La Mer und La Prairie. Das ist vielleicht nicht schön, aber doch ein bisschen gerecht. Außerdem sind es ja nur ein paar reiche, prominente Minderheiten, die es sich erlauben können, auf Schulhöfen zu wildern. Hängt dagegen Otto Normalverbraucher der Überzeugung an, sich allein durch den Nachweis eines Y-Chromosoms für eine Frau im Alter seiner Töchter qualifiziert zu haben, so wird er sich mit dieser Meinung vor allem eines einhandeln: ein Singledasein mit ziemlich viel Dosenravioli, zahllosen einsamen Abenden vor dem Fernseher und einen unerschütterlichen Ruf als Witzfigur.

Dennoch: Der Tag, an dem sich eine Frau in der Öffentlichkeit über die Zumutung auslassen darf, die es darstellt, mit einem gleichaltrigen Mann verheiratet zu sein und jeden Morgen in dessen faltiges Gesicht gucken zu müssen (wie es anlässlich der Gerüchte um die Trennung des Paares Blanco-Blanco ein Schauspieler tat, der voll des Mitleids mit dieser Ästhetikfolter war) und dafür noch flächendeckend Zustimmung zu ernten, der ist noch mindestens so fern wie der Planet Pluto. Noch bestimmen die paar Promis, die es sich erlauben können, trotz ihrer Berühmtheit und ihres Vermögens nur wegen ihres wundervollen Charakters von einer Mittzwanzigerin geliebt zu werden, das Bild des männlichen Alters in der Öffentlichkeit.

Daran hat sich seit den Stummfilmzeiten nichts geändert. Damals schon sagte die amerikanische Schauspielerin Lillian Gish: »Wissen Sie, als ich zum Film kam, spielte Lionel Barrymore meinen Großvater. Später spielte er meinen Vater und dann meinen Ehemann. Wenn er länger gelebt hätte, bin ich sicher, dass ich irgendwann seine Mutter gespielt hätte. So ist das in Hollywood. Die Männer werden jünger und die Frauen älter.« Heute noch ist es ganz normal, dass beispielsweise Clint Eastwood in seinen Filmen mit Frauen turteln darf, die mittlerweile seine Enkelinnen sein könnten, während Angelina Jolie mit knapp 30, die Mutter von »Alexander«, also von Colin Farrell gibt, der bei den Dreharbeiten seinen 28. Geburtstag feierte. Und natürlich regt niemanden auf, dass die Aussichten von Schauspielerinnen wie Goldie Hawn, Demi Moore, Melanie Griffith auf eine Hauptrolle ähn lich gut sind wie die eines überfahrenen Gürteltiers. Trotz aller Chirurgenkunst (Demi Moore soll sich für 340 000 Dollar eine Runderneuerung gegönnt haben). Sharon Stone brachte diesen Wahnsinn in einem Interview auf den Punkt als sie sagte: »Als ich 40 wurde, habe ich es ungeniert allen erzählt. Ich dachte, das war großartig und sexy, aber Hollywood muss mich missverstanden haben. Die dachten offensichtlich, ich hätte gesagt, ich leide an Lepra.«

Das hat Folgen. Etwa die, dass das Kosmetikbudget deutscher Frauen beinahe schon auf Augenhöhe der amerikanischen Militärausgaben liegt und bei Douglas manche Regale schon nach besonders guten Kundinnen benannt werden. Dass wir ungemein viel Zeit, Geld und Energie in die aussichtslose Aufgabe investieren, noch mit 50 auf Kinderfahrschein durchs Leben reisen zu können. Ganz zu schweigen von dem ganzen weiblichen Ehrgeiz, der sinnlos verpufft, wenn man das Alter als Peinlichkeit, den Körper als Arbeitsbeschaffungsmaßnahme und das Gesicht als Baustelle betrachtet. Was könnten wir alles erreichen, würden wir diese Ressourcen in wichtigere Dinge stecken, wie etwa die Durchsetzung einer vernünftigen Kinderbetreuung, die Anerkennung von Shopping als Leistungssport und die Einführung harter Strafen für Auf-die-Straße-Spucken, In-den-Schritt-Fassen, Hinter-Mülltonnen-Pinkeln sowie für Rülpsen in der Öffentlichkeit, um nur einiges von dem zu nennen, was die Politik bislang sträflich vernachlässigte. Wir könnten in der Zeit, in der wir uns über den Lauf der Zeit grämen, zudem ganze Studiengänge absolvieren, Fremdsprachen lernen, ins Kino gehen und gute Bücher lesen, versuchen, mit dem Kinn unsere Knie zu berühren oder unseren Falten Namen zu geben. Beinahe alles wäre besser, als in der Angst zu leben, eines Tages wegen einer Jüngeren verlassen zu werden und es damit zuzulassen, dass man fast schon selbst glaubt, nur noch zweite Wahl zu sein. Das alles bloß, weil Männer, die man nicht mal dann anfassen würde, wenn sie mit Zuckerguss überzogen wären, solch unverschämte Behauptungen in die Welt zu setzen.

Allein der Gedanke öffnet den Dämonen des Jugendwahns die Tür, und wer seinen Mann ungefähr 20-mal am Tag fragt, ob er einen auch dann noch liebt, wenn man das Rentenalter erreicht hat, der kann sich gleich das Wort »Trostpreis« auf die Stirn tätowieren. Frauen sind da oft selbst die Totengräber ihres Selbstbewusstseins, ihrer Würde. Und selbst die ansonsten Toughen werden seltsam zurückhaltend, wenn sie Typen wie dem Chef einer Freundin begegnen. Der hatte für eine Beratungsstelle die Position einer Sekretärin ausgeschrieben. Zwei Frauen kamen in die engere Wahl: eine, Anfang 30, die selbst bereits in leitender Funktion gearbeitet hatte, aber nun eben schon längere Zeit arbeitslos war und nur deshalb bereit, weit unter ihr eigentliches Qualifikationsniveau zu gehen. Die andere Kandidatin dagegen hatte sehr viel Erfahrung als Sekretärin, hierfür glänzende Zeugnisse vorzuweisen, war aber bereits 47 Jahre alt. Meine Freundin, übrigens 43, fragte nun ihren Chef, für welche Frau er sich entschieden habe. Der antwortete, da hätte es ja eigentlich überhaupt keine Zweifel gegeben, welche Frau die beste Wahl sei: natürlich die Jüngere. »Ich will doch nicht den ganzen Tag mit so einer alten Schachtel verbringen!«, sagt er, der selbst exakt so alt ist wie die Verschmähte.

Fast möchte man bedauern, dass nicht alle Chauvis mit solch peinlicher Alterspanik die Größe besitzen, sich wie Hemingway zu erschießen. Stattdessen müssen wir eben selbst aktiv werden. Anfangen, Männer, die Alter mit zweierlei Maß messen, nur so wegen der Gerechtigkeit, mehr als nur dezent darauf hinzuweisen, dass sie bei den Eskimos schon längst auf einer Eisscholle säßen. Sagt einer, er fände Frauen in seinem Alter einfach nicht passend für sein jugendliches Ego, erinnert man den Sugardaddy am besten nonchalant daran, dass dürre Altherrenstelzen und schlaffe Hintern, Prostataprobleme, Tränensäcke und mehr Haare in den Ohren als auf dem Kopf, bitte schön, nicht gerade für eine Hauptrolle in unseren erotischen Phantasien qualifizieren. Nur mal so zum Ausgleich und weil er angefangen hat. Dabei würden wir sogar noch die Lächerlichkeit verschweigen, der sich so ein Torschluss-Romeo aussetzt, wenn er befindet, dass es doch ganz normal wäre für einen Kerl, sich seine Partnerin wie Tomaten nach der Festigkeit ihrer Haut auszusuchen, während seine Geburtstagstorte so viel Kerzen aufweist, dass sie schon eher einem Fackelzug ähnelt.

Auf keinen Fall aber sollten wir so eine Einstellung persönlich oder gar zum Anlass nehmen, uns schlecht zu fühlen. Warum auch? Was ist an einem Mann schon anziehend, den an seiner Lebenspartnerin vor allem anderem das Verfallsdatum interessiert? Wollten wir uns tatsächlich dem Stress aussetzen, uns jeden Tag einer Jahrgangsprüfung unterziehen zu müssen? Alt wird jeder einmal, es sei denn, er hat vor, früh zu sterben. Das gilt auch für die potenzielle Konkurrenz. Außerdem – das meinen jedenfalls Psychologen – geht es den Kerlen gar nicht mal so sehr um das fesche Aussehen der jugendlichen Begleiterscheinungen. Wenn Männer ihr Beuteschema verjüngen, dann hat das meist mehr mit der Angst vorm Alter zu tun und mit der Unlust, sich ständig hinterfragen lassen zu müssen von jemandem, der mindestens genauso erfahren, reif und selbstbewusst ist wie er. Von Frauen, die – natürlich berechtigte – Forderungen an ihn stellen, die ihm nicht jede Protzerei durchgehen lassen (»Das war kein Marathon, den du gelaufen bist, das waren maximal 100 Meter und danach mussten wir den Notarzt rufen«). Was er da als Alternative sucht, das ist nicht allein die Aussicht auf einen Pfirsichpopo – der an jemanden, der schon auf dem Weg ins Schlafzimmer aus der Puste kommt, ohnehin verschenkt ist –, sondern der Wunsch, endlich in Ruhe gelassen zu werden, von einer Frau, die ihn bemuttert, ihn nicht angreift, nicht nervt und ihn bewundert – auch und vor allem für das, was er nicht ist. Er möchte sich einbilden können, dass keine Zeit vergangen, er immer noch der alte Junge ist und er möchte dabei nach Kräften unterstützt werden. Eine Leistung, die die Frau, mit der er gealtert ist, nach langen Beziehungsjahren nicht (mehr) erbringen will. Schon gar nicht, wenn er nicht bereit ist, ihr denselben Gefallen zu tun und sie also nach Kräften mit herrlichen Komplimenten und Liebesbeweisen daran zu erinnern, dass es auch schön sein kann, *gemeinsam* alt zu werden.

»Ein Mann ist so alt wie die Frau, die er fühlt«, sagte Groucho Marx – selbst so ein Sugardaddy, der sich im fortgeschrittenen Alter noch einmal in eine 20-Jährige verliebte. Eine gute Freundin soll ihm die passende Begründung dafür geliefert haben: »Weißt du eine bessere Möglichkeit, dein Geld zu investieren, die dir ebenso viel Vergnügen bereitet?«

Für sie mag es zwar reizvoll sein, etwa die Mutterschaft mit einem Mann zu genießen, der jetzt endlich Zeit für den neuen Nachwuchs hat (wie er nicht müde wird in allen Medien herumzuposaunen und damit den »alten« Nachwuchs ziemlich brüskiert, weil der sich zu Recht bloß als missglückte Trainingseinheit fühlt), ohne ökonomischen Druck und Angst vorm Karriereknick. Auf Dauer wird es ihr aber nicht sehr gefallen, wenn nur er ihre Jugend genießt, während sie das Leben einer Frühpensionärin führt und auf dem Kinderspielplatz alle ganz begeistert sind von dem netten Opa, der doch eigentlich Partner und Kindsvater ist. Wenn sich bei ihm die ersten Gebrechen zeigen, er seine Ruhe will und schon das Sandmännchen für ihn den Tatbestand des »Nightlife« erfüllt und sie immer mehr zu seiner – immerhin ordentlich bezahlten – Altenpflegerin wird, die sich anders als das Personal, das jederzeit kündigen kann, alles gefallen lassen muss. Wie alle anderen Beziehungen hat eben auch diese ihre Tücken, Lasten und Kosten.

Wenn es also ein Verfallsdatum gibt, dann natürlich auch für Männer und ihre Illusion, kraft ihrer Geschlechtszugehörigkeit von den Zumutungen des Alterns befreit zu sein. Dabei geht es ihnen wie uns: Je angestrengter sie versuchen, den Alterungsprozess aufzuhalten, umso augenfälliger wird er. Je mehr sie behaupten, dass Alter doch unwichtig ist, umso größer ist die Bedeutung, die sie ihm in ihrem Leben einräumen. So groß, bis sie es selbst nicht mehr ignorieren können. Dann faseln auch die größten Jäger des Frischfleisches, so wie Udo Jürgens, plötzlich etwas von »Altersdiskriminierung« und sind maßlos empört darüber, dass stets in Klammern neben ihrem Namen steht, was man ihnen doch ohnehin längst ansieht: dass sie allenfalls noch im Seniorenheim für Herzrasen sorgen.

Kurz: Natürlich gibt es alte Spieler und nicht bloß gute oder schlechte. Und: Die Spieler wissen es im Grunde ihres Herzens selbst. Oft genauso früh wie wir Frauen. Weil sie sich – sofern sie aktive Sportler waren – viel eher mit all den körperlichen Gebrechen, den Abnutzungserscheinungen und dem Verschleiß herumschlagen müssen. Im Unterschied zu ihnen sind wir allerdings weitaus besser darauf vorbereitet, weil es uns wesentlich schwerer gemacht wird, »die ersten Zeichen der Hautalterung« zu ignorieren. Dafür sorgen schon Werbung, Kosmetikindustrie, Hollywood und die Modedesigner. Zwischen 20 und 40 haben wir schon so oft gehört, dass wir einer ständigen Wertminderung unterworfen sind, dass wir spätestens ab unserem 45. Geburtstag jedem, der noch »junge Frau« zu uns sagt, also freundliche Eisdielenkellner, Senioren ab 80 und Blinde, aus lauter Dankbarkeit unser Vermögen überschreiben würden, hätten wir es nicht längst für Diäten, Cremes und – wie einige von uns – für ein paar kleine chirurgische Korrekturen ausgegeben.

Männer dagegen werden viel zu lange von der betrüblichen Tatsache verschont, dass der Zahn der Zeit an ihnen auch nicht spurlos vorübergeht. Ihnen sagt keiner, dass es ab 20 steil bergab gehen wird und sie mit 45 leider nicht mehr zu den Trophäen auf dem Singlemarkt gehören. Sie können sich deshalb aber auch nicht beizeiten dort eine Hornhaut zulegen, wo die Psyche ihre Altersängste lagert. Deshalb trifft es sie beinahe noch etwas härter als uns, wenn sie plötzlich feststellen, dass natürlich auch sie sowohl geistig als auch körperlich einer gewissen Materialermüdung unterliegen. Wenn sie ihre müden Knochen und Gelenke vor jedem Spiel so ausgiebig mit Stützverbänden schützen müssen, dass man ihnen schon den Spitznamen »Mumie« verliehen hat. Wenn sie mehr Zeit beim Orthopäden verbringen als andere auf dem Platz und so schlecht sehen, dass man schon mit einem Medizinball spielen müsste, damit sie einen Ballwechsel noch mitkriegen. Wenn ein Mann sich also endgültig nicht mehr einbilden kann, dass er sich in ein, zwei Wochen wieder so gut fühlen wird wie immer. Dann muss er getröstet werden. Aber so, dass er es nicht merkt. Weil Trost im Männerkosmos die Anerkennung von Schwäche bedeutet, und die gibt es dort nicht. Genauso wenig wie Wechseljahre oder Arthrose oder das drängende Bedürfnis, um 21 Uhr im Bett zu liegen. Natürlich um zu schlafen. Was sonst?

Wenn er also dann endlich mit der ganzen schmutzigen Wahrheit konfrontiert wird, dass es natürlich auch alte und nicht bloß gute oder schlechte Spieler gibt, dann sollten wir so reagieren, wie wir es uns ja auch von ihm wünschen: sanft, diskret, verständnisvoll. Vielleicht kann er sich ja sogar noch irgendwie ehrenamtlich in seinem Verein nützlich machen: als Trainer, Platzwart oder Vereinsvorsitzender. Man sollte ihn ermutigen, und nicht sagen: »Endlich hast du Zeit für mich! Ich habe da schon ein paar sehr interessante Freizeitaktivitäten für uns ausgesucht. Vorab nur so viel: Du brauchst ein paar Wanderstiefel und einen beigen Anorak!« Dann würde eintreten, was er fürchtet wie der Teufel das Weihwasser: Dass er uns vollkommen zur Verfügung stehen, ganze Nachmittage mit uns reden muss, mit langen Einkaufslisten in den Supermarkt geschickt wird und mit uns mittwochs zum Warmbadetag geht, statt wie sonst mit »Bin beim Verein!« zu entschwinden. Dann fühlt er sich wirklich alt. Dass Männer und Frauen ständig zusammenglucken, ist im Plan der Natur eigentlich sowieso nicht vorgesehen und kann nur zu Desinteresse und Langeweile führen – den schlimmsten Alterserscheinungen von allen. Sollte er also mit lädierten Knochen und schmerzverzerrtem Gesicht nach Hause kommen, weil er wider jeden ärztlichen Rat doch nochmal in den Zweikampf gegangen ist oder sich im Stadion die Nieren verkühlt hat – ärgern Sie sich nicht. Eigentlich sollte man doch froh sein, dass er sich auf dem Platz jung fühlt, anstatt das Familienbudget für eine Harley auszugeben oder es an eine Blondine zu verschwenden, die seine Tochter sein könnte. Und außerdem: Wobei sich jeder jung fühlt, das sollte ihm selbst überlassen bleiben – solange es den anderen nicht ungebührlich alt macht.

Flach spielen – hoch gewinnen

Eine außerordentlich nützliche Regel. Auch und vor allem für alles, was sich so zwischen Männern und Frauen abspielt. Weil sie so wunderbar funktioniert, viel Arbeit erspart und einiges zur Entspannung beiträgt. Sie besagt, dass sich Erwartungen und Ansprüche in der Liebe umgekehrt proportional zum Ertrag verhalten. Meint: Weniger ist erfolgreicher. Das beginnt schon bei der Fahndung nach dem Richtigen. Da besucht man Singlepartys, gibt ein Vermögen für Internet-Single-Börsen und Kleinanzeigen, für Speed-Dating und für Singlekochkurse aus. Nie geht man zu Essenseinladungen oder Partys, ohne nicht perfekt für den Ernstfall – die erste Begegnung mit dem Traummann – gerüstet zu sein. Kurz: Man braucht länger als Verona Feldbusch fürs Schminken, Frisieren und Ankleiden. Und was passiert? Nichts! Stattdessen muss man bloß mal morgens ausnahmsweise und weil es gestern so spät war völlig verschlampt in Leggings, ungeschminkt und ungekämmt – also praktisch unsichtbar – aus dem Haus gehen, um mal eben eine Zeitung zu kaufen – und schon trifft man ihn, den Mann mit den schönsten Augen der Welt (um nur eines seiner ungefähr 1435 hinreißenden, überwältigenden, umwerfenden, atemraubenden Merkmale zu nennen). Nach ungefähr vier Verabredungen hat man aber nicht mehr nur eine Liste von Vorzügen, sondern auch eine ebenso lange Mängelliste erstellt. Nichts Gravierendes – sonst hätte man sich ja gleich mit Grauen abgewandt. Mehr so Kleinigkeiten. Er hat nicht gerade die besten beruflichen Perspektiven, mag nicht dieselbe Musik, seine Freunde halten Monet für ein Wirtschaftsmagazin, und er hat sein letztes Buch vor der Euroumstellung gelesen. Er erreicht also von 100 möglichen Punkten allenfalls 75. Ob das reicht? Könnte ja sein, dass da draußen vielleicht noch die volle Punktzahl herumläuft! Am Ende hätte man seine Zeit vergeudet.

Für viele Singlefrauen verhält es sich mit Männern wie mit neuen Kleidern. Man ist immer auf der Suche nach der Perfektion. Einem Outfit, das einen zehn Jahre jünger und fünf Kilo leichter wirken lässt, das den Typ unterstreicht und in jeder Lebenslage tragbar ist. Manches Teil erfüllt wenigstens im Laden teilweise das Plansoll, weckt Hoffnungen, diesmal das Richtige gefunden zu haben. Doch nach einer – meist ziemlich kurzen – Weile findet man, dass das Kleidungsstück wie durch einen bösen Zauber seine Reize verloren hat. Bei ungefähr 70 Prozent dauert es dann bloß noch ein paar Wochen, bis sie in der Kategorie »Fehlkauf« landen, der Rest wird Alltagserscheinung, um irgendwann durch einen neuen Hoffnungsträger ersetzt zu werden. Ein ewiger, enttäuschender Kreislauf.

Ähnlich ist es mit der Liebe. Wer hier nach dem Optimum strebt, der wird feststellen: Die Aussicht, dass da draußen vielleicht noch etwas Besseres sein könnte, verschlechtert meist die Qualitäten dessen, was man hat. Das ist fast so etwas wie ein Naturgesetz. Schließlich besitzt der aktuelle Mann immer einen großen Nachteil vor allen Zukünftigen und vielen Verflossenen: Er ist echt. Während die einen noch nicht ihre Alltagstauglichkeit unter Beweis stellen mussten, verschwinden die Ecken und Kanten der anderen im gnädigen Dämmer der Vergangenheit und wirken plötzlich auch immer ein bisschen besser, als sie wirklich waren. Vergleiche, die meist nicht gerade zugunsten des aktuellen Mannes ausfallen. Der wirkt umso mittelmäßiger, je höher die Ansprüche sind. Dann kann man nur noch sagen: Willkommen in einem typischen Entscheidungsdilemma! Man will sich nicht zu früh binden, um eine optimale Entscheidung treffen zu können. Gleichzeitig hat man aber weder die Zeit noch die Gelegenheit, mit allen Männern zu schlafen, die Single, im richtigen Alter und im Besitz einer Villa sind. Sicher, man könnte es versuchen und manche tun es auch. Aber es bringt einen nicht weiter. Erstens greifen – während man selbst noch in der Testphase ist – andere beherzt zu, verkleinern also das Angebot. Zweitens könnte es ja sein, dass man etwa bei Kandidat Nummer 17 feststellt, dass der mit der Nummer neun doch gar nicht so schlecht war. Der ist allerdings mittlerweile längst verheiratet und hat drei Kinder.

Die Vorstellung, dass man möglichst viel Frösche küssen muss, um den besten Traumprinzen herauszufinden, bringt einen nicht wirklich weiter. Die Liebe ist keine Anprobe und das Ergebnis verbessert sich nicht mit den Anstrengungen, mindestens eine Ben Affleck-Kopie zu ergattern. Weil man über das Suchen das Finden so leicht aus den Augen verliert. Und weil man die besten Ergebnisse eben damit erzielt, dass man den Ball flach hält – und Partnersuche als angewandte Demut und Nichtwissen betrachtet. Findet jedenfalls die Entscheidungsforschung. Die behauptet, dass die Partnersuche nach der Devise abläuft: Wenn du einige gesehen hast, kennst du alle. Und es im Prinzip genügt, sich zwar nicht gerade mit dem Erstbesten zu begnügen, dass es aber im Schnitt nur zwölf Testfälle braucht, um einen netten Lebenspartner zu finden, mit dem man ziemlich glücklich werden kann. Umgekehrt aber – so die Wissenschaftler – sinken die Chancen, wenn man sich gerade damit nicht zufrieden geben mag. Ab einem bestimmten Zeitpunkt wird man nämlich nicht mehr klüger, sondern erfolgloser: Wer Mr. Perfect will, der wird nicht mal Mr. Right finden.

Also: Anspruchsniveau senken. Schon wer seine Toleranzgrenzen – »Niemals einen Mann mit lichtem Haar«, »Auf gar keinen Fall einen Steinbock!« – um ein paar Millimeter nach unten verschiebt – »Lichtes Haar ist ok, solange er nicht Modern Talking hört«, oder »Es kommt ja auch sehr auf den Aszendenten an!« –, kann seine Aussichten immens verbessern. Es ist, als habe der Papst einen Beziehungsratgeber geschrieben: Selig werden nur die Gnädigen, und wer am meisten verlangt, muss sich am Schluss mit den Trostpreisen begnügen.

Hat man das erst mal verstanden, wird es einem auch im Beziehungsalltag leichter fallen, das Unmögliche vom Machbaren zu unterscheiden und damit auf die Gewinnerseite zu kommen. Mit dem Wissen, dass man sich die schönsten Überraschungen eben selbst bereiten muss, anstatt sie vom Gatten zu erwarten. Denn: Wie wahrscheinlich ist es, dass ein Mann mal eben von einer packenden Begegnung – sagen wir zwischen Borussia Dortmund und Schalke – aufblickt, weil er bemerkt, dass wir eine neue Nagellackfarbe haben? Dass er nach dem Weg fragt? Einem den Politikteil und nicht das »Vermischte« reicht, wenn man nach der Zeitung fragt? Sich an alle wichtigen Daten – vom Kennenlernen über den ersten Sex, den ersten Krach usw. – erinnern kann? Aufsteht, noch bevor wir an die Tür gegangen sind, weil es dort geklingelt hat? Sich jetzt noch daran erinnern kann, welchen Geburtstagswunsch wir vor fünf Minuten geäußert haben? Dienstagabend nicht mitten in einer neuen Folge von »Desperate Housewives« auf den Sportkanal schaltet, weil dort irgendwas läuft, das ihm interessanter erscheint? Dass er sich wenigstens unsere drei Lieblingsgerichte merken kann und nicht jedes Mal wieder so überrascht ist, als wäre ihm gerade der Halley'sche Komet begegnet, wenn wir sagen, dass wir Fenchel hassen und den von seiner Mutter eingelegten Hering verschmähen? Den Schirm so hält, dass uns nicht der ganze Regen in den Nacken läuft? Ebenso wahrscheinlich ist es, dass Iris Berben ihr jugendliches Aussehen – wie sie gern behauptet – wirklich einem Ozean von Mineralwasser und ein paar Tabletten verdankt!

Wider bessere Vernunft und alle Erfahrung zu erwarten, dass ganz normale Männer sich in Romeos verwandeln, bloß weil halb Hollywood gar fürstlich von dieser unbewiesenen Behauptung lebt, ist nicht nur unvernünftig, sondern eine Art emotionales Harakiri. Und zwar für beide Seiten. Es ist doch ziemlich beleidigend für einen

Mann, nicht für das, was er ist, sondern bloß für das, was er ihrer Meinung nach sein könnte, geliebt zu werden: Retter vor Ungemach, sensibler Liebhaber, souveräner Ernährer, Schulter zum Anlehnen, aber Entscheider, wenn es drauf ankommt, Softie und Chauvi, zielstrebiger Karrierist und spontaner Aussteiger. Wen wundert es da noch, wenn Männer vor so viel Stress ähnlich agieren wie der nordamerikanische Laubfrosch und sich in etwas verwandeln, das wie Baumrinde aussieht und genauso reagiert, wenn man sie mit Vorwürfen bombardiert?

Flach spielen bedeutet deshalb auch: Nicht mehr von einem Mann zu erwarten, als er ist und kann. Es wäre ja auch ziemlich vergebens, sich etwa von Boris Becker einen wesentlichen Beitrag zur Altertumsforschung zu erhoffen oder von Udo Jürgens einen vernünftigen Satz über Frauen, der nicht klingt, als hätte er bei Dieter Bohlen Unterricht genommen. Außerdem möchte man umgekehrt ja auch nicht an Models oder Sexbomben gemessen werden. Das ist nämlich nicht fair, macht bloß unglücklich und verstellt den Blick auf all die herrlichen Möglichkeiten, die einer Beziehung innewohnen, hört man mal auf, sie mit all den Klischees von der gelungenen Zweisamkeit zu vergleichen. Ohne all diese Vorgaben und fixen Ideen bleibt einem plötzlich eine Menge Freiheit zur Selbstgestaltung und viel Gelegenheit herauszufinden, ob Ulrich auf seine Art nicht doch fast so etwas wie ein Romeo ist. Nur dass er nicht Rosen regnen lässt, sondern einen auch dann zum Lachen bringt, wenn man kurz vorher noch am liebsten geheult hätte.

Pragmatismus in der Liebe bedeutet keinen Abstieg. Ein Abstieg wäre es, würde man sich von andern vorschreiben lassen, was Romantik ist, wie hoch die monatliche Komplimentquote und der wöchentliche Sexquotient sein sollten. Ein Abstieg wäre außerdem, einen Mann mit einem Stimmungsaufheller zu verwechseln, der einen 24 Stunden am Tag in einen ähnlich euphorischen Zustand versetzt wie es sonst nur ein blanko Einkaufsgutschein bei Prada schaffen würden. Und nicht nur ein Abstieg, sondern auch ein ziemlich riskantes Unternehmen wäre es, einen Mann mit einer Lebensversicherung zu verwechseln, der uns von regelmäßigen Beiträgen in die Rentenkasse, von den Härten des Erwerbslebens und der Verpflichtung für uns selbst zu sorgen enthebt. Das ist – mit Verlaub – so ziemlich das Allerdämlichste. Liebe hat es einfach nicht verdient, mit all den falschen Erwartungen belastet zu werden. Ebenso wie Männer. Das bedeutet natürlich nicht, dass man sie von allen Verpflichtungen enthebt und sie sich aufführen dürfen wie ein Dreijähriger in einem antiautoritären Kindergarten. Sie sollten nur an ihren tatsächlichen Fähigkeiten gemessen werden. Welche das sind? Achten Sie auf die Anfänge. Da zeigen Männer, was sie alles können. Eine kleine Leistungsschau ihrer Möglichkeiten. Jetzt ist der richtige Zeitpunkt, ihm wichtige Dinge zu erklären: die Waschmaschine und den Trockner, dass angegammelte Socken eklig sind und man sich beim Pinkeln hinsetzt. Grundsätzlich. *Immer*. Ist er willig – und das wird er sein –, machen Sie am besten ein paar Fotos, wenn er putzt, kocht und Frühstück serviert. Sie werden sie garantiert noch brauchen, um sich und ihn daran zu erinnern, dass es auch anders geht. Und damit er nicht irgendwann anfängt zu behaupten, dass er einfach schon motorisch nicht in der Lage ist, ein Tablett zu halten.

Die Leute gehen zum Fußball, weil sie nicht wissen, wie es ausgeht (Sepp Herberger)

Was für ein kluger Satz und wie richtig er ist. Schließlich würde kein Mensch mehr zum Fußball gehen, wären die

Ergebnisse vorher schon bekannt, und es gibt kaum etwas, mit dem man einem Mann so den Tag versauen kann, als wenn man ihm vor der *Sportschau* die Bundesligaergebnisse verrät (außer vielleicht mit: »Dein Auto brennt!«). Ja, die Existenz des ganzen Sports hängt daran, dass der Ausgang ungewiss ist und selbst Spitzenvereine wie der FC Bayern trotz Bestbesetzung – glücklicherweise – nicht immer Garant für Siege sind. Was beim Fußball stimmt, das gilt genauso für die Liebe. Auch hier geschehen immer wieder die überraschendsten Dinge, gibt es Wendungen, die ähnlich unwahrscheinlich sind, wie eine Promi-Party ohne Udo Walz. Beispielsweise als Lady Di für Camilla Parker-Jones bei Prinz Charles das Feld räumen musste. Was ungefähr so ist, als würde Manchester United gegen den FC Oggersheim verlieren. Das hat bei den Frauen über 40 mit ein bisschen Übergewicht und normalem Aussehen für viel Entspannung gesorgt, während die Nachricht in der Welt der langmähnigen Blondinen unter 25 und dem Body-Mass-Index eines Windhundes wie eine Bombe einschlug. Wenn nicht mal mehr sicher ist, dass *jeder* Mann auf ihre Reize mit vermehrtem Speichelfluss und Greifreflexen reagiert – worauf kann man sich sonst noch verlassen? In der Liebe eigentlich auf nichts. Da gibt es nur eine Gewissheit: dass es keine gibt.

»Die Liebe ist kein ehrenwertes Gefühl«, so schrieb schon die Schriftstellerin Colette, wohl wissend, dass aus Liebe nicht nur die schönsten, sondern auch die schlimmsten Dinge geschehen. Man kann beispielsweise verlassen, zutiefst gedemütigt werden und zehn Jahre mit dem Falschen verbringen. Und gibt es tatsächlich eine Hölle, wird sie garantiert mit Sätzen wie »Ich liebe dich nicht mehr« oder »Ich habe eine andere« geöffnet. Eigentlich müsste Liebe – ähnlich wie Zigaretten – mit einem Warnhinweis versehen werden: »Vorsicht. Der Genuss kann Sie todunglücklich machen!« Darauf verzichten? Das haben schon ganz andere versucht und sind gescheitert. Weil es ohne das berauschende Gefühl, für einen anderen alles sein zu können, irgendwie doch nicht geht. Und weil es doch viel schöner ist, zu zweit aufzuwachen und einem anderen dabei zuzusehen, wie er sich beim Lesen in den Haaren zwirbelt, zu wissen, dass er nervös ist, wenn er anfängt, sich am Ohr zu zupfen, und der einen, wenn man nach Hause kommt, schon küsst, noch bevor man den Mantel ausgezogen hat. Sofort fühlt man sich ein bisschen besser. Auch nach einem echt miesen Tag. Das und noch viel mehr kann Liebe sein, und deswegen ist es so unglaublich schwer, darauf zu verzichten. Ein Gefühl, ohne das wir nicht leben wollen, weil es »sich einfach so gut anfühlt«, so die amerikanische Anthropologin Helen Fisher. Und gleichzeitig ein Affront ist gegen unseren kleinen, gepflegten Größenwahn, dass alles machbar ist, wir alles im Griff haben müssten. Wieso – so fragt man sich verzweifelt – darf unsere Bestellung beim Schicksal nicht einfach so lauten: »Für mich einmal die perfekte Beziehung, ohne Ungewissheiten, die Verletzlichkeit. Und wo wir schon dabei sind: Die Zweifel hätte ich gerne auf einem Extrateller. Ich vertrage sie in letzter Zeit so schlecht.«

Noch haben wir keine Software, wie sie in dem Episodenfilm von Monthy Python »Amazonen auf dem Mond« zur Anwendung kommt. Da tippt eine Frau vor dem ersten Date mit einem viel versprechenden Kandidaten dessen Daten in den PC und erhält flugs ein umfassendes Beziehungsprofil, erstellt von seinen Exfrauen. Da steht alles – vom Verhalten im Bett »wie ein Bonobo« über sein Betragen bei Tisch bis hin zu wichtigen Charaktermerkmalen wie Großzügigkeit, Fürsorge, Interesse und Zärtlichkeit. Keine Ungewissheiten, keine Geheimnisse, keine Irrungen, keine Zeitverschwendung an einen, der es nicht verdient hat. Man weiß gleich, woran man ist und ob es sich überhaupt lohnt, ihm die Tür aufzumachen. Bis die Forschung so weit ist, müssen wir uns mit anderen Methoden begnügen, um die gute alte Versicherungsdevise »better safe than sorry« auf unser Liebesleben zu übertragen, die Sehnsucht nach Gewissheiten zu stillen, nach Betriebsanleitungen für eine glückliche Beziehung. Gern wird da zu Ratgebern gegriffen, die einem erklären, wie man das Risiko »Mann« durch profunde Kenntnisse seiner Evolutionsgeschichte, seinem ererbten Hang zum Seitensprung und seiner biologischen Unfähigkeit, Frauen länger als drei Minuten am Stück zuzuhören, minimiert. Empfehlungen, wie man das angsteinflößende Ungeheuer »Zufall« möglichst frühzeitig erlegt und stattdessen den Schoßhündchen »Übersichtlichkeit« und »Berechenbarkeit« den roten Teppich ausrollt. Einmal im Besitz der Liebe, möchte man sie am liebsten ins Tiefkühlfach legen – gleich neben die Pizza und die Eiswürfel –, damit alles genauso bleibt wie es ist. Die Furcht verletzt zu werden ist vielfach gar so groß, dass manche ganz darauf verzichten, noch einmal das Wagnis einzugehen. Eine Studie der Sozialpsychologin Beate Küpper ergab, dass die Risikoscheu in Liebesdingen nicht wenig zur Singlequote beiträgt. Viele wünschten sich zwar eine Beziehung, hätten aber Angst, einen möglichen Partner nahe an sich heranzulassen. Und statt von dieser kontrollierenden Haltung abzulassen, ziehen sie den Rückzug in die einzige ihnen vertrauenswürdig erscheinende Sicherheitszone – in die Festung Einsamkeit – vor.

So verschwindet die Liebe zeitgleich mit den Bemühungen, sie wie einen Bausparvertrag zu behandeln. Das sollte einem eigentlich zu denken geben. Zum Beispiel, dass es nicht etwa ein großer Mangel, sondern eben die Qualität der Liebe ist, gefährlich zu sein, leidenschaftlich, ungewiss und leichtlebig. Weil das ja gerade ihren Reiz und den der Leidenschaft und letztlich auch der Lust ausmacht. »Erotik, intensives Begehren und Erleben ist ohne Risiko, ohne Angst, ohne Feindseligkeit, ohne Rache, ohne Triumph, ohne Kampf – zumindest in Spuren – nicht denkbar«, sagt der Partner-Coach und Erfolgsautor Michael Mary. Und: »Harmonie ist der Feind der Leidenschaft.« Die Schriftstellerin Françoise Sagan drückt es etwas drastischer aus: »Viele, von denen man glaubt, sie seien gestorben, sind bloß verheiratet.«

Dass Null-Spannung vielleicht beruhigend wirkt, aber eben auch auf Null-Erleben und damit auf Null-Leidenschaft hinausläuft, ist keine Theorie. In vielen wissenschaftlichen Studien wurde belegt, dass Liebe und Risiko Seelenverwandte sind. Etwa von dem Psychologen Arthur Aron von der Uni New York in Stony Brook und seinem legendären »Brückenversuch«. Eine attraktive Frau führte in seinem Auftrag eine harmlose Befragung unter den männlichen Besuchern eines Naturparks in Kanada durch. Für einige dieser kurzen Gespräche stellte sie sich allerdings auf eine drei Meter hohe Holzbrücke, für andere auf die mit 137 Metern längste Fußgängerhängebrücke der Welt, die in 70 Metern über einen reißenden Fluss führt. Nach der Umfrage gab sie den Männern jeweils ihre Telefonnummer. Es stellte sich heraus, dass die Männer von der Hängebrücke viermal häufiger zum Telefon griffen als die von der Holzbrücke. Einfach, weil ihr Herz höher schlug, bei Furcht die gleichen körperlichen Reaktionen abgespult werden wie in der Hochphase der Verliebtheit. Adrenalin wird gebildet, Dopamin fließt. Das bedeutet: Aufregung, Abenteuer, dieses prickelnde Gefühl, etwas zu riskieren, und sei es nur die Friedhofsruhe, die ein Leben ohne Spannung umgibt.

Dass sich die Größe des Glücks auch an der Furcht bemisst, es wieder verlieren zu können, wusste bereits der Tyrann Dionysios von Syrakus. Als er seinen Höfling Damokles an der Tafel die köstlichsten Leckereien speisen ließ, geschah dies unter einem Schwert, das an einem einzigen Haar über dem Haupt des Höflings schwebte. Eine

Mahnung, ein Memento mori, damit er sich nicht an sein Glück gewöhnte. Wirklich schade, dass man nicht jedem Mann beim Frühstück ein Schwert übers Müsli hängen kann. Genauso wie das Verbot von Selbstschussanlagen in Badezimmern, die immer reagieren, wenn er wieder ein Handtuch auf dem Boden liegen lässt.

Aber man kann die Ungewissheit anderweitig pflegen. Indem man sich einfach Hals über Kopf verliebt, ohne sich zwanghaft Horrorvisionen auszumalen, gegen die »Der Exorzist« wie ein Beitrag für die Sesamstraße wirkt: dass er garantiert nicht anruft, dass man wie Twix nur Zwischenmahlzeit ist, die Frau zwischen den beiden größten Lieben seines Lebens, dass er keine Kinder will und selbst wenn, kein guter Vater wäre, dass er einen betrügt, zu viel oder zu wenig Geld ausgibt, dass er einen nicht bis ans Ende seiner oder meiner Tage liebt, dass er das Interesse verliert oder irgendwann grunzend auf dem Sofa liegt und aussieht wie Kafkas Held Gregor Samsa, nachdem seine Verwandlung zum größten Ungeziefer nach Tarantula abgeschlossen war. Keine Minute sollte man darauf verschwenden. Weil man es so wenig vorhersehen kann wie die Bundesligaergebnisse vom nächsten Wochenende. Und weil es sozusagen das Wesen der Liebe ist, dass sie nicht berechenbar ist. Alles andere ist Langeweile, Öde, Tristesse.

Sich um die Unsicherheiten herumschummeln, Fremdheiten ausklammern, Eigenwilligkeiten ausmerzen zu wollen, ist verständlich. Aber ebenso vergeblich wie gefährlich. Das läuft auf Frotteeschlafanzüge, Sextermine (»Samstag zwischen 17 und 19 Uhr wird gefälligst gestreichelt!«) und all die anderen frustrierenden Regelmäßigkeiten hinaus, die vielleicht ganz nützlich sind, in der Liebe nichts zu suchen haben und die ernsthaft eigentlich sowieso keiner will. Bevor der Partner schon auf den Fahrplan der Deutschen Bahn schielt, weil er da fast mehr Spontaneität und Überraschungen findet als in seinem Beziehungsalltag, wäre ein kleines Vorsorgeprogramm ganz angebracht. Soll er doch anders sein, zu seinen Sportveranstaltungen gehen, mal allein mit Freunden in Urlaub fahren, sagen, dass das Buch, das für Sie eine einzige Offenbarung war, ihn nur zum Gähnen gebracht hat. Es ist ein Buch und nicht der Qualitätsmaßstab für die Größe seiner Gefühle. Und: Es geht um Liebe und nicht um Synchronschwimmen. Totale Transparenz und Berechenbarkeit sind zwar legitime Wünsche, aber das sind eine Schachtel belgischer Pralinen und eine Pizza zum Abendbrot auch. Trotzdem kann man sie sich verkneifen, weil man um die Folgen weiß: 23 Prozent aller Geschiedenen geben laut einer Umfrage als Scheidungsgrund an, sie konnten nicht mehr miteinander reden. Worüber auch, wenn man alles voneinander weiß und das eigentlich Interessante, die Gegensätze, das Konfliktträchtige zu sehr fürchtet, um es anzusprechen? Und wenn jeder Fünfte über Langeweile und Routine klagte – vielleicht auch, weil er es vorher nicht aushalten wollte, nicht jetzt schon zu wissen, wie es in fünf Jahren sein wird, wo man die nächsten Ferien verbringt – und später genau das nicht mehr ertragen kann.

»Wie ihr wisst, war Sicherheit des Menschen Erbfeind jederzeit«, schreibt William Shakespeare hellsichtig. Und der Schweizer Philosoph Georg Kohler meint: »Ohne Lust am Risiko wüssten wir gar nicht, wie verschiebbar unsere Wirklichkeit und ihre Grenzen sind.« Das gilt auch und vor allem für guten Sex. Da lautet die Formel: Ohne die Bereitschaft, sich hinzugeben und zu vergessen, ob die Orangenhaut so in Wallung gerät, dass es aussieht, als wäre darunter ein Wellenbad in Betrieb, gibt es keine Leidenschaft. Ein Problem, besonders für Frauen mit ihrer Höllenangst, hemmungslos zu sein und dass sie irgendwie fett aussehen könnten, wenn er sich ihre Beine über die Schultern legt. Nimmt er sie von hinten, blickt sie nicht etwa nach vorne in Richtung Orgasmus, sondern auf ihren Busen, der es in dieser Position besonders eilig zu haben scheint, der Erdanziehung nachzugeben.

»Frauen wollen begehrt werden«, erklärt die kanadische Psychoanalytikerin Polly Young-Eisendrath diese typisch weibliche Lustbremse. Und die sei eingebaut. Schon als kleine Mädchen würden wir darauf trainiert, stets und ständig auf unsere Wirkung zu achten, unser Selbstbewusstsein darüber zu definieren, wie wir bei anderen ankommen, bloß nicht zu anspruchsvoll erscheinen. Deshalb, so Polly Young-Eisendrath, würden Frauen auch oder gerade im Bett nicht riskieren, sich auf das Wesentliche – *ihre* Lust, *ihre* Wünsche, *ihr* Begehren – zu konzentrieren. Stattdessen fließt alle Aufmerksamkeit dahin, möglichst eine gute Figur zu machen – wie eine Umfrage belegt, nach der es für immerhin knapp die Hälfte aller Frauen wichtig ist, wie sie beim Sex aussehen. Am besten so wie die Darstellerinnen von »Sex and the City«, die noch beim wildesten Akt so wirkten, als würden sie eher Manolo Blahniks zum Orgasmus bringen als ihre jeweiligen Lover.

Allerdings kommt man ohne Mut zur Hässlichkeit und wenn man nur darauf bedacht ist, bei anderen Begeisterung auszulösen, die Ideale von holder Weiblichkeit zu erfüllen, schwerlich auf seine Kosten. So wenig wie das wohl prominenteste Beispiel für den weiblichen Trugschluss, der größte Spaß am Sex bestehe für Frauen darin, Freudenspenderin statt Freudenempfängerin zu sein: Monica Lewinsky. Als sie am mächtigsten Mann der westlichen Hemisphäre einen Blow-Job versah, ging es genau um diesen Handel. Er hatte eine Ejakulation, sie die Befriedigung ihres Narzissmus – den Präsidenten der Vereinigten Staaten für einen kurzen Moment aus dem Häuschen gebracht zu haben. Was soll daran sonst so aufregend gewesen sein? Schließlich sitzen die erogenen Zonen der Frau bekanntlich weder auf ihrer Zunge noch am Gaumensegel. Kein Wunder, wenn bei so viel Lustverzicht die weibliche Orgasmusrate ungefähr dem Bruttosozialprodukt von Haiti entspricht. Laut einer von *Focus* in Auftrag gegebenen Umfrage des INRA-Instituts haben immerhin 75 Prozent der Männer einen Orgasmus bei jedem partnerschaftlichen Sex, während die Frauenquote bei mageren 29 Prozent dahindümpelt. Ein gravierendes Gefälle, das nicht etwa dadurch entsteht, dass Frauen biologisch irgendwie benachteiligt wären. Im Gegenteil. Körperlich haben Frauen sogar weitaus bessere Voraussetzungen als Männer, zum Feuerwerker der Lust zu werden. Ständig, überall. Das eigentliche Desaster ist, dass Frauen in der erotischen Defensive bleiben. Statt zu fragen »Was will ich«, überlegen sie: »Wie will er mich?«

Dabei würde es auch den Männern enorm viel bringen, wenn Frauen ihre sexuellen Wünsche und Reaktionen offen zeigen und aussprechen, anstatt sich zu gebärden, als gelte es bei jedem ehelichen Beischlaf eine Miss-Germany-Wahl zu gewinnen. Mag ja sein, dass Männer auf der Orgasmusskala die Pole-Position halten, aber auch für sie ist Sex mit einer Frau, die vom Partner nur den Beweis für ihre verführerischen Reize erhalten will, ein mühsames Geschäft. Auf ihnen lastet damit die große Verantwortung, ihr Befriedigung zu verschaffen, indem er ihr beweist, wie sehr er sie begehrt, wie schön sie aussieht, wie lecker sie schmeckt, wie erregend der Blick zwischen ihre Schenkel ist. So sind beide mit allem anderen beschäftigt als mit dem, worum es doch eigentlich geht: Lust. Sich das größtmögliche Vergnügen zu verschaffen, am und mit dem anderen. Stöhnen, schwitzen, riechen, schmecken, anfassen, außer sich sein, alles vergessen und nur noch Sex sein – das ist der stärkste Motor auf der Reise nach Ekstasien. Am besten man löscht das ganze Schönheitsprogramm, wenn man nicht will, dass die Lust den frühen Kuscheltod erleidet, und hört auf, den Sex als ein Minenfeld mit hochexplosiven Stoffen wie Scham und Peinlichkeiten zu fürchten. Denken wir lieber an das, was die Filmdiva Mae West als die Maxime für höchste Lust beschrieb: »Es kommt nicht darauf an, was der Mann davon hat, was er erlebt, was er will.« Vergessen wir, was wir sowieso nicht ändern können: Dass die Schenkel vielleicht nicht straff genug sind, die Brüste nicht groß genug, der Bauch nicht schlank und wir beim Sex nicht nach Maiglöckchen, sondern nach »strengen Pfifferlingen« riechen, wie Günter Grass die körperintimen Düfte einer Frau beschrieb. Und hören wir nicht länger auf Seriensätze wie die von Nelle, der kühlen Blonden aus »Ally McBeal«. Frauen, die wie sie sagen »Ich hab was gegen Schweiß. Ich schwitze selbst nicht, das habe ich nie und ich kann es nicht leiden, wenn andere schwitzen«, haben keinen Sex. Jedenfalls keinen, der das Prädikat »schön geil« verdient.

»Das Leben schrumpft und dehnt sich aus, proportional zum eigenen Mut«, soll Anäis Nin gesagt haben. Meint: Das Risiko zu scheitern ist nicht der Feind, sondern der Treibstoff der Liebe in all ihren Erscheinungsformen. Und immer alles zu planen, schon vorher alles wissen und festlegen zu wollen, ist etwa so spannend wie seine Weihnachtsgeschenke schon an Ostern auszupacken. Deshalb rät auch die amerikanische Anthropologin Helen Fisher: »Darauf achten, dass wir regelmäßig Neues und Aufregendes unternehmen, um die Chemie der romantischen Liebe im Gehirn in Gang zu halten.« Und: »Wenn kein Risiko dabei wäre, dann wäre das auch keine Chance«, schreibt Jurek Becker in seinem Roman »Jakob der Lügner« ganz richtig. Deshalb gibt es in der Liebe eigentlich nur eines, was wir ernsthaft fürchten sollten: Dass es irgendwann einmal wirklich eine Software gibt, die uns sagt, dass der wunderbare Mann, in den wir uns gerade rettungslos verguckt haben, uns in zehn Jahren vielleicht wegen einer anderen verlassen wird. Denn genau das könnte uns um die beste Zeit unseres Lebens bringen. Frei nach Sepp Herberger: Die Menschen lieben, weil sie nur hoffen, aber nicht wissen können, wie es ausgeht!

Wenn Männer zickig werden – die schönsten Fußballbeschimpfungen:

- »Die wissen nicht einmal, dass im Ball Luft ist. Die glauben doch, der springt, weil ein Frosch drin ist.« (Max Merkel über deutsche Funktionäre)
- »So einer wie der Effenberg, der hätte in den 70er Jahren nicht gespielt, nicht die Koffer getragen – der hätte bestenfalls den Ball eingefettet.« (Buffy Ettmayer)
- »Das Schönste an Stuttgart ist die Autobahn nach München.« (Thomas Strunz)
- »Mir ist egal, ob die Deutschen 4-4-2 oder 4-5-1 spielen. Meinetwegen können die auch 4711 spielen.« (Richard Moeller-Nielsen)
- »Früher passten seine Freunde in einen Eisenbahnwaggon, heute passen sie in ein Goggomobil.« (Rainer Calmund über Berti Vogts)
- »Was stört es die Eiche, wenn sich eine Sau an ihr reibt.« (Oliver Kahn zu Lothar Matthäus)
- »Der Basler spielt wie eine Parkuhr. Er steht rum und die Bayern stopfen Geld rein.« (Max Merkel über Mario Basler)

- »Er hat die Intelligenz eines ostfriesischen Teebeutels.« (Karl-Heinz Rummenigge über Bernd Schuster)

Entweder Sieg oder es klebt Blut am Pfosten!

Klingt brutal und ist auch so gemeint. Schließlich gehören Drohgebärden zum Fußball wie Stollen und Adduktorenprobleme. Spieler beschimpfen sich nicht nur nach Kräften und aufs Unflätigste. Auch nonverbal wird alles aufgefahren, was die Natur dem Männchen an Einschüchterungsmöglichkeiten mitgegeben hat: Sie Schreien wie die Gibbons, wenn die ihr Territorium verteidigen, zeigen ihre Zähne wie das Walross, scharren mit den Füßen wie ein Bulle oder werfen mit geschwellter Brust ihren Kopf in den Nacken wie der Tarzan des Tierreichs, das Kaukasusbirkhuhn, und sehen dabei so entschlossen aus, als käme es nicht mehr auf einen Toten mehr oder weniger an. Dann sagen sie: »Ist heute ein besonderer Tag oder bist du immer so blöd?« Oder: »Du hast einen IQ von sechs – bei acht grunzt das Schwein!« Oder: »Geh doch auf die Autobahn spielen!« Oder: »Schon mal einen Liter Blut durch die Nase gespendet?« Oder: »Wenn dein Kopf aus Glas wäre, könnte man sehen wie Scheiße arbeitet!« Oder wie zu Luis Figo beim Endspiel der EM 2004 Portugal gegen Griechenland: »Du würdest deine Mutter verkaufen, wenn du sie kennen würdest«, weil er vom FC Barcelona zu Real Madrid gewechselt war. Und das sind nur die vergleichsweise zivilisierten Provokationen, die sich zu den 99 restlichen Prozent der üblichen Stadienbeschimpfungen verhalten wie ein Sternerestaurant zu einer öffentlichen Toilette. Es geht schließlich nicht bloß um Leben und Tod. Die Sache ist »viel ernster«, wie Bill Shankly, Trainer aus Liverpool, einmal sagte, und entsprechend überzeugend muss es auch rüberkommen, wenn ein Spieler den anderen nicht bloß zum Lachen bringen will. Das ist zwar nicht gerade fein, aber funktioniert und zeigt deutlich, worauf Männer ansprechen, wenn man etwas von ihnen will: auf starke Reize, auf Konsequenz und einen Verhandlungsspielraum, der so klein ist, dass man ihn mit dem bloßen Auge praktisch nicht mehr erkennen kann.

Frauen wissen das. Jedenfalls, wenn sie eine gewisse Zeit mit Männern verbracht haben. Bereits nach etwa drei Jahren des Zusammenlebens zeigen ihre Stimmbänder bereits stärkere Abnutzungserscheinungen als die eines Politikers nach dem Wahlkampf, weil sie Sätze wie: »Könntest du bitte mal aufhören, dir deine Zehennägel in der Küche zu schneiden?«, oder: »Würdest du mir wenigstens *einmal* auch ein Glas aus der Küche mitbringen?« häufiger wiederholt haben als das ZDF die Schwarzwaldklinik. Mit ähnlichen Ergebnissen wie windelweiches Wünschen – »Es wäre sooo lieb von dir, würdest du mir etwas mehr helfen, damit ich trotz meiner Abendschule noch zum Schlafen komme« – oder notorisches Zanken: »Ich bin jetzt echt richtig böse mit dir!« All das finden Männer ähnlich beeindruckend wie die fußballerischen Leistungen der Nationalmannschaft von Amerikanisch-Samoa, die die Qualifikation für die Weltmeisterschaft 2002 gegen Australien 0:31 verlor. Was haben sie schon zu verlieren? Nichts, außer einem bisschen Ruhe.

Frauen drohen, schimpfen, klagen – aber selten so, dass Männer auch nur im Entferntesten begreifen, dass sie es ernst meinen. Für sie zählt Nörgeln bei Frauen wie Brüste oder Achselhaare zu den sekundären weiblichen Geschlechtsmerkmalen, und sie behandeln die ständigen Aufforderungen, etwas zu verändern, etwas zu tun, etwas zu beachten, so ernsthaft wie ein Hintergrundgeräusch, einen Tinitus, den man am besten mit einem anderen Geräusch, etwa der Liveübertragung übertönt. Dass Männer weibliches Klagen selten ernst nehmen, lässt sich auch unschwer daran ablesen, dass die überwiegende Mehrzahl der Scheidungen von Frauen eingereicht wird. Erst wenn wir ihnen praktisch schon die Koffer vor die Tür gestellt haben, fallen sie dann plötzlich aus allen Wolken und sagen Sätze wie: »Hätte ich geahnt, dass dich meine Affären so verletzen, hätte ich mich sofort von meiner Geliebten getrennt!« Oder: »Ein Wort von dir, und ich hätte die Kinder auch mal ins Bett gebracht.« Richtig beleidigt können sie werden, wenn es längst zu spät ist, weil man seinen Forderungen, Wünschen und Bedürfnissen nicht mehr Nachdruck verliehen hat, also nicht so, dass sie den Ernst der Lage hätten erkennen können. Fast sind wir noch dran schuld, dass wir ihnen nicht mit der nötigen Strenge verdeutlicht haben, worunter wir leiden, was wir ändern wollen.

Deshalb sollte man möglichst frühzeitig damit anfangen, deutlich zu werden. Deutlicher jedenfalls, als man es bislang war, aus Furcht, unweiblich, unbescheiden, kompromisslos zu wirken. Frauen machen diesen Denkfehler gern und ja nicht nur im Privatleben, sondern auch bei der Arbeit. Dabei funktioniert es doch viel besser, wenn man sich unmissverständlich mitteilt, Grenzen zieht und zweifelsfrei klarmacht, dass die nicht verhandelbar sind. Das spart allen – vor allem ihm – letztlich eine Menge Energie, die er sonst – ja durchaus bisweilen mit Erfolg – in die Verschiebung der Grenzpfosten – zu seinen Gunsten natürlich – investierte.

Dazu muss man aber eben auch zum Ausdruck bringen können, dass man es ernst meint, und also jenen Bereich verlassen, der bei Männern sofort das auslöst, was ein Angriff beim Rosenkäfer bewirkt: einen Totstellreflex. Sätze wie: »Wenn du mal Zeit hast« oder »Würde es dir was ausmachen?« oder »Wir müssen reden!« sollten deshalb sofort aus dem Vokabular gestrichen werden. Auch Sepp Herberger hat schließlich nicht zu seinen Jungs gesagt: »Also ihr Lieben, meint ihr nicht, ihr könntet mal wieder ein Tor schießen? Nur, wenn es euch nichts ausmacht! Da würde ich mich wirklich total drüber freuen!« Er hat gesagt: »Der Ball muss rein!« Keine Relativierungen, kein Konjunktiv, keine Beschönigungen und damit auch keine Notausgänge wie: »Och nö, heute hab ich keine Lust. Später vielleicht!«, oder: »Kann das nicht jemand anders machen?« Stattdessen ein Satz von solch schöner Klarheit, dass er damit immerhin gleich elf Männern Beine und Geschichte machte.

Oder Fritz Walter. Als er 1954 mit dem WM-Pokal zu seiner Mannschaft kam, soll sich folgendes Gespräch entsponnen haben: Fritz Walter: »Alles klar?« Darauf die Mannschaft: »Alles klar, Fritz!« Mehr Worte brauchte es nicht. Okay, gelegentlich erscheint einem diese Kargheit etwas quälend, etwa in Interviews mit Spielern, die oft so verzweifelt in die Kamera blicken, als hätte sich ihr bisschen Sprachschatz irgendwo hinter der Linse versteckt. Und wenn es stimmt, dass die Deutschen überhaupt nur drei bis vier Prozent des Wortschatzes ihrer Muttersprache nutzen, dann liegt der Gebrauch bei Fußballern in jenen Bereichen, für die man normalerweise ein Mikroskop braucht. Andererseits kann man fast froh sein, dass sie so wenig sagen und nicht öfter Gelegenheit haben, die Jugend mit »Im Mittelfeld gibt es eine Konservation von Spielern« (Günter Netzer) oder »Er ist die deutsche Sprache noch nicht mächtig« (Jürgen Wegmann) zu verderben. Hörprobe: »Also, ich sach mal, äh, also ich meine, da können wir – hm – meine ich – also die Mannschaft – hm – eigentlich doch so ganz zufrieden sein. Sach ich mal.« Natürlich liegt es oft auch am Interviewer. Meist übrigens auch Männer, die versuchen, mit Fragen wie »Wenn Sie jetzt noch einmal die letzten 90 Minuten reflektieren und sich fragen, ob die gewählte Taktik wirklich die richtige war und es nicht besser gewesen wäre, weniger offensiv zu starten, also wenn Sie sich das fragen, was meinen Sie: Welche Erkenntnisse haben Sie gewonnen?« den Fußball in die Nähe der großen Seinsfragen zu rücken und damit Anschluss an die Pulitzer-Kandidaten zu finden. Worauf es natürlich nur eine vollkommen korrekte Antwort gibt: »Hä?«

Beim Fußball ist das Leben eben übersichtlich. Was sicher etwa 90 Prozent seiner Attraktivität beim männlichen Geschlecht ausmacht und ihm Beispielcharakter für das Beziehungsleben verleiht. Nur beim Ballsport erfährt man, wie wichtig kurze Sätze sind, will man Männern etwas mitteilen. Und: Dass man das Gewünschte mit der nötigen Entschiedenheit vorbringen sollte. Ein nicht geringes Problem für Frauen. Würden sie das Regelwerk beim Fußball bestimmen können, gäbe es nicht nur gelbe oder rote Karten für Verstöße wie unsportliches Verhalten oder grobe Fouls, sondern von Hellrosa bis Zitronenfaltergelb noch ungefähr 20 Variationen. Deshalb hilft es für den Anfang vielleicht, sich zunächst einmal all die herrlichen Vorteile von Durchsetzungsvermögen und einer kleinen Dosis Strenge vorzubeten:

- Endlich bekommt man, was man will, statt immer nur das, was andere wollen.
- Man erspart sich die hässlichen Knitterfalten um den Mund und jenen bitteren Zug, der sich einstellt, wenn man das Gefühl hat, mit seinen Wünschen nicht beachtet zu werden.
- Märtyrer haben vielleicht die moralisch besseren Karten. Aber meist ein ziemlich kurzes Leben und ein sehr hässliches Ende. Und haben Sie schon mal einen gesehen, auf den die Attribute »sexy« oder »cool!« passen?

- Man muss schon Sadist sein, um jemandem, der sich ständig aufopfert, erotisch zu finden.
- Ja, auch Männer sind durchaus dankbar, wenn man sie wissen lässt, was genau man will. Es spart auch ihnen Zeit, wenn nicht groß herumgeredet wird und sie ohne Rätselraten gleich erfahren, dass jetzt Badputzen dran ist und was passiert, wenn sie es wieder nicht erledigen.
- Es ist nicht egoistisch, sich durchzusetzen. Man wird nicht weniger, sondern manchmal sogar mehr für ein »Nein« geliebt, weil man damit Profil zeigt und anderen die Orientierung erleichtert.
- Eigentlich müssten mindestens zehn »Nein« am Tag bei Frauen von der Krankenkasse finanziert werden. Das hübsche kleine Wort ist nämlich das Multivitamin unter den Vokabeln, weil es die Gesundheit fördert. Die seelische und die körperliche. Im Unterschied zu all den Dingen, die man tut, obwohl man es eigentlich nicht wollte.
- Es können einen nicht alle lieben. Und eigentlich möchte man ja auch nicht von allen geliebt sein. Denken Sie bloß mal an Carsten Spengemann, Heino oder Oliver Pocher. Da fallen Ihnen doch bestimmt mindestens drei »Nein« ein.
- Wer »Ja« sagt, sagt sowieso immer auch irgendwie zu irgendetwas »Nein«.

Schwer? Nicht schwerer als sich jedes Mal eine neue, freundliche Umschreibung auszudenken, um die angeblichen Ecken und Kanten des »Nein« so dermaßen abzuflachen, bis es sich selbst nicht mehr erkennt. Etwa mit »Ich habe ein Gelübde abgelegt und darf eine Woche lang nicht mehr ›Ja‹ sagen!«, oder mit »Nein, ich gehe heute nicht einkaufen. Aber dafür bestelle ich was beim Italiener und hole es auf dem Weg von der Arbeit ab«. Richtig müsste es heißen: »Nein, ich kaufe heute nicht ein. Ich muss bis mindestens 20 Uhr arbeiten. Da du ja schon zu Hause bist und die Läden noch offen haben, wie wäre es denn, wenn du kochst? Von mir aus kannst du auch etwas beim Italiener bestellen.«

Leider versickert selbst das schönste »Nein« nur allzu oft in den unendlichen Weiten des männlichen Beharrungsvermögens, wenn er einfach weghört, etwa doch nicht anruft, wenn er später von der Arbeit kommt, »Ja, ja« sagt und trotzdem nichts ändert. Dann bleibt nur eines: das Ultimatum. Immerhin sorgt das »Überreichen einer Forderung an den Verhandlungspartner mit der Ankündigung nachteiliger Maßnahmen bei der Nichtannahme«, wie der »Brockhaus« das Ultimatum definiert, für den nötigen Druck und die angebrachte Ernsthaftigkeit. »Das letzte aller Mittel«, so die ursprüngliche Bedeutung des Wortes, ist gerade im Zusammenleben mit Männern ein unverzichtbares Instrument zur Selbstbehauptung. Gerade in Situationen, in denen alle Möglichkeiten der Auseinandersetzung im Guten ausgeschöpft sind und man eigentlich im »Guinness Buch der Rekorde« einen Ehrenplatz verdient hätte, weil weltweit niemand sonst schon so oft: »Bitte klapp die Klobrille hoch!« gesagt hat. Das Ultimatum setzt natürlich eine gewisse Bereitschaft voraus, Konsequenzen zu ziehen. Nichts nutzt sich schließlich schneller ab als die leere Drohung. Fehlt der Nachdruck, fehlt auch die Überzeugungskraft, und man macht sich zu allem Ärger als notorischer Umfaller unglaubwürdig.

Deshalb sollte man bei der Vergabe von gelben und roten Karten in der Liebe nicht nur beachten, dass der Mann bei Bewusstsein ist. Bevor man sagt: »Wenn du tust, was ich sage, wird niemandem etwas passieren!«, sollte auch Folgendes berücksichtigt werden:

Verhältnismäßigkeit

Er vergisst den Einkauf, die Briefe, die er zur Post bringen sollte, den Anruf beim Klempner? Sicher ist es nicht schön, wenn er mehr Erinnerungslücken hat als ein Politiker. Aber einem Mann deshalb mit Scheidung zu drohen? Das wird seinem Gedächtnis kaum auf die Sprünge helfen, und außerdem werden Sie spätestens beim Anwalt merken, wie nichtig diese vermeintlich unglaublichen Gemeinheiten sind. Ein Ultimatum sollte dem Anlass angemessen sein. Sonst nutzt es sich schneller ab als sein Lieblingspulli.

Durchhaltevermögen

»Mach dir doch dein Essen selbst, wenn du immer zu spät kommst!«, sagt sie ihm und steht schon am nächsten Tag wieder am Herd, weil er – so entschuldigt sie ihn innerlich – doch bei seinem ganzen Stress eigentlich nicht noch eine Strafe verdient hat. »Ich rühr hier keinen Finger mehr, wenn du nicht auch mal dein Zeug wegräumst«, lautet die nächste Drohung, die gleich zurückgenommen wird, weil sich die Schwiegereltern ankündigen und man fürchtet, dass die durch den passiven Widerstand entstandene Unordnung selbst in unseren aufgeklärten Zeiten auf die Frau zurückfällt. Und auch die Ankündigung: »Wenn du mich noch einmal auf einem Geschäftsempfang den ganzen Abend so allein herumstehen lässt, dass alle denken, ich hätte mich verlaufen, dann gehe ich das nächste Mal lieber mit meiner Freundin aus«, wird kaum länger durchgehalten als ein Wahlversprechen der SPD. Ein Fehler. Wer ständig vom einmal eingeschlagenen Kurs abweicht und somit zeigt, dass er kaum mehr Rückgrat als eine gekochte Garnele besitzt, der nimmt sich selbst den Wind aus den Segeln. Eine rote Karte muss eine rote Karte bleiben, sonst kann man ja gleich Friedenstauben verteilen. Schließlich sagt der Schiedsrichter auch nicht: »Weißt du was Asamoah, ich hab mir das nochmal überlegt. War ja eigentlich gar nicht so schlimm, deine Blutgrätsche. Der andere kann ja spätestens in zwei Wochen wieder laufen, und außerdem hast du bestimmt eine gute Erklärung dafür. Wir haben ja alle mal einen schlechten Tag. Weißt du was? Vergiss die rote Karte einfach!« Wer Ultimaten stellt und richtig anwenden will, der braucht Ausdauer und Konsequenz. Beides fällt Frauen besonders schwer. Sie sind mit einer extra großen Portion Harmoniebedürfnis ausgestattet. Und allzeit bereit, sich eine schöne Entschuldigung für ihren Mann auszudenken. Das ist verständlich. Aber falsch. Männer können sich ihre Ausreden erfahrungsgemäß ganz gut selbst ausdenken und brauchen nicht noch jemanden, der ihnen am laufenden Band mildernde Umstände liefert. Besser als sie können wir es sowieso nicht machen – deshalb: Unbedingt konsequent bleiben!

Timing

Seit fünf Jahren ist Carola mit Sven liiert. So lange sammelt sie schon Minuspunkte. Am Anfang waren es nur einige winzige. Dass er von allem immer das Größte und Beste haben oder bei Treffen mit Freunden immer ein bisschen zu viel protzen musste. Später steigerte sich dann ihre Sammelleidenschaft. Es kamen Minuspunkte für Selbstüberschätzung im Job – »Ohne mich läuft da ja gar nichts« – und für Ausgaben dazu, die – wie Carola fand – eigentlich überflüssig waren, wie teure Restaurantbesuche, Wochenendtrips und viel zu kostspielige Designermöbel. Als Sven kürzlich noch ein luxuriöses Auto anbezahlte, ohne Carola zu fragen, platzte ihr schließlich der Kragen: »Jetzt reicht es mir aber. Noch einmal wirfst du unser Geld für so einen Schnickschnack nicht heraus oder ich verlasse dich!« Ein schlechtes Timing. Ein Ultimatum sollte immer am Ende einer Auseinandersetzung stehen, an dem Punkt, an dem es nicht mehr weitergeht. So weit war es aber bei Carola und Sven noch lange nicht. Carola hatte vordem ihre Bedenken lediglich ganz sachte geäußert und Sven über den Umfang ihres Ärgers völlig im Dunklen gelassen. Kein Wunder, dass der aus allen Wolken fiel und sauer war, weil er sich überrannt fühlte. Er hatte bis dahin immer angenommen, dass es Carola gefiel, wie er sie mit den teuersten und schönsten Dingen umgab.

Jedes Ultimatum hat eine lange Vorgeschichte und die sollte der andere kennen lernen, indem man möglichst frühzeitig die Karten offen auf den Tisch legt. Vor die rote Karte hat die FIFA nicht umsonst erst mal die gelbe als Verwarnung gesetzt, damit der Spieler weiß, dass es so nicht weitergehen kann und er sein Verhalten entsprechend ändert. Natürlich gibt es auch Ausnahmen – Verstöße, die so grob sind, dass man sozusagen übergangslos das schwerste Geschütz, den Platzverweis, auffahren kann. Seitensprünge etwa, Gewalt, finanzieller Betrug (hier kann man nicht oft genug sagen: Niemals einem Mann eine Bürgschaft für einen hohen Kredit unterschreiben!!) – das alles rechtfertigt es unter gewissen Umständen, dass man sich das Arsenal der Feinabstimmung spart und übergangslos zur Tat schreitet. Für alle anderen Fälle gilt: Erst mal mit dem Zaunpfahl winken, bevor man im heimischen Wohnzimmer einen Leopard-Panzer platziert.

Dosierung

Ein Ultimatum zeigt, man meint es ernst und lässt nicht allzu viel Spielraum. Das ist der Sinn der Sache und bedeutet in der Regel auch: Einer muss nachgeben. Das kann nicht allein für sture Naturen demütigend wirken und dafür sorgen, dass das Ziel – etwas Bewegung in die Sache zu bringen – verfehlt wird. Damit der Konflikt nicht eskaliert und man also das Gegenteil von dem erreicht, was man eigentlich beabsichtigte, sollte man sich genau überlegen, womit man da droht: Mit Bekanntmachung all seiner Schwächen und also mit Peinlichkeiten (»Deine Freunde interessiert bestimmt, dass deine Mutter dich Häschen nennt!«). Mit Leistungsverweigerung (»Wenn du deine Socken suchst – die sind immer noch schmutzig und liegen im Keller. Ich wollte nicht, dass die Nachbarn unsere Tür aufbrechen, weil sie denken, wir liegen seit zwei Monaten tot in unserer Wohnung.«). Mit Strafe (»Deine Plattensammlung? Die steht in Ebay!«). Oder mit Alternativen (»Wenn du nicht mit mir schlafen willst, dann such ich mir eben jemand anderes.«). Wenn die Drohung wie im letzten Fall eine Beleidigung enthält, weil man ja gleich »Schlappschwanz!« sagen könnte, sind die Chancen auf Interessenausgleich eher gering. Ein gut gestelltes Ultimatum sollte motivieren, nicht entmutigen. Beispiel: »Wenn du mit mir in die Oper gehst, dann überlasse ich dir den Fernseher für die Bundesliga«, oder: »Wenn du endlich deine Schmutzwäsche ordentlich in den Wäschekorb bringst, statt sie in der Wohnung zu verteilen, dann werde ich darüber hinwegsehen, dass du Adiletten trägst.«

Notausgänge beachten

Leute, die rauchen, kennen das Problem: Da erzählt man aller Welt, dass man demnächst ganz bestimmt und auf jeden Fall und beim Leben aller nächsten Angehörigen die Finger von dem Zeug lassen würde, und darf sich dann ein paar Wochen lang in Grund und Boden schämen, weil man es wieder nicht geschafft hat. Zwar steckt in der Veröffentlichung eines Ultimatums der verständliche Wunsch, sich selbst etwas Druck zu machen, das Versprochene und Angekündigte auch wirklich in die Tat umzusetzen. Aber wer sich jemals etwas an Silvester vorgenommen hat – Abnehmen, Sport machen, nicht mehr an den Nägeln zu kauen, sich wirklich *jeden* Abend abzuschminken, den Mann rausschmeißen, der Kollegin eine knallen, weil sie ständig intrigiert, den Politikern in

Berlin einen Brief schreiben und sie fragen, ob sie noch alle Nadeln an der Tanne haben –, weiß, wie unvorsichtig es ist, diese herrlichen Pläne einem breiten Publikum bekannt zu machen. Noch im Altersheim wird man daran erinnert, dass man 1976 doch mit dem Rauchen aufhören wollte. Manchmal tut man dann etwas nur deshalb, damit einen niemand mehr darauf anspricht, ob man endlich seine Vorsätze in die Tat umgesetzt hat, und ärgert sich dann, dass man so voreilig und vorlaut war.

Wie Beate, die allen Freundinnen lauthals verkündet hatte, dass sie ihrer Schwiegermutter – die sich ihrer Meinung nach viel zu sehr in die Erziehung der Enkelkinder einmischt – beim nächsten unqualifizierten Kommentar mal kräftig die Meinung sagt. Ihr Pech: Beim nächsten Freundinnentreffen kam Schwiegermama nur mal eben so auf einen Sprung vorbei, um gleich zu monieren, dass Beate ihrem Sohn Schokolade verboten hatte. Alle hielten den Atem an, als Beate sagte: »Jetzt reicht's. Ich will dich nicht mehr sehen!« Verständlich, dass die Schwiegermutter sofort das Haus verließ und Beate daraufhin in Tränen ausbrach. »Das wollte ich nicht. Andererseits konnte ich das vor all meinen Freundinnen doch auch nicht durchgehen lassen.« Nein, schon deshalb nicht, weil sie vorher viel zu viel darüber gesprochen hatte, anstatt sich an das zu halten, was der französische Schriftsteller Ernest Renan zu bedenken gab: »In der Moral wie in der Kunst bedeutet Reden nichts, Tun alles.« Also: Nicht zu viel darüber sprechen und sich somit ein paar Notausgänge offen lassen.

Das klingt so gar nicht wie all die Anleitungen zum friedlicheren Streiten. Aber es betrifft ja auch bloß den äußerst unwahrscheinlichen Fall, dass

- Männer das Badezimmer beim Duschen so fluten, dass man den Kindern vorsichtshalber Schwimmflügel umschnallen sollte,

- sie am liebsten eine Pressekonferenz einberufen würden, nur weil sie einen Teller vom Tisch zum Geschirrspüler gebracht haben,
- sie wie der Biber nach ihren Fußballspielen regelmäßig kleine Schlammpakete in der Wohnung hinterlassen,
- sie einen nur dann freiwillig ans Steuer ihres Wagens lassen, wenn sie beide Arme gebrochen haben,
- sie ihren Job so wichtig nehmen, als wären sie John F. Kennedy und nicht Michael Müller aus der Buchhaltung,
- sie die Weihnachtsfeiertage lediglich dazu benutzen, endlich mal alle Sendungen auf DSF zu gucken und auszuprobieren, wie lange man reglos auf dem Sofa liegen kann, ohne für tot erklärt zu werden,
- sie nach dem Frühstück so schnell die Küche verlassen, als wäre dort gerade eine Seuche ausgebrochen,
- sie die Fernbedienung wie einen ihrer Körperteile betrachten und man sie entsprechend nur unter Vollnarkose davon trennen kann,
- sie sich beim Shoppen aufführen, als hätte man sie zu einem Wochenende nach Guantánamo Bay eingeladen,
- sie glauben, allein das gemeinsame Betrachten der Tagesschau würde den Tatbestand eines Vorspiels erfüllen,
- sie wortlos ein liebevoll zubereitetes Essen in sich hineinstopfen und schon nach einer Stunde nicht mehr wissen, was und dass sie gegessen haben,
- sie für jeden Einkauf mehr Instruktionen brauchen als Neil Armstrong bei seiner Reise zum Mond,
- sie einmal im Monat fragen: »Wohin gehst du?« – obwohl wir das Theater-Abo nun schon im dritten Jahr haben,
- sie stets mit »Das hast du mir nicht gesagt!« alle unsere Pläne über den Haufen werfen.

Nur dann lautet die Devise: »Entweder Tor oder es klebt Blut am Pfosten!« Also eigentlich fast nie!

Im Fußball gibt es für Strafen die gelbe oder die rote Karte

Die gelbe Karte gibt es u. a. für:

- unsportliches Verhalten
- eine Ablehnung gegen Entscheidungen des Schiedsrichters durch Handlungen oder Worte
- wiederholte Verstöße gegen die Spielregeln
- Nichteinhaltung des geforderten Mindestabstands bei Freistoß oder Eckstoß
- das Verlassen oder Betreten des Spielfeldes ohne Zustimmung des Schiedsrichters
- absichtliches Verzögern der Wiederaufnahme des Spiels

Die rote Karte gibt es u.a. für:

- grobe Fouls
- gewaltsames Spiel
- Anspucken eines Gegners oder einer anderen Person
- Verhindern eines Tors oder einer Torchance der gegnerischen Mannschaft durch absichtliches Handspiel
- beleidigende, anstößige oder schmähende Äußerungen oder Gebärden

Kapitel 8
Kicker-ABC für Fußballbräute

Abseits

Ist, »wenn dat lange Arschloch zu spät abspielt«, sagte Hennes Weisweiler und meinte Günter Netzer. Ist auch: Wenn ein Fußballspieler der angreifenden Mannschaft sich bei der Ballabgabe in der gegnerischen Hälfte näher an der Torlinie befindet als zwei gegnerische Spieler – den Torwart mitgezählt. Ist aber auch: männliche Vertreibungsstrategie. Fragen Männer: »Weißt du überhaupt, was ein Abseits ist?«, meinen sie: »Geh woanders spielen! Das ist ganz allein mein Terrain.«

Anpfiff

Ist natürlich, was ein Mann zu hören bekommen sollte, wenn er mal wieder die verschwitzten Sportklamotten liegen lässt. Aber auch: Startsignal zum Spiel und damit der Moment, in dem der Mann in tiefe Abwesenheit versinkt.

Arschkarte

Nein, das ist nicht das, was Sie geheiratet haben! Als 1970 rote und gelbe Karten eingeführt wurden, wollte man Verwechslungen in der Hektik vermeiden. Deshalb steckt die gelbe Karte in der Brusttasche, die rote in der Gesäßtasche des Schiedsrichters. Daher der Begriff »Arschkarte ziehen«.

Ausputzer
Beweist, dass Männer zumindest theoretisch mit wichtigen Vokabeln aus der Hausarbeit vertraut sind. Leider bezeichnet der Begriff nicht den Mann fürs Grobe, sondern den Spieler, der Fehler von Mitspielern möglichst ausbügeln soll.

Ausstattung
Hier geht's nicht allein ums Untenrum, sondern um die gesamte Spielerkleidung: Trikot, Hose, Schienbeinschoner, Stutzen, Schuhe. Das ist übrigens für alle gleich. Bis auf den Torwart, den Karl Lagerfeld des Spiels. Er bekommt ein eigenes Styling, damit man ihn nicht irrtümlich mit einem ordinären Spieler verwechselt.

Auswechselspieler
Keine freundliche Umschreibung für eine Affäre oder einen Liebhaber. Gemeint sind die, die auf der Bank sitzen und drauf warten, auch mal auf'n Platz zu dürfen.

Bananenflanke
Der Ball wird mit Effet gespielt, so dass er nicht gerade auf das Tor zufliegt, sondern in einem Bogen sein Ziel erreicht. Achtung! Protzfaktor: Als Erfinder dieser perfiden Schusstechnik gilt übrigens Manfred Kaltz vom HSV.

Beamtenfußball
Ist, wonach es klingt: Bezeichnung für ein Spiel, das fast noch langweiliger ist als Waldemar Hartmann.

Bier
An Spieltagen werden in einem Bundesligastadion im Schnitt rund 48 000 Liter Bier getrunken, das sind pro Stadion 23 040 000 Kalorien.

Blutgrätsche
Böse Sache: Das so ziemlich fieseste Foul, weil dabei – wie der Name schon sagt – meistens Blut fließt, wenn der Gegner einen Spieler von hinten oder von der Seite zu Boden tritt.

Bundesliga
Höchste Spielklasse in Deutschland und der Grund, weshalb 70 Prozent der deutschen Ehefrauen am Wochenende praktisch wie Singles leben.

Bunte Ligen
Die Anarchoszene des Fußballs – Amateurkicker, die sich dem streng reglementierten und durchorganisierten Verbandsfußball entziehen. Haben die schönsten Namen, zum Beispiel Juventus Urin, Hinter Mailand, Spiel mir das Lied vom Tor, BTMG (Betäubungsmittelgesetz), Prinzip Hoffnung und die herrlichsten Turniere mit dem besten Catering.

Chancentod
Bezeichnet einen Spieler, der in der Mannschaft ungefähr so beliebt ist wie Genitalherpes, weil er alle Gelegenheiten, ein Tor zu schießen oder wenigstens eine entscheidende Vorlage zu liefern, in den Sand setzt.

Cruyff-Variante
Laut Imran Ayata (»Hürriet Love Express«) eine besondere Form des Anbaggerns nach Johann Cruyff, Trainer des FC Barcelona, bei der man sich dem Tor langfristig, aber sicher über mehrere Passkombinationen annähert, bis der Ball schließlich bei einem dann freistehenden Stürmer und sicher im Tor landet. Übertragen auf die Liebe meint es: Dass man anfangs viel investiert (»Erst mal lächeln, geschickt ansprechen, aufmerksam Gesprä-

che führen, Lachen, Tage später zu einem Drink treffen, nur nicht körperlich werden, ins Kino gehen, zum Essen ausführen … «), aber damit garantiert zum Ziel kommt. Im Unterschied zur britischen Schule »kick and rush«, bei der der Spieler – also der Mann – sofort auf das Tor zuprescht, dabei viel Zeit spart, aber auch viel riskiert.

Dauerkarte

Was dem Katholiken das Gebet, das ist dem Fußballfan die Dauerkarte: seine Eintrittskarte ins Paradies und der Nachweis, dass auch bei Männern multiple Orgasmen möglich sind. Sie glauben mir nicht? Dann legen Sie Ihrem Fußballfan doch mal so eine Dauerkarte auf den Gabentisch.

Decken

Tja, dazu fiele uns einiges ein. Ist aber bloß das Stalking des Fußballs: Wenn ein Spieler einen anderen aus der gegnerischen Mannschaft so dauerhaft verfolgt, als hätte er sich gerade unsterblich verliebt oder wäre festgewachsen oder wollte mal am Rasierwasser des anderen schnuppern – dann bewacht er ihn und will verhindern, dass der angespielt werden kann.

Derby

Fragen Sie niemals, aber wirklich niemals: »Und? Wo bleiben die Pferde?« Beim Fußball ist ein Derby streng genommen, wenn zwei Mannschaften aus einer Stadt gegeneinander spielen. Also etwa 1860 München gegen den FC Bayern. In den letzten Jahren aber ist der Begriff »Derby« etwas außer Kontrolle geraten (z. B. »Ruhrpott-Derby«).

Direkter Freistoß

Die Ursache dafür, dass sich sieben bis acht Männer plötzlich in Reihe ängstlich ans Gemächt greifen, während ein Einzelner frontal zu ihnen steht und offenbar überlegt, wen er nun zuerst mit einem gezielten Schuss kastriert. Die Lizenz dazu wird etwa nach einem Foul erteilt (das außerhalb des Strafraumes geschieht) und meint, dass direkt aufs Tor geschossen werden darf. Als nahezu tödlich gilt übrigens ein Freistoß von Roberto Carlos von Real Madrid. Laut vielen Statistiken besitzt er den härtesten Schuss der Welt.

Doppelpass

Nein, das ist nicht, wenn einer sich nicht zwischen zwei Staatsbürgerschaften entscheiden kann. Es meint das schnelle Zusammenspiel von zwei Spielern einer Mannschaft, die sich in Bewegung befinden.

Dribbling

Wenn ein Spieler den Ball so zügig vor sich her treibt, dass er wie festgenäht an seinen Füßen zu hängen scheint und er damit erfolgreich alle Gegner umläuft, ohne dass es denen gelingt, ihm den Ball wegzuschnappen.

Eckball

Wird gegen die Mannschaft verhängt, die den Ball über die eigene Torlinie befördert hat (um ihn sozusagen aus der Schusslinie zu nehmen). Dann bekommt ein Spieler der angreifenden Mannschaft die Gelegenheit zum Chancenausgleich: Vom Viertelkreis der Eckfahne aus kann er den Ball zurück ins Spiel schießen. Die Spieler der gegnerischen Mannschaft müssen dabei einen Abstand von mindestens 9,15 Metern halten.

Eckfahnen-Lambada

Wenn es seit 1990 in deutschen Schlafzimmern heißt: »Mach mir den Milla!« und sich Männer daraufhin lasziv am Bettpfosten räkeln, dann ist das die Schuld des Kameruners Roger Milla, der mit seinem erotischen Hüftschwung bei der WM eine einfache Eckfahne für alle Zeiten in ein Sex-Toy verwandelt hatte.

Eigentor

Der Super-GAU – jedenfalls für den, der der gegnerischen Mannschaft so einen Treffer verschafft. Achtung! Protzfaktor: Die meisten Eigentore (6!) der Bundesliga schoss übrigens Manfred Kaltz vom Hamburger SV. Man hat es ihm verziehen, immerhin schaffte er 76 Tore bei den diversen Gegnern. Einen eigenen Rekord stellte Nikolce Noveski vom FSV Mainz 05 mit zwei Eigentoren am 18. 11. 2005 in einem einzigen Spiel gegen Eintracht Frankfurt auf.

Einwurf

Rollt der Ball über die Seitenlinie, darf einer aus der Mannschaft, die nicht zuletzt mit dem Ball Kontakt hatte, den Ball von der Seitenlinie aus wieder einwerfen. Vorgeschrieben ist, das so zu tun, dass der Ball von hinten über den Kopf geworfen wird.

Elfmeter

Auch »Strafstoß« genannt. Wurde 1891 in Irland erfunden und wird dann verhängt, wenn im Strafraum (das ist der weiß eingezeichnete 16-Meter-Raum um das Tor) ein Spieler der angreifenden Mannschaft gefoult wird oder es ein Handspiel gibt (ein Spieler den Ball mit der Hand berührt). Der Elfmeter ist als Ausgleich für die verpasste Torchance gedacht.

Elfmeterschießen

Ein Spiel dauert eben doch manchmal länger als bloß 90 Minuten, wenn es keinen Sieger gibt und man aber ein Ergebnis braucht, weil ein Unentschieden nicht möglich ist (etwa bei Europa- oder Weltmeisterschaften). Dann wird nochmal um dreißig Minuten verlängert, und wenn das auch nichts genützt hat, gibt es das Elfmeterschießen. Kalkulieren Sie die Bier- und Schnittchenvorräte also nicht zu knapp!

Englische Woche

Erst »Los Wochos!« und nun das? Die Bezeichnung stammt nicht vom großen Hamburgerbrater, sondern meint, dass eine Mannschaft innerhalb von einer Woche mehr als einmal spielen muss.

Fallrückzieher

Was im Kamasutra der so genannte »Holzfällerschlag«, das ist im Fußball der Fallrückzieher: eine ziemlich komplizierte Stellung. Der Spieler steht mit dem Rücken zum gegnerischen Tor. Kommt der Ball, lässt er sich nach hinten fallen und reißt gleichzeitig beide Beine hoch – trifft er den Ball, so ist der so gut wie nicht mehr zu halten.

Fankurve

Die Kuschelecke im Fußball. Jedes Stadion hat so einen Bereich – meist auf einer Tribüne oder in der Kurve hinter einem Tor –, der Ihnen garantiert, unter Gleichgesinnten und Seelenverwandten zu sein.

Fernsehbeweis

Ein Mann kann, wenn er will: Kochen, Frühstück am Bett servieren, Wäsche waschen. Meist am Anfang einer Beziehung. Dann macht man am besten Fotos, weil er sich bereits fünf Jahre später nicht mehr daran erinnern mag und behauptet, wegen seines biologischen Erbes einfach nicht für diese Tätigkeiten gemacht zu sein. Ähnlich funktioniert das auch mit dem so genannten »Fernsehbeweis«: Er ist zwar nicht verbindlich, zeigt aber allzu oft klarer als einem Schiedsrichter oder einem Spieler recht sein kann, wie das wirklich war – etwa mit dem Foul und dass Leugnen zwecklos ist.

Filigrantechniker

Klingt viel versprechend und sollte eigentlich neben »Humor, Treue, Attraktivität« mit in die Kontaktanzeigenstandards aufgenommen werden, weil ein Spieler, der so trickreich am Ball agiert, sicher auch noch in ganz anderen Lebensbereichen mit Spiel- und Entdeckerfreuden glänzt.

Foul

Im Prinzip alles das, was man auch im Sandkasten nebenan beobachten kann: Treten, Hauen, Beinstellen, Festhalten, Rempeln.

Fußballzwerge

Mannschaften, die im internationalen oder auch nationalen Vergleich als nicht wirklich konkurrenzfähig betrachtet und deshalb manchmal sträflich unterschätzt werden. Parallelen zur männlichen Haltung weiblichen Fußball-Know-hows gegenüber sind dabei nicht zufällig. Sollte Ihnen Ihr Liebster als Nächstes auf Ihre Frage »Wie steht's denn?« antworten: »Das würde dein kleines Köpfchen nur unnötig belasten«, erinnern Sie ihn daran, wie die Österreicher bei der EM-Qualifikation gegen die Färöer-Inseln gespielt haben (0:1) und dass er demnächst seine Wäsche selbst bügeln darf (weil Sie mit den wenigen IQ, die er Ihnen zutraut, leider nicht in der Lage sind, ein Bügeleisen gefahrlos zu bedienen).

Goleo

Das Maskottchen der WM 2006, ein 2,30 Meter großer Löwe, der auch spricht und tanzt, ist genau das Richtige für den Spielplatz: Er stammt aus der Puppenwerkstatt von Jim Henson, dem Ausstatter von »Muppet Show« und »Sesamstraße«.

Gras fressen

Drohung von Trainern, die einer lahmen Mannschaft damit besonders hartes Training ankündigen wollen. Kann auch im Beziehungsleben wegen des hohen Bekanntheitsgrades eher Wunder bewirken als das übliche: » … oder ich bin wirklich böse!« Besser: » … oder du wirst in Zukunft Gras fressen. Und zwar rohes!«

Groupies

Spitzenspieler haben mittlerweile auf Frauen die gleiche Wirkung wie eine tote Kuh auf Fliegen. So bereiste eine junge Japanerin nach der WM 2002 alle Hotels, in denen David Beckham gewohnt hatte, und gestand eine besondere Form des Irrsinns: »Ich habe Toiletten besichtigt, die er vielleicht benutzt hat, habe sie fotografiert und sogar an ihnen geleckt.«

Halbzeit

Die 15 Minuten Pause zwischen zweimal 45 Minuten Spielzeit, in denen sich während fußballerischer Großereignisse im Wesentlichen das gesamte Beziehungsleben, inklusive Sex und Ehekrach, abspielt.

Hattrick

Der Gipfel: Wenn einer während einer Halbzeit drei Tore hintereinander erzielt, ohne dass in der Zwischenzeit ein anderer ein Tor schießt.

Hooligans

Der größte Trübungsfaktor im Fußball (sogar fast noch trüber als Gerhard Mayer-Vorfelder): pure Brutalität vor, während und nach dem Spiel. Vermutlich sind ihre Köpfe mit Helium gefüllt – anders lässt sich nicht erklären, dass sie aufrecht gehen können, obwohl sie sich entwicklungsgeschichtlich und moralisch auf dem gleichen Niveau wie Urschlamm bewegen.

Kabinenpredigt

Eine Art Gehirnwäsche, mit der der Trainer eine unmotivierte Mannschaft in der Halbzeitpause irgendwie doch noch dazu bringt, in der zweiten Spielzeit wahre Wunder zu vollbringen. Vermutlich mit Methoden, die auch amnesty international interessieren würden.

Kerze

Männer und Kerzen? Das kann ja nichts mit Romantik zu tun haben, sondern meint: Wenn der Ball senkrecht in die Luft geschossen wird und an der gleichen Stelle wieder hinabfällt.

Kiste

Es rappelt in derselben, wenn es gut läuft. Nein, nicht im Bett, sondern im gegnerischen Tor.

Konter

Typischer Fall von »zu früh gefreut«: Passiert, wenn eine Mannschaft im Ballbesitz euphorisch nach vorne prescht, den Ball aber unterwegs an die gegnerische Mannschaft verliert und die nun ihrerseits rasant auf Erfolgskurs geht.

Kopfball

Wissenschaftlich ist nachgewiesen, dass Kopfbälle Konzentrationsvermögen und Kurzzeitgedächtnis in Mitleidenschaft ziehen. Das erklärt manches, beispielsweise bei Lothar Matthäus.

K.o.-System

Gibt es bei Pokalwettbewerben oder Turnieren: Da kann es nur einen Gewinner geben, und deshalb scheidet der Verlierer aus, der Gewinner kommt in die nächste Runde.

La Ola

Der Tsunami des Fußballs. Eine Art symbolischer Gruppenumarmung, bei der die Besucher eines Stadions im Uhrzeigersinn nacheinander die Arme so hochwerfen, dass es von weitem aussieht wie eine Welle. Die legt – Achtung! Protzfaktor – übrigens 12 Meter oder auch 20 Sitze in der Sekunde zurück und wurde erstmals 1986 in Mexiko gesichtet.

Latte

Teil des Tores – 2,44 Meter vom Boden entfernt, 7,32 m breit (innen gemessen). Wie die Pfosten ist die Latte 10 bis 12 cm breit und tief und kann rund, aber auch eckig sein.

Libero

Wie die Auckland-Ralle oder der Schwarzfußiltis oder Männer, die Frauen in den Mantel helfen, vom Aussterben bedroht. Früher war der Libero der freie Mann hinter der Abwehr, der die anderen Abwehrspieler absichern sollte und dabei freier agieren konnte als die, so frei, dass er bisweilen das ganze Spiel organisierte. Wird zunehmend Opfer der Viererkette. Die sieht den Libero nicht mehr vor.

Lichtgestalt
Franz Beckenbauer – ein anderes Wort für den höchsten Seinszustand im Karmarad des Fußballs. Sozusagen reinster Kickersternenstaub in der Gestalt eines älteren mittleren Angestellten mit Schamhaarfrisur und einem Faible für Sekretärinnen. Selten hat sich Göttliches besser getarnt.

Linienrichter
Ein Mann mit Verantwortung: Er darf jedes Mal dann ein Zeichen geben, wenn der Ball das Spielfeld verlassen hat.

Mannschaftskapitän
Der Chef.

Maskottchen
Sozusagen das Kuscheltier des Kickers. Jeder Verein hat eins. Lebendig wie der Geißbock »Hennes« vom 1. FC Köln oder stilisiert wie das Krokodil »Fritzi« von Stuttgart und die Phantasiefigur »Lauzi« von FC Energie Cottbus. Einen Preis für Originalität hat »Al Aix« (gesprochen Ale'x), der Kartoffelkäfer von Alemannia Aachen, verdient.

Nachspielzeit
Das ist der Moment, in dem der Fußballgott uns einen Strich durch die Rechnung macht, weil ein Spiel unentschieden ausgegangen ist, aber ein Ergebnis braucht.

Nickligkeiten
Kleine, versteckte Fouls, die der Schiedsrichter nicht sehen soll. Ähnlich den Fiesigkeiten im Berufsalltag: »Sie werden sich doch nicht etwa zu schade sein, uns mal einen Kaffee zu kochen, oder sind Sie auch so 'ne Emanze?«

Nummern

Gibt es seit 1939 auf den Trikots und sie sind nicht etwa dazu gedacht, dass sich die Spieler während langweiliger Partien die Zeit mit Rechenspielen vertreiben. Eher schon, damit sie nicht die Orientierung verlieren (wie viele sind nochmal in einer Mannschaft?). Anfangs gab es nur Zahlen von eins bis elf, wobei jede Nummer eine bestimmte Spielerposition bezeichnete (Mittelstürmer = neun, Linksaußen = elf). Seit 1995 gibt es auch persönliche Nummern.

O-Beine

Beleg dafür, dass das Wichtigste beim Mann immer in Klammern steht? Nein, es kommt vom Fußball, der macht die Beine tatsächlich krumm – wie belgische Sportwissenschaftler belegten. Ursache sei eine »nicht symmetrische Krafteinwirkung auf die Kniegelenke«, weil die inneren Beinmuskeln bei Fußballern kräftiger und kürzer seien. Bei manchen – wie bei Pierre Littbarski – sieht es dann so aus, als könnten sie auch als Tunnel arbeiten.

Parade

Nein, nicht der Christopher Street Day, sondern eine besonders gelungene Leistung des Torwarts.

Pille

»Die Pille für den Mann« bewarb eine Zeitung den Fußball – der ja irgendwie auch ein Verhütungsmittel ist.

Pressing

Bedrängen der gegnerischen Mannschaft in deren eigener Spielhälfte.

Die Räume eng machen

Das ist, wenn ein Mann sein Laufband ins Wohnzimmer stellt oder sein Rennrad in der Küche aufhängen will, weil das sonst geklaut wird. Es bedeutet aber auch, dass eine Mannschaft dem Gegner sehr wenig Spielraum lässt und so ein effektives Zusammenspiel verhindert.

Saison

Früher nur die Zeit vom ersten Meisterschaftsspiel der Bundesliga bis zum letzten Spiel. Heute, dank DSF und den packenden Übertragungen, eigentlich immer.

Schiedsrichter

Klar, könnte der ruhig auch mal was Buntes anziehen. Aber als Unparteiischer muss er Haltung bewahren und Autorität ausstrahlen, obwohl oder gerade weil er kurze Hosen trägt. Deshalb haben zumindest seine Hose und die Stutzen immer die Farbe Schwarz und er ein Gesicht, als würde stimmen, was die Fans so gern als Drohung bei unpopulären Entscheidungen skandieren: »Wir wissen, wo dein Auto stand. Hat gut gebrannt. Hat gut gebrannt!«

Schlafwagenfußball

Passt immer als Kommentar zu langweiligen Spielen, bei denen die Akteure wirken, als würde man sie seit Monaten mit Johanniskraut füttern.

Schwalbe

Mag sein, dass Frauen im Orgasmusvortäuschen die Nase vorn haben. Beim Simulieren von Wehwehchen sind ganz klar die Männer Meister und haben dieser Kunst gleich zwei Namen gegeben: Hypochonder und »Schwalbe«. Letztere hat ihren Namen von der Eigenart der Vögel, tief über dem Boden zu fliegen. Eine Eigenart, die ein Spieler nachahmt, wenn er ein schweres Foul vortäuschen will:

ausgebreitete Arme, freier Flug. Ist die Darstellung überzeugend, kann man sich damit Freistöße, Elfmeter und Mitleid erschleichen. Wird die Absicht aufgedeckt, gibt's die gelbe Karte.

Sonntagsschuss
Ein perfekter Schuss, bei dem alles stimmt und der für den Torwart unhaltbar ist.

Standardsituationen
Sie spült. Er nicht. Er will zu seiner Mutter. Sie nicht. Er findet, dass er mindestens 50 Prozent der Hausarbeit erledigt. Sie hält zwanzig schon für geprahlt. Die Standardsituationen des Beziehungsalltags unterscheiden sich von denen beim Fußball ganz einfach dadurch, dass es bei Ersteren meist ziemlich laut zugeht. Letztere sich aber dadurch auszeichnen, dass der Ball in diesen Spielsituationen anfangs völlig ruhig liegt. Etwa bei einem Eckball oder bei einem Freistoß.

Standfußball
Ein Spiel, in dem kaum mehr Bewegung ist als in Luciano Pavarotti.

T

Tackling
Auch als Meniskus-Killer bekannt. Bedeutet einen Angriff des Abwehrspielers, um den Gegner vom Ball zu trennen, etwa indem er den Ball mit dem Fuß oder einem Körperteil abblockt (Block-Tackling) oder gezielt in den Ball hineinrutscht (Sliding-Tackling).

Taktikmappe
Sozusagen die Weltenformel – der fein säuberlich in Klarsichthüllen abgeheftete Bauplan für den Sieg: Spielzüge, Strategien und jede Menge Pfeile.

Torraum
Mit seinen 5,4864 m Abstand zum Tor auch Fünf-Meter-Raum genannt, innerhalb dessen der Torwart einen besonderen Schutz genießt, weshalb der Torraum auch starke Parallelen zum Heimwerkerkeller aufweist. Mit einem Unterschied: Im Torraum wird der Abstoß ausgeführt.

Trikotsponsoren
Streng genommen spielen auf dem Platz zweimal elf Litfaßsäulen (oder auch ein Branchenbuch), seit 1973 die Spieler von Eintracht Braunschweig mit dem Jägermeister-Logo aufliefen.

Tunneln
Für Abwehrspieler ähnlich peinlich, als hätte man sie in Damenunterwäsche und mit Heißwachs in der Bikinizone in der Kabine erwischt: Wenn ihnen der Ball durch die Beine gespielt wird und der Gegner ihn währenddessen umläuft, um den Ball hinter dem Spieler wieder in Empfang zu nehmen.

Ultras
Die Taliban unter den Fans, die aber im Unterschied zu den Hooligans den Fußball nicht als Vorwand nehmen, sich mal wieder ordentlich die Nasen blutig zu hauen.

Verteidiger
Wie der Name schon sagt: Er verteidigt das Tor seiner Mannschaft.

Viererkette
Einfach so etwas ohne Plan oder Excel-Tabelle tun? Das liegt dem Mann nicht. Er braucht seine Ordnung. Bei der Plattensammlung, in der Sockenschublade, im Werkzeugkasten und beim Fußball. Dort spielt man mit Systemen,

die 4-3-3 oder 4-4-2 heißen. Die Viererkette ist die häufigste Abwehrformation mit je zwei Außen- und Innenverteidigern. Also ohne den Libero.

Volleyschuss

Wenn ein Ball direkt aus der Luft genommen und sofort weitergeschossen wird. Eine riskante Aktion, aber auch eine sehr erfolgreiche – wenn sie gelingt. Denn wird's ein Tor, wird das meist zum »Tor des Monats« gekürt.

Wadenbeißer

Wurde Berti (Hans-Hubert) Vogts genannt, weil er als Verteidiger eine gewisse Härte und Bissigkeit zeigte, aber auf Grund seiner Körpergröße kaum einen größeren Aktionsradius hatte als ein Hydrant.

Wasserträger

So wie der Taschenträger den Aufsichtsratsvorsitzenden begleitet der Wasserträger während eines Spiels einen anderen Spieler, um ihm den Rücken freizuhalten, ihm zuzuarbeiten und einige seiner Aufgaben zu übernehmen. Im Leben außerhalb des Fußballs wird diese Position auch »liebende Ehefrau« genannt.

Wechsel

Ja, den wünschen wir uns auch manchmal. Leider ist ein Männertausch in Beziehungen nicht so einfach möglich, auch wenn er uns schon wieder etwas vom Kaffeeröster auf den Gabentisch legt. Im Fußball geht's dagegen ganz leicht: Da wird ein Spieler gegen den anderen ausgetauscht, wenn es dem Trainer opportun erscheint.

Wunder von Bern

Was uns die »Love Story«, das ist dem Kicker jenes Spiel, das in der Nachkriegsagonie als eine Art gesamtdeutscher

Erweckungsgottesdienst (»Wir sind wieder wer!«) in die Geschichte eingegangen ist. Neben dem Tod von Winnetou einer der wenigen Anlässe, bei denen Männer in Tränen ausbrechen. Hier die wichtigsten Daten: WM-Finale 1954, Wankdorfstadion Bern, Deutschland gewinnt 3:2 gegen Ungarn.

ZDF-Torwand

Was dem Gläubigen die private Papstaudienz, wäre für den Fan die Gelegenheit, einmal im Leben auf die ZDF-Torwand schießen zu dürfen. Protzfaktor: Die Schussentfernung beträgt sieben Meter, man hat jeweils unten rechts und oben links drei Schüsse. Fünf ist bislang die maximale Trefferquote. Erreicht hat sie unter anderem Günter Netzer.

Zeugwart

Neben Mutti und Ehefrau die dritte Betreuungssäule im Männer-Hätschel-Team: Er kümmert sich um alles, was die Spieler brauchen – sorgt etwa dafür, dass die Schuhe frisch geputzt bereitstehen und ist mit ein Grund dafür, weshalb Männer erwarten, dass man sich in ihrem Kleiderschrank besser auskennt als sie.

Kapitel 9
Test: Wie gut kennen Sie Ihren Fußballfan?

Wie heißt Ronaldinho mit vollständigem Namen?

○ Luis Nazario de Lima.
□ Ronaldo de Assis Moreira.
△ Ist mir egal.

Ihr Liebster hat Freunde zum Fußballgucken eingeladen. Was servieren Sie?

△ Ich bin gar nicht zu Hause.
□ Pizza und Bier.
○ Nichts. Unsere Wohnung ist keine Kneipe.

Ihr Mann entschwindet mit seinen Kumpels zum Fußball. Wie verabschieden Sie ihn?

○ Du brauchst gar nicht mehr wiederzukommen.
□ Wir sehen uns dann in der Halbzeit am Bierstand.
△ Viel Spaß! Wann bist du wieder zu Hause?

Die Deutschen sind leider gerade ausgeschieden. Wie trösten Sie einen Fußballfan?

○ Ich sage, dass eben die bessere Mannschaft gewonnen hat.
□ Genauso wie er mich tröstet: Wir denken uns Strafen für den Schiedsrichter aus.
△ Gar nicht. Das können andere besser. Beispielsweise seine Kumpels.

Ausgerechnet an Ihrem Geburtstag will er sich ein Spiel anschauen. Was tun Sie?

○ Da gibt's nichts zu wollen. Ich hab schließlich Geburtstag!

△ Wir finden einen Kompromiss: Er kann Radio hören und darf mich danach teuer zum Essen einladen.

□ Wir gehen sowieso beide zum Spiel!

Was ist eine Adilette?

○ Ein Trennungsgrund.

△ Was Männer nur tragen sollten, wenn wir nicht dabei sind.

□ Grundausstattung eines echten Kickers.

Ihr Liebster ist aktiver Spieler. Was wäre das optimale Geburtstagsgeschenk?

○ Was hat das eine mit dem anderen zu tun?

□ Ich schenke ihm und mir Dauerkarten.

△ Eine Überraschungsparty mit seinen Kumpels aus dem Verein.

Was halten Sie von einer Frau, die ihrem Mann im Fußballstadion vor etwa 35 000 Zuschauern einen Heiratsantrag macht?

○ Ich halte sie für übergeschnappt. Wo wollen die heiraten? In der Kabine vielleicht?

△ Ich kann mir schönere Orte vorstellen. Aber vielleicht hört er da wenigstens zu.

□ Das ist doch glatte Erpressung.

Wenn Sie Urlaub buchen, worauf achten Sie am ehesten?

△ Dass es unter anderem auch Satellitenfernsehen gibt!

○ Die Menge der Sterne, die das Hotel hat.

□ Dass wir nicht ausgerechnet in der Bundesligasaison fahren.

Was interessiert Sie am Fußball am meisten?

○ Die Halbzeiten, der Schlusspfiff und die Spielpausen.
□ Soll das ein Witz sein? Alles natürlich.
△ Die Fans. Speziell der, mit dem ich zusammenlebe.

Welches ist Ihr bevorzugter Platz bei einer Fußballübertragung?

○ Ein anderes Universum.
□ Natürlich die erste Reihe.
△ An der Seite meines Liebsten.

Was war das Markenzeichen von Klaus Schlappner?

○ Wer ist Klaus Schlappner?
□ Ein Pepitahut.
△ Ausgelatschte Schuhe.

Was halten Sie für die optimale Strategie, einen Fußballfan für sich zu erwärmen?

○ Ihm schonend beizubringen, dass er doch eigentlich viel zu intelligent für so einen Proletensport ist.
□ Ihn mit meinem gesammelten Fachwissen zu erstaunen.
△ Verständnis zu haben, wenn er sich am Samstag leider nicht verabreden kann.

Stutzen, Stollen, Spekulatius – was gehört normalerweise nicht zu einer Spielerausstattung?

□ Spekulatius
○ Stutzen
△ Stollen

Auswertung:

Vorwiegend ○: Die Fußballhasserin

Sie gehören zu jenen Frauen, die vor allem zwei Dinge am Fußball interessieren: »Was hat dieser Sport, das ich nicht habe?« Und: »Wie gelingt es mir, diese Zumutung, diesen Beziehungskiller, dieses genaue Gegenteil von Zweisamkeit und Romantik, so gründlich aus dem Leben meines Liebsten zu eliminieren, dass er sich nicht mal mehr daran erinnern kann, jemals ein Stadion von innen gesehen zu haben?« Sehr bedauern Sie, dass die Anwendung von Elektroschocks und die Gehirnwäsche nur noch von CIA-Agenten straflos angewandt werden können und greifen mangels Alternativen zu den typisch weiblichen Methoden, die sich auch schon in anderen Bereichen der Männererziehung nicht wirklich bewährt haben: Nörgeln, Zanken, Beleidigen. Das ist ganz schön egoman und außerdem gefährlich. Ersteres, weil Sie offenbar annehmen, es könne nichts Interessanteres im Leben eines Mannes geben als Sie. Zweitens, weil Sie – sollten Sie Ihren Liebsten weiterhin ständig vor die Entscheidung »Fußball oder ich« stellen, leicht den Kürzeren ziehen können. Sie machen ja nicht nur den Fußball schlecht, sondern auch den Menschen, der genau das liebt, was Sie so offensiv verabscheuen. Das erträgt selbst der Friedlichste auf Dauer nicht. Bevor Sie also weiterhin wertvolle Energie in aussichtslosen Konkurrenzkämpfen vergeuden und außerdem riskieren, Ihr Leben in Einsamkeit zu fristen, akzeptieren Sie: Fußball ist stärker! Und stellen Sie sich auf friedliche Koexistenz ein. Männer können übrigens sehr dankbar sein, wenn man nicht jedes Mal einen Krieg anzettelt, bloß weil sie tun, was ein Mann eben am Samstag tun muss.

Vorwiegend □: Die Expertin

Eigentlich sind Sie der Traum aller fußballbegeisterten Männer. Weder würden Sie Ihren Liebsten mit unqualifizierten Äußerungen wie: »Welche sind denn unsere?« blamieren, noch im Stadion nach einer halben Stunde fragen: »Sind die nicht bald mal fertig?«, oder wichtige Termine wie die Feier zur goldenen Hochzeit Ihrer Eltern oder die Taufe Ihres ersten Kindes auf einen Samstag oder einen Sonntag während der Bundesligasaison legen. Wie er sind Sie voll im Ballfieber und deshalb sogar bereit, größere Bereiche des gemeinsamen Alltags dieser Leidenschaft unterzuordnen. Beispielsweise die Wahl Ihres Urlaubszieles – »Niemals nach Holland!« Das kann ganz gut funktionieren. Vorausgesetzt, Sie versuchen nicht, der weltbeste Fan zu sein und Ihren Liebsten mit Fußball-Know-how und versierten Kommentaren in Grund und Boden zu protzen. Möglichst noch in Anwesenheit seiner Freunde oder Kollegen! Da verstehen selbst die aufgeklärtesten und emanzipiertesten Jungs wenig Spaß und entwickeln flugs ein ähnlich ausgeprägtes Territorialverhalten wie das Löwenmännchen: Auf einmal müssen sie ständig ihr Revier markieren, und das kann ziemlich lästig werden. Zumal, wenn die Sache aus dem Ruder läuft und Sie plötzlich um die Rolle des besten Fußballprofis aller Zeiten konkurrieren müssen, obwohl es Ihnen doch genügen würde, in seinen Augen die begehrenswerteste Frau des Universums zu sein. Da muss man schon ein wenig Obacht geben. Und vor allem daran denken, dass Fußball auch und vor allem dazu da ist, Männern einen Vorwand zu liefern, auch mal ungestört ohne Frauen Spaß zu haben. Die Gelegenheit sollten Sie ihm geben. Schließlich lebt die Liebe nicht nur von Übereinstimmungen, sondern auch von Gegensätzen und den Gelegenheiten, einmal nicht nur Teil einer Beziehung zu sein.

Vorwiegend △: Die Beobachterin

Okay, es ist nicht immer einfach – aber meistens gelingt es Ihnen ganz gut, sich mit seiner Leidenschaft zu arrangieren, auch wenn Sie sie nicht teilen mögen und sie ihn bisweilen mehr in Anspruch nimmt, als wenn er chinesische Dialekte lernen würde. Aber Sie wissen, dass man nicht alles verstehen muss. Vor allem, was die Dinge anbelangt, für die sich Männer so begeistern. Wie man ja auch umgekehrt nicht von ihnen erwarten darf, dass sie alles verstehen, was Frauen so in Ekstase versetzt: Diäten, die versprechen, uns in drei Tagen von zehn Kilo zu befreien, Vorabendserien, Matt Damons Bauchmuskeln und die neue *Bunte.* Da sind Männer und Frauen eben verschieden. Das muss man akzeptieren, will man seine Zeit und Energie nicht mit sinnlosen Versuchen vergeuden, sich ständig annähern zu müssen. Deshalb stehen Sie der Fußballbegeisterung Ihres Liebsten genauso neutral gegenüber wie dem Bruttoinlandsprodukt von Timbuktu. Sie gönnen ihm seine Leidenschaft von Herzen, müssen aber wahrlich nicht die aktuellen Bundesligaergebnisse kennen oder darüber Bescheid wissen, warum wer welchen Spielzug versemmelt hat. An sich eine löbliche Haltung, die beiden Seiten maximale Freiräume gewährt, was ja erfahrungsgemäß sehr bereichernd sein kann. Wenn sie nicht in Gleichgültigkeit ausartet und es einem irgendwann egal ist, ob der Partner in der Garage Klapperschlangen züchtet, in seiner Freizeit Babystrampler trägt oder an schwarzen Messen teilnimmt (was das Verschwinden der Katze erklären würde). Deshalb wäre es an sich nett, wenn Sie ihm zum Beispiel bei Großereignissen wie einer Weltmeisterschaft Ihre Begleitung zu den Übertragungen anbieten und dann tatsächlich am Geschehen teilnehmen würden, statt die Gelegenheit für einen ausführlichen Plausch mit einer Freundin zu nutzen. Sicher würde er sich auch wie Bolle freuen, wenn Sie ihm und seinen Freunden daheim ein paar Schnittchen zu den wichtigen Spielen reichen. Das ist nicht ehrenrührig. Jedenfalls nicht mehr, als von ihm zu erwarten, dass er Ihnen die Tür aufhält und Sie zum Essen einlädt. Manchmal ist es nämlich ganz schön, sich gegenseitig die Höflichkeit zu erweisen – einfach Frau und Mann zu sein. Und Fußball hilft einem doch enorm dabei, die Geschlechterverhältnisse etwas klarer zu sehen.

Quellen

Bücher

Augustin, Eduard; von Keisenberg, Philipp; Zaschke, Christian: Fußball unser, München 2005

Beckmann, Reinhold; Böttcher, Sven: Liebesleder, München 2005

Biermann, Christoph: Fast alles über Fußball, Köln 2005

Braun, Harald; Möhn, Julia: Ersatzbank Knigge, Bergisch-Gladbach 2004

Eichler, Christian: Lexikon der Fußballmythen, Frankfurt 2000

Eichler, Christian: Kleines Lexikon der Fußballnieten, Frankfurt 2002

Höll, Andreas: Halbzeiten für die Ewigkeit, Berlin 2004

Hornby, Nick: Fever Pitch, Köln 2002

Neitzert, Lutz: Die frühen Jahre des Fußballs, Neuwied 2004

Reng, Ronald: Der Traumhüter, Köln 2002

Schilling, Torsten (Hrsg.): Abseitsfalle, Leipzig 2005

Schürmer, Dirk: Gott ist rund, Berlin 1998

Selmer, Nicol: Watching the Boys Play, Kassel 2004

Verrückt nach Fußball, Göttingen 2003

Wolf, Ror: Der letzte Biß. In: Volker Hage (Hrsg.): Literarische Collagen, Stuttgart 1981

Zeitschriften

11 Freunde, 2003 bis 2005
Emma, März/April 1998: Frauensport Fußball
Schalke Unser, Fanzeitung der Schalker Fan-Initiative e.V.

Web

www.areion.de/walterfritz.html
www.blutgraetsche.de
www.bodo-illgner.de
www.dfb.de
www.dribbler.de
www.efc-frieda.de.vu
www.11freunde.de
www.fifa.com/de/index.html
www.fussballdaten.de
www.fussballerspruesche.de
www.iglesiamaradoniana.com
www.kicker.de
www.spitzenkick.de

Susanne Fröhlich
Constanze Kleis
Jeder Fisch ist schön – wenn er an der Angel hängt
Band 15993

Männer sind wie Fische: Erst beißen sie nicht an, und hat man endlich einen an Land gezogen, erreichen seine besten Eigenschaften schon das Verfallsdatum. Das wird sich ändern!

Dieses Buch verrät Ihnen die besten Fangplätze, die leckersten Köder und das optimale Equipment. Am Ende haben Sie nicht nur den Angelschein, sondern auch Mr. Right am Haken.

»Endlich erfolgreich flirten:
Das ultimative Kultbuch für Singles!«
Fritz

Fischer Taschenbuch Verlag

Susanne Fröhlich
Constanze Kleis
F(r)ischhalteabkommen
Länger Freude am Mann
Band 15857

Herzlichen Glückwunsch! Sie haben einen Fisch gefangen und sich den Herausforderungen des Baggerns, Balzens und Bandelns gewachsen gezeigt. Doch: Wie gefangen, so zeronnen! Was Sie jetzt brauchen, ist eine Anleitung zur Hege und Pflege. Denn nur ein Fisch, der frisch bleibt, macht lange Freude ...

Fischer Taschenbuch Verlag

Günther Koch

Der Ball spricht

Band 16839

Günther Koch ist eine lebende Fußball-Legende. Er ist der beliebteste Radioreporter in Deutschland, anerkannt und geschätzt von Fans, Experten, Trainern und Spielern. Im Stil seiner leidenschaftlichen Reportagen hat er nun seine unglaublichsten und schönsten Fußball-Geschichten und Anekdoten aufgeschrieben. Koch erzählt die dramatischen Minuten aus dem Nou Camp von Barcelona, als den Bayern innerhalb von zwei Minuten der Champions-League-Titel aus den Händen glitt. Er blickt in den Abgrund, in den seine Cluberer 1999 stürzten und er kommentiert, was man von Zipperlein zu halten hat.

Fischer Taschenbuch Verlag